느그 아부지 뭐 하시노?

세움북스는 기독교 가치관으로 교회와 성도를 건강하게 세우는 바른 책을 만들어 갑니다.

간증의
재발견
2

느그 아부지 뭐 하시노?

초판 1쇄 발행 2022년 12월 25일
초판 2쇄 발행 2023년 1월 15일

지은이 ǀ 김진혁
펴낸이 ǀ 강인구

펴낸곳 ǀ 세움북스
등 록 ǀ 제2014-000144호
주 소 ǀ 서울시 종로구 대학로 19 한국기독교회관 1010호
전 화 ǀ 02-3144-3500
이메일 ǀ cdgn@daum.net

교 정 ǀ 김 설 · 류성민
그 림 ǀ 심효섭
디자인 ǀ 참디자인

ISBN 979-11-91715-61-3 (03230)

간증의
재발견
2

느그 아부지
뭐 하시노?

김진혁 지음

세움북스

추천사

사랑하는 동생 김진혁 목사의 책, 《느그 아부지 뭐 하시노?》가 출간되어 한 없이 기쁩니다. 이 책은 한 아버지의 인생이 담긴 책입니다. 이 책은 한 어머니의 인생이 담긴 책입니다. 이 책은 세 형제, 세 목사의 인생이 담긴 책입니다. 이 책은 한 사람, 한 그리스도인, 그리고 한 목사의 인생이 담긴 책입니다.

한 사람이 한 사람으로 서기 위해 부모와의 만남, 이웃과의 만남, 그리고 그 만남 가운데 보이지 않는 하나님의 일하심을 여과 없이 보여 주고 있습니다. 우리 또한 부모와의 만남, 이웃과의 만남, 그리고 보이지 않는 하나님의 일하심 앞에 우리의 인생과 누군가의 인생에 대해 겸손해질 수밖에 없음을 고백하게 됩니다.

삶과 죽음, 그 경계선에서 살아가는 한 사람의 인생이 얼마나 가치 있고, 아름다우며, 의미 있는지를 경험할 수 있습니다. 그 경험은 우리의 인생 또한 얼마나 가치 있고, 아름다우며, 의미 있는지를 깨닫게 해줄 것입니다. 우리 인생의 가치, 아름다움, 그 의미를 소중히 여기고자 하는 모든 분께 일독을 권합니다.

◀ 김관성 목사 (낮은담침례교회)

잎이 꽃으로 피어나는 시월에, 사랑하는 동역자 김진혁 목사의 《느그 아부지 뭐 하시노?》를 전달받아 읽었습니다.

듬직한 어깨와 근육질, 건강을 위해 중독으로 다져진 김윤기 관리집사님의 둘째 아들 목사에게 "가장 낮아져서 자신보다 밑에 있는 사람이 없게 해라."라고 삶으로 가르치신 아버지. 그 삶을 들여다보니 시편 84편 '고라 자손의 시'가 생각납니다. "주의 궁정에서의 한 날이 다른 곳에서의 천 날보다 나은즉 악인의 장막에서 사는 것보다 내 하나님의 성전 문지기로 있는 것이 좋사오니"(시 84:10)

몸서리치는 눈물로 세 아들을 목사로 세우시고 막내 아들을 순교자로 가슴에 묻으신 아버지, 수년간 지켜본 둘째 아들 김진혁 목사에게서도 아버지의 모습을 봅니다. 내밀한 교회의 자화상을 먹먹하게 마주하며 아버지가 된 아들들이 교회를 교회 되게 꿈꾸게 하는 유쾌하고 뭉클한 감동의 《느그 아부지 뭐 하시노?》를 추천합니다.

◀ **김인환 목사** (안성 함께하는교회, 기독교한국침례회 78대(112차) 총회장)

'스토리텔링'의 화자(話者)가 들려주는 재미난 이야기를 귀 기울여 듣게 되는 책입니다. 독자들은 한 가족의 서사시(敍事詩)를 담백하고 드라마틱하게 써 내려간 이야기에 가슴이 뭉클하고 눈시울이 뜨거워지는 경험을 할 것입니다. 그런데 이 이야기는 한 가족의 탄생과 성장의 역사에 그치지 않습니다. 부름받은 공동체, 교회 공동체의 희로애락(喜怒哀樂)을 진솔하게 담아 놓은 신앙고백서입니다.

왜냐하면 이제까지 교회 관리집사로서 주님께 헌신해 오신 필자의 아버지 김윤기 장로님이 복음의 일선에서 그 각고(刻苦)의 세월을 주님과 함께 동역해 온 생생한 기록이 이 책에 녹아 있기 때문입니다. 아들 삼 형제를 통해 어떻게 하나님께서 이 가정을 거룩한 목회자의 가정으로 만들어 놓으셨는지? 독자 제위(諸位)께서는 한 페이지 한 페이지를 호기심과 기대 어린 눈으로 보게 되실 것입니다.

과거와 현재, 그리고 미래를 동시에 바라보시는 여호와 하나님의 그 시선(視線)을 필자의 필력(筆力)에 담아 써 내려간 동화 같은 이야기에 독자들은 마치 내가 이 책의 주인공이 된 듯한, 혹은 주인공이 되고 싶은 충동을 느끼게 될 것입니다. 물론 역사의 무대에 감독이 되신 분은 우리의 아버지 여호와이십니다. 그리고 우리는 매일매일 그분이 주시는 배역(配役)에 따라 성실하게 주어진 역할을 감당해 나갈 뿐입니다.

누구에게나 인생의 한 페이지를 아름답게 장식하고 싶은 소망이 있습니다. 그러나 우리의 삶에 절대 왕이신 그분께 매달려 그 은혜를 간구할 때만 비로소 소망의 한 꺼풀 한 꺼풀을 벗겨 낼 수 있지 않겠습니까? 독자께서는 그에 대한 도전과 확신의 메시지를 이 책에서 읽어 낼 수 있을 것입니다.

"너는 범사에 그를 인정하라 그리하면 네 길을 지도하시리라"(잠 3:6)라고 하신 말씀과 같이, 돌고 돌아서 드디어 촉망받는 목회자의 자리에 우뚝 서게 된 필자의 신앙 여정이 마치 오늘을 살아가는 우리를 터치(touch)하고 계시는 주님의 손길로 느껴지는 것 같아 기꺼이 이 책을 추천해 드립니다.

◀ **오지수 목사** (천안 은혜침례교회)

"가장 낮아져서 자신보다 밑에 있는 사람이 없게 해라"라는 그 한마디로 '느그 아부지'가 어떤 분이셨는지를 보여 줍니다. '느그 아부지'는 관리집사이셨지만 사실상 목회를 하고 계셨던 것입니다. 세 아들이 모두 목사가 되었을 때 '느그 아부지'의 마음은 어떤 마음이셨을까요? 그중 하나가 머나먼 이국땅에서 싸늘한 시신으로 돌아왔을 때 '느그 아부지'의 마음은 또 어떤 마음이셨을까요?

나이가 들면, 또 자식을 낳아보면 아버지의 마음을 이해하게 된다고들 하지만 평생 가도 '느그 아부지'의 마음은 온전히 이해하지 못할 것입니다. 자식을 선교지에 내어 준 '느그 아부지'의 마음은 하나님만 이해하실 수 있는 마음입니다. 하늘에 계신 '우리 아버지'만이 땅에 있는 '느그 아부지'의 마음을 위로하실 수 있습니다. 김윤기 집사님 아니 세 목사를 훌륭하게 목양하신 김윤기 목사님께 고개를 숙이는 마음으로 추천사를 대신하고자 합니다.

◀ 임진만 목사 (주하나교회)

하나님이 눈에 보이지 않아서 어머님을 만드셨다는 말이 있습니다. 어머니는 항상 하나님의 대리인이었습니다. 그러나 하나님을 아버지라고 부르면서도 우리의 아버지는 항상 어렵고 무섭고 먼 분이었습니다. 이 책은 그런 아버지의 이야기를 담담하게 써 내려가고 있습니다. 저자 김진혁 목사님 아버지의 이야기를 읽다 보면 진짜 아버지인 하나님 아버지에게까지 다다르게 됩니다. 정말 탁월한 책입니다.

신학교 1학년으로 들어온 김진혁 목사님은 저의 기숙사 방 막내였습니다. 그 순간 김진혁 목사님의 가족은 저의 가족이 되었고, 가족의 이야기는 우리 가족의 이야기처럼 들렸습니다. 그때 가장 많이 나누었던 이야기가 아버지 이야기입니다. 함께 나누었던 이야기들이 책으로 나오면 좋겠다는 바람이 있었는데 이렇게 고맙게도 책이 되어 세상에 나왔습니다. 아버지는 교회 관리집사님이셨습니다. 어느 정도의 규모가 되면 여느 교회나 있었던 관리집사님은 약간은 이방인처럼, 때로는 열등한 신자처럼, 심하게는 성도들이 부리는 일꾼으로 취급받기 다반사였습니다. 그런 삶을 곁에서 오롯이 지켜보았을 세 아들들이 모두 목사가 되었습니다. 믿음을 떠나지 않은 것만 해도 고마울 지경인데 목사가 되었습니다. 아버지는 믿음의 승리자였고, 아들들은 그 증거였습니다. 그 아버지의 기도대로 순교자까지 나왔으니 아버지는 성도의 일꾼이 아닌 주님의 일꾼이 분명합니다. 동생 김진혁 목사님은 책을 좋아하고 글쓰기를 좋아했습니다. 우렁찬 외모에 가려져 잘 보이지는 않아도 그 감수성은 숨기기 힘들었습니다.

책을 읽는 내내 한 권의 소설을 읽는 것 같은, 아니 소설보다 더 소설 같은 이야기들이 마음을 감동시킵니다. 책 한 권으로 집사와 가정과 목사의 모든 삶을 엿보고 싶은 분들, 교회와 주님을 더욱더 사랑하길 원하시는 분들께 강력히 추천합니다.

◀ **최병락 목사** (강남중앙침례교회)

첫 만남에 나는 사람을 잘못 보았습니다. 정말 거대한 덩치와 마주 대하기 두려운 눈매의 그 첫인상을 잊을 수가 없습니다. 저는 이 사람을 다시 만나지 말아야겠다고 다짐했었습니다. 그런데 이상하리만큼 의도치 않게 점점 가까워지면서 "첫인상은 두 번 바뀌지 않는다."라는 중국 속담이 틀릴 수 있다는 것을 깊이 깨달았습니다.

저자와 같이 오랜 세월을 보냈습니다. 후배로 동생으로 담임 목사와 부사역자로 부대끼며 살아오면서 지금은 김진혁 목사를 생각하면 눈물이 맺힙니다. 그의 삶을 같이 느끼며 살아왔고 그의 이야기 속에 내 삶도, 내 잠시의 시간도 묻어 있기 때문입니다.

이 책을 읽어 내려가는 독자들은 가장 가슴 아픈 이야기 속에 잠행하고 계시는 하나님의 역사가 얼마나 크신지를 보게 될 것입니다. 저는 이 책의 첫 페이지를 열면서 웃다가 울다가, 어느 순간에는 고민하고 숙고하면서 밝음과 어두움의 수많은 교차함을 감정적으로 느꼈습니다. 그러나 책을 덮은 순간, 결국 우리 하나님의 그 신실하심의 한복판에 서있는 저를 발견하고 터질 듯한 뜨거운 감정을 추스리기 위해 깊은 심호흡을 해야만 했습니다.

사랑하는 동생이자 동역자 김진혁 목사의 책 《느그 아부지 뭐 하시노?》 우리가 물었던 이 질문이 이렇게 근사하게 복된 큰 파장이 되어 사람들의 마음을 적실 생각을 하니, 오늘 제 마음이 뜁니다. 고민은 이 책의 배송만 늦추게 될 뿐입니다. 진심으로 추천합니다.

◀ **최인선 목사** (은혜드림교회)

목차

들어가며

2014년 4월 16일, 304명의 소중한 생명이 진도군 해상에서 운명을 달리했던 세월호 사건이 있기 정확히 두 달 전의 일이었습니다. 이집트 타바(Taba) 국경에서 육로를 통해 이스라엘로 넘어가기 위해 대기하고 있던 대한민국의 성지순례객을 태운 버스가 폭발했습니다. 이슬람 과격 무장 단체 '안사르 베이트 알마크디스'(Ansar Bayt al-Maqdis)의 자살 폭탄 테러로 30여 명의 일행 중 4명이 숨지고 20여 명이 중경상을 입은 사건입니다.

한국에서부터 일행을 인솔하여 간 제 동생 故 김진규 목사는 그렇게 36세의 짧은 생을 마치고 가족 중 가장 먼저 하나님 품에 안겼습니다. 동생을 잃은 슬픔에 자식 잃은 부모의 마음까지 들여다봐야 하는 무게가 상당했는지, 저는 허한 마음 달래듯 자꾸 감정을 토설(吐說)해야만 살 것 같았습니다. 저는 하나밖에 없는 동생을 보낸 슬픔이 컸고, 그래서 형님은 이제 하나밖에 남지 않은 동생이 더욱 소중해졌는지 크게 노심초사했습니다.

간 이식 수술을 받으시고 겨우 살아나신 어머니는 "내가 죽었어야 했다."라는 말씀을 한동안 지속하셨고, 아버지께서는 동생의 속옷 하나까지 다 챙겨와 소장하셨습니다. 어른들 말씀처럼 사십 대 후반, 내일모레 쉰을 바라보는 나이에 그때의 글들을 다시 한번 꺼내 보고 있자니 말 그대로 글을 쓴 것이 아니라 글 짓을 했구나 싶습니다. 온통 소화시키지 못한 감정을 배설하고 비우는 투박하고 지저분한 글입니다.

아마도 이때는 목회자로서 성장통을 심하게 겪고 있었던 때가 아닌가 생각됩니다. 사람이 성장할 때는 무언가를 배우거나 익히거나 채우려 하지만, 충분히 비우는 것으로도 그 기틀을 마련하기도 합니다. 목사 된 지 겨우 1년 된 서른여덟 살의 부목사가 그 삶의 무게를 덜어 내기 위해서는 하나님의 인도하심을 기억해 내고 그려 내지 않으면 안 되었습니다. 얼마나 위태로웠는지 또는 얼마나 아름다웠는지 모릅니다. 그 짧은 생의 이면에도 드러나는 지키시고 인도하신 하나님의 경륜은 놀랍습니다. 이런 하찮은 인생의 기억도 하나님께서 쓰신다면 순종할 뿐입니다.

수년 전, 우리 교회 이진아 전도사님이 제게 물었습니다. 제가 SNS에 올렸던 글들이 그냥 묻히기에는 좀 아까운 글이라며, 그 글을 따로 모아 놓은 파일이 없냐고 말입니다. 그 파일을 무심코 전해 주고는 그 이후로 까맣게 잊고 있었는데, 그 글이 세움북스 강인구 대표님께 전달되어 빛을 보게 되었습니다. 어쩌면 실패의 핑곗거리가 될지도 모를 일에 큰 용기를 내어 주신 고마운 분들입니다. 무작정 응원해 주고 기뻐해 줄 뿌리교회 식구들에게도 얼마나 고마운지 모릅니다.

마지막으로, 아들 한 명을 순교자로 먼저 떠나보내고도 여전히 순종과 충성의 삶을 살고 계신 김윤기 집사님과 모진순 권사님, 바쁜 교회 사역 중에도 하나밖에 남지 않은 동생 챙기느라 여전히 바쁜 김진성 목사님, 자신의 인생 고스란히 동생의 빈 자리를 메꾸며 살아가고 있는 제수씨 박여진 전도사에게 깊은 감사를 드리며, 사랑하는 아내 신은숙 그리고 수아, 은수에게도 감사의 마음을 전합니다. 그리고 …

하나님께 이 모든 영광을 올려드립니다.

2022년 9월
여전히 글 짓 중인 김진혁 목사

01

역 대 기

아버지와 나

"느그 아부지 뭐 하시노?"

관리집사

아버지는 평생을 관리집사로 사셨습니다. 교회 내에 사택이 있는 관리집사는 이른 새벽에 교회당 개방과 차 운행으로 하루 일과를 시작하고, 문단속으로 하루를 마감합니다. 연중 가장 바쁜 시기는 여름 방학 기간입니다. 행사가 많으니 교회는 항상 열려 있어야 하고, 사람들이 밤늦도록 교회에 머무르니 잠자리에 드는 시간도 늦춰지기 마련입니다. 아버지가 너무 바쁘시면 늦은 밤 문단속은 대부분 저희 삼 형제의 몫이었습니다. 함께 여름 수련회를 준비하다가 귀가할 때가 되어 우르르 집으로 돌아가는 친구들의 뒷모습을 바라보며 문단속할 때면 마치 나만 혼자 남겨지는 것 같은 외로움을 느꼈고, 그것 때문에 아버지가 관리집사인 게 참 싫었습니다.

교회당에서 살다 보면 이곳이 내 집이라는 사실을 실감할 수밖에 없습니다. 켜지거나 혹은 꺼진 전등불 하나하나, 이리저리 굴러다니는 쓰레기 같은 것이 여간 신경 쓰이는 게 아닙니다. 어떻게 보면 우리 삼 형제는 부모님에 의해 반강제적으로 주인 의식이 심어진 게 아닌가 생각됩니다. 쓰레기를 보면 즉시 주워야 하고, 교회 물품이 아무렇게나 놓여 있으면 제자리에 가져다 두어야 하며, 주일 다음 날이면 무조건 부모님과 함께 교회당을 청소해야 했습니다.

부모님의 직업을 창피하게 여긴 적은 없었습니다. 오히려 부모님과 동일한

복장으로 빗자루와 대걸레를 들고 교회를 이리저리 누비며 마주하는 사람들의 대견스러운 눈빛이 힘이 되기도 했습니다. 물론 힘든 순간이 없었던 것은 아닙니다. 쓰레기 종량제가 실시된 이후 교회 식당에서 나온 음식 쓰레기를 치우는 일도 아버지의 몫이었는데, 한 번도 대충하지 않으시고 소쿠리 같은 곳에 손으로 직접 눌러 짜 물기를 제거하고서 버리셨습니다. 그것을 지켜보는 일 그리고 그것 때문에 부모님을 같은 성도로 보지 않고 청소부로 취급하는 일부 부유한 교인들의 태도 때문에 큰 상처를 받기도 했습니다.

한번은 볼일을 보고 올 테니 그 동안 자신의 차를 잘 보고 있으라며 아버지를 불러 세운 장로님의 차 문짝을 아버지 모르게 못으로 긁은 적도 있습니다. 그렇게 하면 아버지가 더 곤란해진다는 사실을 깨닫는 데 아주 오랜 시간이 걸렸지만, 복수했다는 쾌감에 그날 밤 형과 동생에게 자동차 테러의 주인공이 나라고 자랑삼아 이야기하기도 했습니다. 그런다고 궂은일 하는 사람을 하찮게 여기는 이들이 없어진다거나 세상이 바뀌지 않는다는 것을 모르는 바 아니었습니다. 하지만, 아버지께 무례히 굴었던 사람의 교회당 비치용 요람 사진에 눈을 파 놓는다거나, 외부에서 전화가 와 누군가를 찾을 때 무조건 그런 사람 없다고 둘러대는 식의 사소한 복수로나마 가족의 처지에 대한 씁쓸함을 해소하곤 했습니다.

부모님께서 모 장로교회에 계실 때의 일입니다. 그 교회 담임 목사님은 개척하여 큰 부흥을 이루기까지 오랜 시간 헌신하신 것 때문인지, 연세가 많으심에도 은퇴하지 않으시고 종신 담임직에 욕심을 내시는 듯했습니다. 한번은 대예배 광고 시간에 연합 부흥회와 관련한 내용을 말씀하시다가 아버지를 가리켜 '교회 기사'라고 말씀하셨습니다. 이 일은 저에게 상당한 충격이었습니다. 6·25 상이용사에 당뇨까지 있어 댁에도 잘 안 들어가시면서 교회 당회실 내 따로 만들어진 침실에서 지내시곤 하셨던 담임 목사님을 위해 어머니는 가족의 식사보다 그분의 당뇨식을 지어 드리느라 바쁘셨고, 아버지는 관리집사 업무 이외에도 밤마다 한두 시간씩 목사님의 다리와 어깨를 주물러 드려야 했으며, 거동이 불편한 그분의 개인 차량을 몰고 어디나 모시고 다녀야 했습니다. 그래서였는지 '관리집사'라는 직책이 있음에도 불구하고 공적인 자리에서 저희 아버지는 단지 '기사'라고만 불렸습니다.

군입대 후 동생을 통해 들은 이야기지만, 고령의 목사님은 굳이 하지 않아도 될 말로 상처를 주는가 하면 마음에 들지 않는다는 이유로 짚고 다니는 지팡이로 아버지의 등이나 머리를 마구 때렸다고도 합니다. 당장 쫓아가 항의하며 문제를 삼고 싶었으나 아무렇지 않게 지내시는 부모님 앞에서 제가 할 수 있는 일이 없었습니다. 시간이 흘러 제가 결혼을 앞둔 즈음에서야 예전 교회에 대하여 어머니가 말씀해 주시더군요. 동생에게 들었던 이야기 전부가 사실이기도 했거니와 그럼에도 아버지가 그 일을 때려치우지 않고 버틴 이유가 있었다는 겁니다. 이 자리의 특성상 박봉이긴 하지만, 30대 초반부터 평생 헌신할 것을 다짐하고서 관리집사로 살다보니 다른 일은 전혀 상상할 수 없었고, 하나님께서 주신 천직이라 여기며 견뎌 왔다고 말입니다.

아버지는 해병대 특수수색대 출신으로서, 월남전에 참전하시고 전쟁 후유증 마저 겪으셨는데, 어머니는 아버지가 이렇게 무시를 당하고 괄시를 받으면서도 어떻게 그저 참고만 있을까 하는 생각에, 이 일을 그만두지는 않더라도 교회는 옮기자고 먼저 제안하셨다고 합니다. 아버지는 그 시절의 이야기를 아직까지 한 번도 꺼낸 적이 없으십니다. 자식들 앞에서 보이기 싫은 모습을 굳이 입으로 묘사할 필요도 없을뿐더러 성질대로라면 당하지 않아도 될 일을 겪은 지난 시간과 마주하는 일이 힘겨웠기 때문일 것입니다.

많은 시간이 흘렀습니다. 아버지는 비교적 최근까지도 관리집사 자리를 지켜 내셨고 장성한 아들 삼 형제는 모두 목사가 되었습니다. 아버지께서 가지고 계셨던 직책에 대한 자부심과 사랑이 과연 우리에게는 있는지 잘 모르겠습니다. 멸시와 천대라는 힘겨움 앞에서 우리도 버틸 수 있을는지 모르겠습니다. 현재의 저는 아버지가 관리집사를 시작하신 나이보다 더 많은 나이가 되었습니다. 아버지께서 멸시당하며 온갖 궂은일을 하셨던 그 나이에 저는 목사라는 이유로 성도들의 한없는 사랑과 섬김을 받고 있습니다. 감히 아버지께 제 모습, 제 자리를 자랑할 수 없는 이유가 여기 있습니다.

"가장 낮아져서 자신보다 밑에 있는 사람이 없게 해라."라고 하신 아버지의 당부가 귀에 쟁쟁합니다.

느그 아부지 뭐 하시노?

97년, 스물한 살 나이에 침례신학대학교에 입학했습니다. 당시 박사 과정을 밟는 학생 포함 총학생 인원 중에서 거의 3분의 1이 기숙사 생활을 했는데, 2월에 오리엔테이션을 마치고 기숙사 방 배정을 받았습니다. 4명 정원의 제법 큰 방에 방장 또는 각별한 객원 식구로서 현 강남중앙침례교회 담임 최병락 목사, 전주침례교회 담임 김요한 목사를 비롯, 울산 낮은담침례교회 담임 김관성 목사, 주하나교회 담임 임진만 목사, 김천 은혜드림교회 담임 최인선 목사님과 더불어 살 부비며 살게 되었습니다. 일일이 이름을 열거한 이유는 이들 모두 침례신학대학 출신 중에서 이름이 알려진 분들이라, 필히 연관 있어 보이고 싶은 마음이 굴뚝같아서입니다.

금, 토요일이 되면 대부분의 학생들이 사역지로 떠났다가 주일 늦은 밤이 되어서야 기숙사로 돌아오곤 했습니다. 그리고 한 달에 한 번은 20~30만 원 사이의 사례비를 받아 든 전도사 형님들이 방 식구 먹인다고 치킨에 탕수육, 뽀글이까지 한 턱 시원하게 쏘면서 개 교회 사역 이야기를 풀곤 했습니다.

그 시절, 주말마다 근사하게 양복을 입고 사례비를 받아 와서는 한두 명도 아닌 동생들에게 맛있는 음식을 사 먹이는 형님들이 너무 멋져 보였습니다. 유복한 가정에서 사랑을 받으며 어려움도 모르고 자라서, 늘 밝은 신사들 같았습니다.

평소 친한 옆방 식구들까지 모여 통닭과 탕수육을 뜯으며 이야기를 나누던 중이었습니다.

"진혁아, 니 이야기 좀 해봐라."
"예??... 저는... 중대 부고를 졸업하고 신학과에 입학한..."
"그런 거 말고! 느그 아부지 뭐 하시노?"

아버지가 부끄러운 경우는 한 번도 없었습니다. 하지만 오리엔테이션 때부터 알게 된 동기들과 인사를 나누어 보니 그중 목회자 자녀들이 제법 있어서, 저의 아버지도 목회자인지 확인하는 것 같은 그 질문이 괜히 싫었습니다. 그리고 혹여라도 제 외모나 행동에서 좋지 않은 인상이 풍겨 관리집사인 아버지께 누가 되진 않을까 하는 염려가 들기도 했습니다.

"저희 아버지는 관리집산데요..."
"... 음, 그래? 그래서?"

잠시 잠깐 고민이 되긴 했지만, 이내 이들에게 마음을 열어 보여도 되겠구나 싶어 말을 이었습니다.

"아버지는 20년째 관리집사를 하고 계시고요. 해병대 나와 월남전에 참전하셨는데, 전쟁 후유증 같은 게 좀 있어서 많이 맞고 자랐습니다. 그래서 가출도 여러 번 하고, 심지어 고등학교를 1년 꿇어 지금 대학교 동기들보다 한 살이 많아요. 우리 형도 신학과 94학번이고요."

이야기 중간 중간 왜 가슴이 북받쳐 오르는지 모를 일이었습니다. 좋은 일은 생각나지 않고 관리집사 아들로 겪어야 했던 서러움과 지우고 싶은 아픔들만 자꾸 떠올랐습니다. 형들이 눈치를 채고는 제 말을 가로챕니다.

"그래, 인사해라. 마, 나는 알콜 중독에 노름꾼 아들이다. 엄마가 고래 고기 팔아가 우리 먹여 살렸다 아이가."
"나는 아버지 없다."

옆에 있던 동기들도 인사합니다.

"반갑습니다. 제 아버지는 의처증이 있어 어머니가 고생하시다 돌아가셨습니다."
"저희 아버지는 바람을 피워 어머니와 많이 싸우시는데, 몇 명째인지도 모르겠습니다."

일순간, 못난 아버지 자랑하는 분위기가 되어 버렸습니다. 전쟁 후유증으로 삼 형제를 많이 때린 아버지라고 부끄러워했는데, 다른 사람들 이야기를 들어보니 우리 아버지가 제일 나아 보이기까지 합니다. 한 형님은 밤마다 술 먹고 노름하는 아버지께 어머니가 포크로 밤낮 머리를 찍히는 바람에 어머니의 머리에서 흐른 피가 방바닥에 낭자한 모습을 매일 봐야했다고 하는가 하면, 어떤 동기는 심한 의처증을 가진 아버지가 어머니의 직장까지 쫓아가 옷을 벗기고 확인까지 했던 일화를, 어떤 동기는 아버지가 대놓고 바람을 피우는 바람에 차로 아버지를 미행하여 현장까지 덮쳐야 했던 일을 이야기합니다. 정말 우리 아버지가 세상에서 제일 양반이었던 것입니다. 그날 이후, 교회 사역으로 흩어졌다 주일 밤 만나면 서로 아버지에 대한 상처를 들고 인사를 나누게 되었습니다.

"아버지, 교회 청소 잘 하고 계시고?"
"아버지, 이제 의심 안 하시고?"
"아버지, 살아 돌아올 가능성은 없으시고?"

우리는 이렇게 소소한 서로의 가정사까지 챙기는 돈독함이 생겨 버렸습니다. 그리고 우리는 이때부터 우리의 상처가 치유되고 회복될 계기를 맞았습니다. 사람들 앞에서 과거를 숨기고 포장했던 일을 그만두고서 있는 그대로를 간증 삼아, 오히려 하나님을 발견하고 은혜를 고백하는 대화를 할 수 있게 되었습니다. 오랜 시간 먼 길을 돌아온 인물도 있기는 하나, 그때 그들은 현재 서울과 울산, 천안과 전라도 외딴섬, 멀게는 미국에 이르기까지 곳곳에서 전부 목회자로 살아가고 있습니다.

혹시 저처럼 아버지에 대한 상처와 아픔을 드러내지 못하고, 곪아 버린 환부의 통증과 더불어 힘겨운 삶을 사는 분들이 계시다면, 모쪼록 빠른 회복을 빕니다. 그래서 말인데요.

"아버지 뭐 하십니까?"

아버지의 배신

 돌아보니 다섯 살 즈음부터 저를 향한 아버지의 그릇된 기대감이 시작되었던 같습니다. 정확히 어떤 모습을 발견하셨는지 모르지만, 아버지는 형이나 동생에게는 한번도 사용하지 않은 과도한 방법으로 저를 훈육하셨습니다. 'ㄱ' 한 자를 쓸 때도 한 번에 이어 쓰는 법부터 시작하여 'ㄹ'의 경우 3획으로 쓰되 기역과 디귿이 만나는 자음이라는 사실까지, 아버지 앞에 엎드린 채로 100번도 더 쓰고 반복하며 글자를 배웠던 기억이 있습니다. 아버지가 먼저 쓰면 그 뒤를 따라 썼습니다. 별도의 설명이 없으니 회초리가 날아들면 틀린 줄 알았고, "그렇지!" 하실 때면 '맞았구나' 인지했습니다. 그러면서도 왜 그런지는 스스로 깨달아야 했습니다. 이때 주입된 습관은 지금도 여전합니다.

 인생의 선배들이 경험했던 삶의 행로가 우리에게 좋은 이정표가 되듯, 나를 아끼는 분들의 관심과 조언이 있음에도 불구하고 그것이 왜 실패이고 실수인지는 직접 겪어 봐야 충분히 이해하게 되는 것 같습니다. 더 놀라운 것은, 대부분의 사람들이 우려하는 경험이 나에게도 동일하게 실패나 실수라는 이름으로 존재하지는 않더라는 사실입니다.

 이 깨달음은 제 딸 수아에게 글씨를 가르치면서 더욱 확고해졌습니다. 녀석은 어린이집에서 배워 온 글자를 꼭 제 앞에서 뽐내며 써보곤 했습니다. 획은 물론이요, 순서 또한 제 기준으로는 형편없어, 아버지로부터 배운 경험 탓인지 "그렇게 쓰는 것이 아니다", "틀렸다"라는 말이 연신 튀어나옵니다. 그러면 녀석은 그 옛날의 저로서는 상상도 못해 본 말로 응수합니다.

"아니. 맞아! 아빠가 틀렸어!"

네. 딸은 틀리지 않았습니다. 글자 하나를 익혀 써내기까지의 모든 과정이 즐겁고 편할 수 있도록, 녀석만의 방법을 찾았던 것입니다. 얼마 뒤 같은 방법으로 쌍자음 단어까지 거뜬히 써내고 읽더니 아빠 생일에 직접 편지를 써주는 실력까지 갖추었습니다. 세상에서 제일 무서운 사람인 아버지 앞에서 잘한 것인지 못한 것인지 눈치 보는 일도 없이 제 유년 시절을 뛰어넘었습니다. 더욱 놀라운 사실은, 그 손녀를 바라보는 아버지의 손에는 회초리나 꿀밤 대신 "옳지! 옳지!" 추임새에 맞추어 튀어나올 과자와 사탕이 가득하다는 사실입니다.

아버지의 배신 2

버스의 북적임이 싫어서 매일 아침 일찍 등교를 했습니다. 이 때문에 아무도 없는 건물 안으로 들어가는 것이 습관이 되었습니다. 적막한 교실 안에 들어서면 곧바로 책상 여섯 개를 이어 붙여 그 위에 누워 잠을 청하곤 했습니다. 꿀맛입니다. 시끌벅적한 급우들의 등교가 알람이니 걱정 없습니다.

아버지에게 심하게 혼이 난 어느 날 아침도 동일했습니다. 그러나 그날은 책상을 붙여 잠을 청하지도, 교실 안에 있지도 않았습니다. 복도 맨 끝에서 계단을 응시하며 친구 놈이 올라오기를 기다렸습니다. 저하고 똑같이 고등학교를 재수한 녀석인데, 전에 녀석 집에 여러 번 놀러가서 확인한 결과, 그 녀석은 저같이 이 모양 저 모양으로 불만이 많은 놈이었습니다.

"창식아, 나 지금 집 나갈 건데 같이 가자."

녀석, 역시 친구입니다.

"그래? 지금? 가지 뭐."

그 시절에도 지금처럼 청소년 가출이 사회적 문제였습니다. 당시 매스컴의 단골 메뉴였던 것을 보면, 왕따 문제나 성적인 문제보다 아무래도 가정을 떠나 아무렇게나 방치된 아이들의 위태한 현실이 그 시대의 주된 관심사였나 봅니다. 아버지가 자주 하시던 말씀이 생각났습니다.

"너희는 가출 같은 거 생각도 말아라. 호적에서 파낸다."

당신의 보수적이고 폭력적인 훈육법 때문에 자식들이 가출을 생각할 수도 있겠다 여기셨는지 모르겠으나, 이때 만큼은 제발 말씀대로 해주시길 바랐습니다. 우리 아버지라면 내가 가출을 해도 찾지 않고 정말 호적에서 즉시 파낼 만한 분이라고 생각했습니다. 그렇게 경기도 광릉의 한 주유소를 찾아갔습니다. 고등학교를 들어가지 않고 방황하던 때에 만났던 친구 녀석이 거기 있었기 때문입니다.

그렇게 1주일을 보냈을까요. 일종의 사회생활을 영위하고 있다는 겉멋이었겠습니다만, 나름의 성인 대접을 받으니 기분이 좋았습니다. 마음대로 담배도 피우고, 저녁 상에 소주가 곁들여져도 누구 하나 간섭하지 않았습니다. 비교적 산속 깊이 자리한 주유소라 일찍 문을 닫고 요란한 저녁 식사를 마친 뒤, 창식이와 주유소 밖으로 나왔습니다. 주위가 온통 까맣고 어두웠는데, 하늘만큼은 눈 닿는 곳마다 수많은 별들로 반짝였습니다.

자세히 생각나지는 않지만 그 하늘을 보며 품었던 다짐 속에 집 나온 것이 후회되지 않을 만큼 성공하자는 내용이 들어 있었던 것 같습니다. 아무런 간섭을 받지 않고 무엇이든 내 마음대로 할 수 있다는 것이 성공의 밑거름이 되리라는 되도 않는 착각도 뒤따랐던 것 같고요. 부모님의 그늘, 선생님의 재미없는 가르침, 규율 속에 갇혀 매번 같은 행동을 반복하는 학교 동기들로부터 벗어나 누리던 자유가 제법 좋았습니다.

삼국지의 유비·관우·장비, 세 장수의 도원결의(桃園結義)에 버금가는 주유소 결의를 마치고 늦은 잠을 청한 어느 날이었습니다. 얼마나 시간이 지났을까, 누군가가 다급히 문을 두드리는 소리가 들렸습니다. 이른 시간에 이 산 깊은 동네에 찾아올 사람이라곤 없을 텐데, 툴툴거리며 일어나 담배부터 찾아 입에 물고 '누구세요' 하면서 밖으로 나갔습니다. 어이쿠! 아버지와 어머니가 서 계십니다. 어찌 된 일인지 후에 알게 되었지만 그 짧은 순간에도 저는 '절대 집에 들어가지 않는다'는 다짐을 하고 있었습니다.

그런데 열린 문을 가운데 두고 마주 선 아버지가 울고 계십니다. 강하고 무섭기만 하던 아버지가 울다니요! 몇 번이고 감정을 가다듬으며 말씀을 이어 가셨습니다.

"집에 들어가자. 들어가서 고등학교라도 졸업하자. 대학 가기 싫으면 안 가도 된다. 지금 학교가 맘에 안 들면 공고에 전학 보내 줄 테니까 일단 집에 들어가서 니가 하고 싶은 걸 이야기 해 봐라."

무조건 이거 해라 저거 해라, 안 하면 알아서 해라, 가만 안 둔다 하셨던 아버지께서 난생 처음으로 제 생각을 물으셨습니다. 싫다고 고집을 부리니, 이번에는 어머니가 설득을 이어 갑니다. 아버지가 잠시 자리를 비운 사이…

"집에 들어가자고 할 때 못 이기는 척 들어가자. 아빠가 너 집 나가고 밤마다 얼마나 우셨는지 아니?"
"?? 아빠가??..."

'우셨다'라는 말이 도무지 아버지와는 어울리지 않는 것 같아 의아한 심중을 감추려 어머니의 얼굴을 빤히 들여다보는데, 지난 한 주 동안 아버지와 함께 흘린 어머니의 눈물이 짐작되었습니다. 집으로 다시 돌아와 보니, 역시나 달라진 것은 없었습니다. 하지만 또다시 가출을 감행할까 싶어 형이나 동생이 한동안 저를 감시하는 눈으로 살폈다는 것 말고는 그럭저럭 견딜 만했습니다. 무엇보다도 아버지는 예전과 다를 바 없이 강인하고 보수적이며 자주 회초리를 드셨고, 눈물로 드러났던 아버지의 약함을 다시는 볼 수 없었습니다.

그런데 이때로부터 정확히 21년 후, 2014년 2월 16일 머나먼 나라 이집트에서 자살 폭탄 테러로 동생이 세상을 떠났다는 소식을 뉴스로 접했을 때, 아버지는 그때와 같은 모습으로 무너지셨습니다. 아무리 불러도 뉴스가 나오는 테레비전만을 응시하며 울부짖는 아버지를 바라보면서, 내가 집을 나가 있을 때에도 일주일 밤낮을 저런 모습으로 계셨나 싶어 가슴이 찢겨 나가듯 아팠습니다. 그날 주유소 앞에서 다시 돌아가기 싫다고 고집 부린 일이 너무나 부끄러웠습니다. 아버지의 시간 속에 더 큰 아픔과 눈물이 있다는 것을 뒤늦게 깨달았습니다. 그렇다고, 그것을 보상할 그 어떤 것도 이 아들놈에겐 없었습니다. 단지 감사할 수밖에는…. 눈물과 아픔을 억지로 누른, 그래서 오랜 세월의 무게로 딱딱해진 가슴과 강인해야만 살아지겠노라고 하신 아비로서의 결정까지, 그 무엇 하나 이해하지 못하고 흘려보낸 세월이 너무 아쉽고 죄송할 뿐입니다.

제발 어딘가에 그 모두가 고여 호수라도 이루고 있다면, 당장에라도 찾아가 몸을 던져 희석시키고 싶은 마음뿐입니다. 아버지는 서른여섯의 나이에 세상을 떠난 내 동생 진규의 겉옷, 심지어 속옷까지 다 챙겨 입고 다니십니다. "그 냄새 맡고, 피부로 느끼다 죽을 것이다."라고 하시면서요. 동생뿐이겠습니까. 어쩌면, 방황이 극에 달했던 열일곱의 나이부터 나이 마흔을 고작 6개월을 앞둔 철부지 둘째 아들의 시간을 자신의 속옷마냥 걸치고 냄새 맡고 지내셨을 것이 뻔합니다. 아… 어찌할까요. 당장에 전화 한 통 넣어야겠습니다. 속없는 이 어른은 분명 수화기 건너편 아들놈 손자놈 목소리만 들으면 또 하루가 가뿐하다 하실 겁니다.

중독

어릴 때부터 컸던 제 덩치는 고등학생이 되어서도 여전했습니다. 사실 그 시절까지 유지하고 키웠다고 해야 맞습니다. 설날 특선 영화나 추석맞이 아이돌 육상 대회가 TV 편성의 대부분을 차지하는 요즘 명절과 달리 그때는 강호동, 박광덕 같은 선수가 등장하는 설날 천하장사 씨름 대회가 큰 인기를 끌었습니다. 그런 덩치들이 환영받고 큰 돈을 버니, 제 눈에 그 정도는 되어야 남자 같고 사내 같다고 생각해서 적어도 100kg은 유지해야겠다고 생각했습니다.

사람들이 그런 제게 가장 많이 던지는 물음은 '씨름하느냐 헬스하느냐'였습니다. 자꾸만 듣다 보니 정말 그것을 해야겠다는 생각이 들어 무작정 동네 헬스장을 찾은 뒤로 하루도 빠지지 않고 열심히 했습니다. 우리 외할아버지뻘쯤 돼 보이는 연세 드신 관장님은 저에게 아주 신선한 충격이었습니다. 그래서 집에만 오면 관장님 이야기를 자주 꺼냈는데 이 이야기에 아버지가 관심을 보이기 시작했습니다.

"어디, 나도 한번 해보자."

관리집사 일 말고 다른 일은 한 번도 해보지 못하시다가 제가 흥미를 보이며 곧잘 떠드는 이야기에 아버지도 관심을 가지게 된 것입니다. 그때부터 저녁마다 함께 헬스장으로 출근을 했습니다. 기본 동작과 호흡법, 무게를 조절하며 운동하는 법까지 가르침을 받으시니 얼마 지나지 않아 제가 함께하지 않아도 스스로 할 수 있게 되셨습니다. 이후 저는 수험생이 되어 신학교에 진학하여 대전으로 가버렸고, 아버지와의 헬스장 동행은 마무리되었습니다.

많은 시간이 흘렀습니다. 서른일곱 살의 마지막 달, 부모님께서는 평생 몸담았던 관리집사를 잠시 은퇴하시고 저희가 살고 있는 단독 주택 1층이 비어있어 이곳으로 이사를 오셨습니다. 그리고 나서 처음 하신 일이 동사무소 헬스장 등록이었습니다. 정말 열심히 다니셨습니다. 어머니는 저 나이에 무리하다 쓰러지면 어쩌냐 성화셨는데 아버지는 하고 싶은 거 하게 놔두라며 역정을 내셨습니다. 그렇게 한 두 달이 지났습니다.

결혼 이래, 교회 사택이 아닌 일반 주택에 처음 살아보시는 분들이라 전기세나 수도세, 월세 등을 한두 달 직접 내다 보니 덜컥 겁이 나셨는지 일을 해야겠다고 하시더군요. 형편 넉넉지 않은 목사 아들들에게 손 벌리느니 직접 벌어야겠다며 나선 것이죠. 아내를 통해 구인 광고를 뒤지다 한 종합 병원에서 청소 직원을 구한다는 소식에 전화를 한 통 넣었습니다. 그런데 아내의 표정이 별로입니다.

"예~ 그런데요. 아버님 연세가 좀 많으셔서..."

아버지는 답답했는지 다짜고짜 전화기를 넘기라시더니 "면접이라도 합시다."라고 말씀하셨습니다. 그 한마디로 면접은 성사되었으나 다음날 면접관을 만나러 간 자리에서 또다시 연세 많다는 소리를 들으셔야 했습니다.

"그래도 아버님 연세가 좀 많으셔서요~"

그때였습니다. 아버지가 입고 간 겉옷을 벗어 버리시고는 이렇게 말씀하셨답니다.

"이 병원에서 일하는 사람 중에 나보다 힘 센 사람 있으면 나와 보라고 하세요."

결국 그 다음 주부터 출근을 하게 되셨는데, 그때의 연세가 칠십이셨습니다. 사실 아버지는 제가 헬스를 그만 둔 뒤에도 교회 일로 바쁜 기간을 제외하고는 그동안 운동을 꾸준히 해오셨던 겁니다. 언제부터인가 벤치프레스, 런닝머신, 아령 등 운동에 필요한 이것저것을 하나둘씩 동대문에서 구입해 가면서까지 체육관에 나갈 수 없을 정도로 바쁜 때에는 집에서라도 운동을 하셨으니 웬만한 30~40대보다 몸이 훨씬 좋았습니다. 제 아들놈도 저보다는 할아버지께 달려가 근육 좀 보여 달라며 팔에 힘주어보시라 할 정도였으니까요. 병원으로 출근하시면서부터는 주/야간 근무시간의 변동에 따라 새벽 운동과 밤 운동으로 나누어 하실 정도였으니 이만하면 중독이 아닐까 싶었습니다. 지금은 저희와 함께 계시지 않습니다. 베테랑 관리집사를 필요로 하는 경기도의 한 수양관에서 모셔 갔거든요.

이삿날입니다. 짐을 다 싸고 제 차로 수양관까지 부모님을 모셨습니다. 제법 넓은 거실에 테라스까지 딸린 집인데, 제일 먼저 하신 일은 살림 도구들보다 운동 기구가 차지할 공간을 확보하는 것이었습니다. 그렇게 마련한 공간을 보면서 아버지는 너무나 뿌듯해하셨습니다. 늦은 밤이나 이른 새벽부터 헬스장에 나가 3시간씩 운동을 하지 못하게 된 것이 아버지에게는 아쉬움일지 몰라도 저에게는 다행이었습니다.

덕분에 저희 집은 조용해졌습니다. 매일 저녁 운동 다녀오시면 거울 앞에서 자신의 몸에 감탄하시던 아버지가 안 계시니 을씨년스럽기까지 합니다. 그래도 넘치는 운동량 때문에 걱정이 이만저만 아니었는데, 제 눈에 직접 띄지 않으니 안심이 되기도 했습니다. 그러던 어느 날, 새벽 예배를 다녀온 이른 아침입니다. 전화벨이 울리는데, '22대손 선대'가 찍힙니다. 아버지입니다. 가쁜 숨을 몰아 쉬시는 게 역력합니다.

"진혁이냐? 다음 주 월요일에 올라올 때 아령 하나만 사와라. 이거는 원체 가벼워서..."

그 옛날 헬스장 관장님은 정말 아무것도 아닙니다. 저희 아버지, 팔순이 되어서도 병원에 취직하실 분입니다.

중독 2

2005년 초가을입니다. 저의 결혼식을 앞두고 어머니가 쓰러지셨습니다. 부모님께서 관리집사로 계신 교회에서 결혼식을 올렸는데, 어머니가 병원에 계신데다가 형님과 동생은 둘 다 사역자니 식후에는 자신들의 교회로 돌아가야 했습니다. 그래서 아버지를 도와 그날 결혼한 신랑 신부가 교회 뒷정리를 해야했죠.

그렇게 마무리를 다 하고 어머니 병문안을 갔다가, 다시 집으로 와서 결혼식 관련한 식대와 여러 부대 비용 등을 아버지와 함께 계산하고 작은방에서 첫날밤을 보냈습니다. 저희가 고집한 것도 있지만, 어머니가 병원에 계시기에 혹시라도 추가로 들어갈 병원비나 어려움들이 우려되어 신혼여행도 최대한 아껴서 제주도로 자유 여행으로 다녀왔습니다. 이것 때문에 내내 아내에게 미안한 마음이 가득해서, (이렇게 빨리 돌아올 줄도 모르고) 결혼 10주년 때는 꼭 해외 여행을 시켜주겠노라고 다짐했었습니다. 물론 올해 10주년을 맞아 이 이야기는 서로 기억도 못하는 척하고 있기는 합니다.

어머니의 병세는 악화되어 병원에서 보내는 날들이 더 많아지게 되었는데, 결국 형님에게 간이식 수술을 받고, 3~4년이 지나서야 정상적인 생활을 하시게 되었습니다. 그런데 문제는 아버지였습니다. 어머니가 쓰러지시자마자 아버지가 분주해지셨습니다. 갑자기 수영을 다니시더니, 급기야 운동 중독이 아닐까 싶을 정도로 적당히 하시던 헬스까지 하루 세 시간 반씩 하시며 어머니 간병은 소홀한 듯 운동을 즐기시는 것이었습니다. 덕분에 70이 넘은 연세에도, 머리카락 빼고는 웬만한 30~40대 몸보다 좋으셨습니다. 그래도 가족들이 볼 때는 어머니와 더 많은 시간을 보내시지 않고, 당신 몸을 더 챙기시는 것만 같아 그만 좀 하시라 성화를 부렸는데, 그런 저에게 어느 날 아버지는 어렵게 말씀을 꺼내셨습니다.

"교회 관리집사는 몸 망가지면 눈치가 보여서 오래 있을 수가 없다. 엄마가 저렇게 됐는데 나까지 비실거리면 당장에 평생을 몸 담은 관리집사를 놓아야 할지도 몰라. 그리고 나도 언제 어떻게 될지 모르는데 너희들한테 신세지기가 싫다."

어머니가 투병 중인 근 8년 동안, 교회 청소며 운전과 시설 관리까지 거의 혼자 감당해 오신 이유가 있었습니다. 야속하리만치 몸을 만드시며 모든 삶의 금전적인 문제까지 알아서 해결하신 이유가, 어머니를 부양하고 목회자인 아들들에게 피해를 주시기 싫어서였던 것입니다. 아버지는 저희 집에 함께 계실 때, 병원일을 다녀오시면 바로 동네 헬스장으로 가셔서 9시가 되어서야 돌아오셨습니다. 그리고 거울 앞에서 맘껏 몸을 드러내고 여기저기 덜 발달된 근육을 만지작거리시고는 다시 팔굽혀펴기 200~300개를 더하시고 샤워를 하셨습니다. 평생, 큰 돈 벌어 여유로움을 선사하지 못할 아들놈의 가슴이 미어집니다. 그래서, 아버지의 근육에 감탄해 주며 박수쳐 주는 일만큼은 세상에서 제일 열심히 하려고 노력 중입니다.

군대

아버지는 해병대 특수수색대를 나오셨습니다. 자부심이 대단하시지요. 그래서 저희는 어려서부터 대한민국 군대는 해병대뿐인 줄 알았습니다. 보통 자부심이 강하면 그 분야의 자랑삼을 이야깃거리가 몇 개 정도는 됩니다. 그런데 저희 아버지는 해병대 자체에 대한 자부심 말고는 군 생활 전반의 이야기를 별로 입에 담지는 않으셨습니다. 그러다 한번, 월남전 참전에 대한 이야기를 들었던 적이 있습니다.

그 이야기를 듣고 나서야 아버지가 다른 아버지들보다 훨씬 무섭고 두려운 모습으로 존재했던 이유를 깨달았습니다. 일종의 전쟁 후유증을 앓고 계셨던 것이지요. 충분히 참을 만한 일반적인 상황에서도 불쑥불쑥 드러나는 과격한 성향과 폭력적인 아버지의 모습에는 분명 이유가 있었던 것입니다.

저의 초등학교, 중학교 시절에는 반공화 그리기나 반공 글짓기 대회 같은 것이 종종 열리는 탓에 몇몇 친구들이 할아버지나 할머니께 6·25에 관한 이야기를 듣고 오는 경우가 많았습니다. 그래서 저도 아버지께 전쟁 이야기를 들려 달라고 하면 겨우 여섯 살 나이에 겪은 전쟁이라 공산군을 피해 피난 간다고 수많은 사람들이 몰려 움직이던 이야기만 해주실 뿐이었습니다.

시간이 흘러 월남전에 대한 인식이 보다 분명해진 고등학교 시절, 복잡한 지형지물을 이렇게 저렇게 이용한 이야기며, 적군과 마주한 상태에서 수류

탄 내지 유탄 발사기가 날아들었다거나, 총알이 빗발쳤다는 식의 영화 같은 전개를 내심 기대하면서 전쟁 이야기를 들려 달라 조른 적이 있었습니다. 그러나 겨우 미군들에게 얻은 보급품 이야기, 베트남에서 맛 본 이상한 쌀국수 이야기만 들려주시는 바람에, 그 이후로 다시는 월남전에 대해 궁금해하거나 여쭌 적이 없었습니다.

그러다 제가 신학교에 들어가 전도사가 된 후, (정확한 시기는 생각이 나지 않으나) 강원도 철원 부대에서 만기 제대를 하고서 삼 형제가 모두 군필자가 되어 '만약에 이 땅에 전쟁이 나면 어찌 할 것인가?'에 대한 이야기를 나눌 때였습니다. 형과 동생의 답이 무엇이었는지는 잘 모르겠으나 강원도 철원으로 당장 뛰어갈 것이라고 했던 제 답은 분명 기억이 납니다. 그 이야기를 가만히 듣고 계시던 아버지께서 무겁게 말씀을 꺼내셨습니다.

"내가 월남에 있을 때 말이다..."

이어지는 말씀의 주요 내용은 이것이었습니다. 다수가 함께 총격을 하며 그야말로 총알이 빗발 칠 때는 상대를 향해 총을 쏘아도 저 사람이 과연 내가 쏜 것에 나가 떨어지는 것인지 그냥 눕는 것인지 잘 모르지만, 분명 '내가 쏜 총에 쓰러진 것이 맞구나' 하고 느낀 적이 세 번 정도 되었답니다. 그런데, 요즘 들어 그 사람들이 자꾸만 생각난다는 것이었습니다. 예전에는 아무렇지도 않아 생각나지도 않았을뿐더러 이야깃거리도 되지 않는다 여겼는데, 이제는 하나님을 믿는 당신도 그들이 생각나고 그들의 가족들이 생각나서 요즘 그들의 영혼과 가족들을 위해 기도를 하신다는 것이었습니다. 이미 오래 전 세상을 떠난 이들을 위해 무언가를 한다는 것이 개신교 신앙과는 맞지 않으나, 그것이 뭐 그리 중요할까요. 폼나게 적군을 쏘아 죽이고 전쟁 영웅이 될 것인 양 생명과 사람을 안중에도 두지 않는 사역자 셋에게 경종을 울리는 말씀이었습니다.

아버지는 시골집에서 올라오는 먹거리나 집에 들어오는 선물이 있으면 남겨놓지 않으셨습니다. 어머니에게 나누고 오라며 우리보다 어렵고 힘겨운 사람들 이름을 한 명 한 명 거론하셨습니다. 산 영혼에 대한 긍휼과 사랑을 실천함으로 지난날의 죄과를 상쇄시키려는 것인지는 잘 모르겠으나 우리에게 고스란히 본이 되어 삼 형제의 삶이 되었습니다.

과도

중학교 3학년 1반 교실에서는 아침부터 선생님께 혼나는 소리가 납니다.

"야, 이 새끼야! 똑바로 앉어! 똑바로!"

삐딱하게 앉아 있는 제 정강이를 구둣발로 힘껏 차며 소리를 지르는 분은, 담임 선생님이십니다. 중학교 1학년 때도 담임이셨는데, 그때의 착실한 김진혁을 생각하고 부반장이 된 것을 한껏 축하해 주신 분이기도 합니다. 학기 초 서명 운동을 주도하고 퇴학 위기를 한 번 넘기고 나니, 제 자신부터가 학교를 다니기 싫었습니다. 그런데 담임 선생님 또한 그런 저를 못마땅해 하셨습니다.

그래서 본격적으로 3학년을 시작하기도 전부터 저는 이미 학교를 떠나 있는 것이나 마찬가지였습니다. 공부도, 친구들과의 관계도, 선생님들과의 관계도 멀리하기 시작했습니다. 고입 연합고사, 체력장 20점에 총 200점 만점으로 진행되는 시험에서 40점을 맞아 어느 고등학교도 입학하지 못했습니다. 농땡이를 피우지 않고서야 누구나 20점을 유지시켜 주는 체력장 점수가 10점, 한 줄로만 쭉 찍어도 50점을 맞는 시험 점수가 고작 30점이니 고등학교 입학은 이미 물 건너갔습니다.

시험 점수를 받으러 학교에 간 날, 다른 녀석들과는 달리 이미 결과를 알고 있는 저는 점수표를 받자마자 미리 아르바이트를 신청해 놓은 인근 예식장으로 향했습니다. 하루 종일 일을 하고 나면 4만 원을 주는데, 그 돈이면 집을 나갈 수 있을 것 같아서였습니다. 그런데 그 수많은 사람들을 다 상대하고 나니 몸이 말을 듣지 않았습니다. 온 몸이 불덩이같이 뜨겁고 그대로 길바닥으로 쓰러질 것만 같아 우선 택시를 타고 집으로 들어왔습니다. 이제 본격적으로 인문계를 갈 것이냐 공고를 갈 것이냐 입시 원서를 작성하는데, 담임 선생님의 폭언이 점점 더 심해집니다.

"너는 새끼야. 공고도 못 들어가! 그냥 학교 가지마. 아버지 모셔 와도 소용없어. 할 말도 없으니까 모셔 오지도 마."

아버지 또한 이미 모든 것을 포기하신 상태였습니다.

"니가 어쩌다가 이렇게 되았냐. 어쩌다가..."

기역니은이야 초등학교를 들어가야 가르쳐 주고, 중학교 때 알파벳을 시작하던 당시에는 글씨 하나만 잘 읽어도 싹수 있는 놈이 되었지만, 제법 공부에 맛을 느꼈던 저는, 외삼촌이 공부하시던 한자책을 들춰 주자십회훈(朱子十悔訓) 같은 것을 쓰고 외웠으며, 형이 중학교를 들어가자마자 형의 영어책 맨 앞에 있는 발음 기호를 스스로 외워 읽기 시작했습니다. 중학교에 들어가서는 5종 교과서 통합 단어장을 사다가 거기에 있는 영어 단어를 몽땅 외웠습니다. 영어 시험을 칠 때면, 친구들은 시험지를 받아들자마자 모르는 단어부터 찾아 금세 한두 단어씩 물어보고 시험을 치르곤 했습니다.

그게 독약이었습니다. 별다른 노력 없이 그냥 나하고 싶은 대로만 해도 충분히 학교 공부에 어려움을 느끼지 못했던 것 말입니다. 중학교 1학년 첫 시험 때 한 자리 등수가 꾸준히 하향세를 타더니, 큰 사고에 마음이 떠나 있던 중학교 3학년 졸업할 때가 되어서는 뒤에 몇 명이 채 남지 않았습니다. 한 학기 두 번, 무표정한 얼굴로 정확히 떨어진 등수만큼 때리는 선생님의 매타작 외에는 제 성적과 관련해 조금이라도 자각케 하는 것은 없었습니다.

차라리 '어쩌다가 그렇게 되었냐'고 던지시는 아버지의 물음이, 시기는 좀 늦었으나 선생님들의 그것보다 정신을 더 바짝 차리게 했습니다. 이전 같았으면 어찌된 일이냐고 묻는 것보다 주먹이나 발길질이 나오거나, 안방으로 불러 매타작부터 나왔어야 할 일인데, 이때는 잔뜩 찡그린 얼굴로 "어찌된 일이냐?"라고만 물으시니 어안이 벙벙했습니다. 차라리 좀 때려 주시면 반발을 해서 집을 나갈 수 있었을 텐데 말입니다. 어찌 됐건 한 번은 선생님을 만나러 가야 되었기 때문에 아버지와 함께 학교에 갔습니다.

"아버님, 진혁이는 이렇게 해서 어디에도 갈 수 없습니다. 어디 시골에 미달인 실업 고등학교 같은 데라면 모를까..."

그대로 아버지와 학교를 나와 당산역으로 말없이 걸었습니다. 집이 있는 사당역까지 2호선을 타고 11개 역이면 되는데, 아버지는 건너편 반대 방향으로 저를 데리고 가셨습니다.

"바람 좀 쏘이고 들어가자."
"예..."

그렇게 2호선 순환선을 타고 거꾸로 30여 개가 넘는 역을 지나 집에 도착할 때까지 아버지는 아무 말씀도 없으셨습니다. 그날도, 그 다음날도, 또 그 다음날도 아무 말씀이 없으셨습니다. 집이 마치 지옥과도 같았습니다. 차라리 때리기라도 했으면 좋겠는데, 그 중압감을 못 이겨 아버지를 찾아갔습니다.

"아빠, 나 전주 내려갈게요. 집에 있기가 싫어요."
"그래. 삼촌들도 그쪽에 있으니 그게 낫겠다."

1초도 생각하지 않으시고 집을 나가겠다는 제 말에 바로 반응을 보이셨습니다. '아, 아버지가 나를 포기하셨구나. 이제 나는 내놓은 자식이 되는구나. 차라리 잘됐다. 내 맘대로 살아 버려야겠다.' 속 시원하긴 했지만, 섭섭한 마음은 어쩔 수 없었습니다. 그 길로 짐을 싸서 전주로 내려와 3만 원짜리 자취방에서 생활을 했습니다. 시간이 지나서 고등학교를 다시 입학하게 되었지만, 이후로도 제 방황은 계속 이어졌습니다. 하지만 방황의 끝에서 하게 된 신학교 입학이라는 선택이 지금의 '목사'가 되게 해주었습니다.

언젠가, 제가 전주로 내려가던 그때를 회상하면서 어머니께 그 당시 분위기를 여쭌 적이 있었습니다. 정말 그때 나를 포기했었던 것은 아닌지 확인을 해보고 싶었습니다.

"너는 아버지한테 잘해야 된다. 너 전주 내려갔을 때도 밤마다 울면서 기도한 것이 니 아버지야. 그냥 집에 계속 두자니, 사람 많은 교회에서 관리집사 아들 놈이 학교도 안 들어가고 방황한다고 눈치 주고 그러면 주눅 들어 있을 거 뻔하다고, 친구들 다 학교 가고 교복 입고 다니는데 교회 사택에서 사람들 눈치

보며 어떻게 살겠냐고 하면서... 그래서, 무엇을 하든 간에 차라리 니가 전주에 내려가 있는 것이 백번 낫다고 그러면서도, 정작 힘든 건 너일 텐데 제대로 돌보지도 못하고 그냥 그렇게 보내 버린 것이 천추의 한이 된다고 하셨다. 그런 것도 모르고 너는 고등학교에 들어가서도 가출을 해서 아버지를 또 울렸어.”

아버지가 나를 포기했다고 확신을 했었던 그때의 제 감정이 떠올랐습니다. 섭섭한 마음에 함부로 속단하고 뒤도 돌아보지 않고 떠났던 그때 말입니다. 다시는 들어오지 않겠노라고 1년을 꼬박 그리 버렸는데, 아버지는 언제쯤 마음을 추스르고 돌아올까 눈물로 기다리셨습니다. 문득, 1년 늦게 다시 치른 고입 연합고사 때가 생각이 납니다. 온갖 불신과 현실과의 괴리 때문에 학교나 친구할 것 없이 모든 게 힘들었던 그때와 달리 마음이 차분하고 편했습니다. 아침 일찍 현관을 나서는 찰나, 아버지께서 저를 부르십니다.

“진혁아.”
“예.”
“이거 먹고 가거라.”

그렇게 제 손으로 건네주시는 것을 받아 보니, ‘우황청심환’입니다. 건강한 십 대한테 ‘이게 뭐냐’고 한 번 쳐다보고는 크게 웃으며 입속으로 던져 넣었습니다.

“서울 시장도 고등학교 1년 늦게 들어갔다더만~! 긍게 걱정하지 말어~ 언젠가 그 사람보다 더 크게 되면, 너같이 힘든 기간 보냈던 사람들이 ‘김진혁이도 방황한다고 고등학교 1년 늦게 들어갔다더라'고 하면서 위로받게 하는 사람이 될 것잉게 말이여~!"

고등학교를 1년 늦게 들어가신 서울 시장님이 누구신지 그분의 학력을 확인할 방법은 없으나, 저를 위로하신다고 얻어 오신 그 정보를 아버지는 1년 내내 가슴속에 담아 두고, 입속으로 계속 맴돌렸을 것이 뻔합니다. 뒤늦게 선택한 신학교 입학으로 지금은 목사가 되어 있지만, 고등학교를 입학하고 나서도 방황을 하지 않았던 것이 아닙니다. 아버지의 마음을 헤아리기에는 아직 많이 어려서 그랬을지도 모르겠습니다. 형편없는 중학교 생활에 고등학교도 제대로 못 들어가고, 가출을 일삼다가 아버지를 울려 버린 문제요, 교회와 목회자에게 상처받아 신앙의 방황기를 겪었으나 지금은 목사가 되어 버린 관리집사 아들이 이제는 아버지의 바람대로 살아 낼 일만 남았습니다. '아~ 우리 아들만큼은 나 닮지 않았으면 좋겠다.'라는 아버지의 얄팍한 바람과 함께 말입니다. 저는 솔직히 우리 아버지만큼 버텨 낼 자신이 없습니다.

세상과 나

"학교도 안 다녀? 깡패여?"

교회

"엄마, 나 친구 집에서 자고 학교 갈게요. 숙제도 좀 많고 혼자 하기가 힘든 게 좀 있어서요..."

그 길로 다시 111번 버스를 타고 영등포로 향했습니다. 초등학교 1학년 때부터 중학교 2학년 여름까지 지냈던 곳입니다. 영등포 영남교회는 마당이 제법 넓었습니다. 인근에서도 가장 큰 교회 중 하나라, 제가 다니는 영남초등학교 학생들 거의 대부분이 재적에 등록이 되어 있을 정도였습니다. 사택은 식당과 외부 화장실로 이어지는 길을 사이에 두고 교회와 따로 분리된 단독 공간이었습니다. 그곳을 나서면 오른쪽으로 작은 화단이 있고, 저 끝 맞은편 벽전체가 긴 화단으로 되어 있었습니다.

사택 앞 작은 마당에서는 시골에서 데려온 강아지 똘똘이와 똘순이를 키우고 있었습니다. 작은 화단 한쪽에는 제법 넓게 철망으로 큰 새장을 지어 닭과 오리, 비둘기 등을 키웠는데, 학교가 끝나고 오면 녀석들이 잘 있는지를 신기한 눈으로 살피는 것이 우리 삼 형제가 가장 먼저 하는 일이었습니다. 교회 대문은 거대한 철문으로 되어 있었는데, 사람들이 전부 집에 돌아가고 그 문을 닫아 놓으면 난공불락(難攻不落)의 요새처럼 안에서나 밖에서나 서로 들여다볼 수 없는 철통 보안의 공간이 되었습니다.

　교회 뒷편으로 유명한 김안과 건물이 들어서기 전까지는 교회보다 높은 건물이 없어 안이 들여다보이지도 않으니 우리는 옷을 전부 벗고 마당 수돗가에서 목욕도 하고 물놀이도 했습니다. 똘똘이 똘순이는 물론, 오리까지 다 풀어 놓았습니다. 그렇게 초저녁을 보내고 해가 뉘엿뉘엿 질 때면, 아침 일찍 풀어놓은 비둘기들이 자기들 집으로 들어옵니다. 오리와 똘똘이 똘순이 전부 실컷 뛰어놀았다 싶으면 우리의 물놀이도 끝이 났습니다.

　초등학교 5학년 때는 최OO 전도사님이라는 분이 새로 오셨는데, 전도사님의 예쁜 딸이 저와 동갑이었습니다. 키도 남학생들과 비슷할 정도로 컸고 조그마한 얼굴에 안경을 쓴 바이올린을 잘 켜는 아이였습니다. 교회를 다니면서 그렇게 예쁜 아이는 본 적이 없었습니다. 그래서 그 여자아이를 만날 수 있는 주일이 기다려졌습니다. 아니, 주일만 볼 수 있다는 것이 아쉬울 정도였습니다.

　드디어 여름 성경학교였습니다. "흰 구름 뭉게뭉게 피는 하늘에, 아침해 명랑하게 솟아오른다. 손에 손 마주잡은 우리 어린이"라는 가사의 주제가를 부르는 순간부터 저의 마음은 기쁨으로 마구 뛰기 시작했습니다. 그 아이를 매일 볼 수 있어서였습니다. 성경학교 마지막 날, 지난 몇 개월간 마음 졸이며 봐왔던 설렘을 표현하기로 결심했습니다.

"은영아, 나 사실 너 좋아한다."

"어?... 정...말??... 음... 나돈데..."

그때부터 우리는 교회에서 늘 붙어 다녔습니다. 어린이 성가대를 할 때도 남녀가 구분되는 자리 양쪽에 함께 앉았고, 회식을 한다고 선생님께서 중국집에 데려가시면 그때도 늘 함께 앉아 먹었습니다. 그러면 친구들이 맨날 붙어 다닌다고 놀리는데, 그때 은영이가 했던 말을 아직도 잊을 수가 없습니다.

"한 번 사귄 남자친구. 내가 좋아서 그러는데, 왜?"

어린아이치고는 좀 당돌한 이야기였으나, 그렇게 가슴이 뛸 수가 없었습니다. 이후로도 교회에서 하는 율동, 발표회, 성탄절 연극 등 모든 것에 함께하며 즐거운 시간을 보냈습니다. 그러나 전도사님 가정이 다른 교회로 가시게 되면서 은영이와도 이별을 하게 되었습니다. 다음에 꼭 다시 만나자는 인사를 하고 헤어지기는 했으나, 언제 어떻게 다시 만날 수 있을지 확신도 없어서 마음이 슬프기만 했습니다.

중학교 2학년, 저희도 사당동으로 이사를 했습니다. 그럼에도 저희 집은 아직 영남교회인 듯했습니다. 전학을 하지 않고 계속해서 111번 버스와 139번 버스를 갈아타고 등하교를 했는데, 학교 수업이 마치면 꼭 영남교회를 들러 마당에 한참을 앉아 있다가 사당동으로 돌아오곤 했었습니다. 그러던 어느 날, 초등학교 때의 모든 추억이 주마등처럼 진하게 스친 어느 저녁에, 어머니한테 친구 집에 가서 잔다고 이야기를 하고 학교에 갈 준비를 해서 집을 나섰습니다.

그 길로 영남교회에 바로 달려갔습니다. 철문으로 된 쪽문이 열려 있어 1층 교육관으로 몰래 들어갔습니다. 불을 켜면 분명히 관리집사님께 걸릴 것 같아 깜깜한 교육관 구석에 앉아, 다시 이곳으로 돌아왔으면 좋겠다는 생각에 한참을 울었습니다. 정확히 왜 울었는지는 모르겠습니다. 이곳에서 보낸 옛 시절이 많이 그리운 이유도 있겠으나, 한참 사춘기를 겪고 있을 때에 이사 간 사당동 교회에 적응을 하지 못한 것이 가장 큰 이유였던 것 같습니다. 이곳에서 어린 시절을 보냈던 승택이, 승원이, 승환이, 해창이, 민정이, 지희, 은경이 그리고, 은영이까지…. 녀석들과 함께 했던 시간이 너무 좋았습니다.

어머니께는 친구 집에 간다고 했지만, 그렇게 한참 교육관에 앉아 있다 보니 아무 데도 가기 싫었습니다. 그래서 교육관 좌측 벽에 밀어 놓은 장의자 밑으로 기어 들어가 잠을 잤습니다. 제법 추웠습니다. 입고 간 점퍼를 계속 여미면서 한참을 뒤척이는데…. 얼마나 지났을까, 교육관 불이 켜지면서 새벽 예배가 시작되었습니다.

"지금까지 지내 온 것 주의 크신 은혜라 ♪"

집사님들의 찬양 소리가 잠을 깨웁니다. 여기저기 비어 있는 방석 위에 한두 분씩 앉는데, 몇 번 몸을 움직여 손을 뻗으면 닿을 만한 곳에 교회의 최고 어른인 이영기 장로님께서 자리하셨습니다. 그리고 이내 몸을 숙여 기도를 하시는데, 인기척을 느끼셨는지 의자 밑에 숨죽이고 누워 있는 저와 눈이 마주치셨습니다. 장로님은 눈을 지긋이 감고 한번 고개를 끄덕이시고는 계속 기도를 하셨습니다. 저를 못 알아보신 것인지, 알아보셨으면서도 충분히 그럴 수 있다는 생각에 고개를 끄덕여 주신 것인지 잘 몰랐습니다. 장로님은 예

전부터 인자하신 웃음으로 우리 삼 형제를 많이 예뻐해 주신 분입니다.

얼마나 지났을까, 교육관이 다시 조용해지고 다시 잠들었다가 깬 저는 마치 이곳에 계속 살고 있는 듯 양철 대문을 열고 등교를 하였습니다. 부스스한 몰골은 신경도 쓰이지 않았습니다. 오랫동안 그래 왔듯이 그 문을 통과했다는 것이 마냥 좋았기 때문입니다. 그날도 학교가 끝난 뒤에 영남교회에 들러 2층 계단에 한참을 앉아 있다가 귀가를 했습니다. 언제까지 그랬는지 기억이 희미하지만 그 후유증이 사라지기까지는 제법 많은 시간이 흘렀던 것으로 기억합니다. 형과 동생한테는 물어본 적이 없지만, 시간이 흘러 아버지께 여쭈었을 때는 관리집사로 있었던 교회 중에 저녁이면 강아지랑 오리, 닭들 풀어놓고 너희들하고 뛰어 놀았던 영남교회 시절을 잊을 수 없노라고 말씀하셨습니다.

저는 목사가 되었습니다. 목사가 되기까지 4개 교회에서 사역을 했었는데, 첫 딸 수아는 대전의 새누리교회에서 돌이 되기도 전에 천안침례교회에 와서, 우리 두 아이 모두가 다닌 교회는 사실상 천안침례교회가 처음입니다. 그리고 각각 여덟 살, 여섯 살이 되었습니다. 하나님께서 앞으로 우리 가정을 어떤 교회로 이끄실지 모르겠지만, 되도록 이 아버지가 그랬던 것처럼 많은 곳을 다니게 되어도 다른 곳보다는 '교회'를 그리워하고 찾았으면 좋겠습니다.

모의

    아버지의 그릇된 기대가 있을 정도로 저는 어릴 적 제법 공부에 두각을 나타내었습니다. 아니, 두각이라기보다 남들만큼 노력하지 않아도 많은 것을 쉽게 해내었습니다. 이게 습관이 되었을 땐 이미 노력하는 친구들 반도 못 따라가는 처지가 되었지만 말입니다. 사춘기가 찾아온 중학교 2학년 말 이전에는 공부나 행동으로 부모님을 힘들게 해드린 적은 한 번도 없었으나, 그 이후부터는 제가 생각해도 제법 문제를 일으키기 시작했던 것 같습니다.

    성적 하락은 말할 것도 없고, 학교를 상대로 노골적으로 불만을 표출하기 시작했습니다. 교내에서 종종 벌이곤 했던 일종의 캠페인 중 불우 이웃 돕기 성금을 내지 않은 학생을 공개적으로 혼내기도 하고, 폐품을 내지 않을 경우 돈으로 대신하라는 학교 측의 요구에 대한 불합리함과 의문점을 숨기지 않고 드러내었습니다.

    중학교 3학년이 되었을 때는 저와 마음이 맞고 생각이 비슷한 녀석들을 만나 사조직 '둥지회'를 만들었습니다. 모임을 시작하면서 제일 먼저 다룬 주제는, 학교에 제출하는 각종 '성금'에 대한 의혹 제기였습니다. 때가 되면 매를 들어가면서까지 강제로 거둬들이는 각종 성금들이 도대체 얼마나 걷히며 어디에 쓰이는지 궁금했습니다. 그래서 우리 중에 가장 글 솜씨 뛰어난 친구 하나를 집으로 데려가 A4 용지에 다음과 같은 내용의 손글씨 대자보를 작성하게 했습니다. "학교는 그 내역을 공개하고, 학생들이 그 사실을 알게 하라."

집이 교회 사택이란 점을 십분 활용, 이 내용을 대량 복사해 다음날 아침 일찍 등교하여 3학년 교실 칠판에 붙이거나 직접 배포하고 각 반 반장을 통해 친구들의 서명을 받았습니다. 그렇게 약 500여 명의 서명을 받아 학년 주임이셨던 담임 선생님께 제출하였고, 대자보대로 해주실 수 있는지 여쭈었습니다. 담임 선생님께서는 한마디 말씀도 없이 이 상황을 학생과에 넘기셨고, 우리는 그때부터 컴컴한 무용실에 꿇어앉아 학생과 선생님들에게 돌아가며 맞아야 했습니다.

처음 일주일간은 우리 다섯에게서 동일한 진술이 나오도록 강요받았고, 그 다음 주에는 뒤에서 조종한 선생이 누구인지 말하면 살려 준다는 협박과 회유를 당하며 함께 재진술해야 했습니다. 그리고 학교에서 이런 불법 행위를 한 것에 대한 책임으로 퇴학 처분을 내릴 것이라는 협박이 날이 갈수록 극심해졌습니다. 그렇게 며칠이 지나자 등교 시 바로 학생부로 불려 가서 얼굴과 엉덩이를 얻어맞고, 하교할 때면 퉁퉁 부은 채로 걸어 나오는 저희들을 몇몇 선생님들께서 옹호해 주기 시작했습니다. 지금 생각해 보면 아마도 이념의 차이로 다른 시선을 받고 있는 특정 단체의 선생님들이 아니었나 싶습니다. 이때부터 학교는 더 시끄러워졌습니다. 당시 우리가 갇혀 있는 학생과 옆 무용실로 소위 문제적 선생님들이 당번 서듯 돌아가며 찾아와 항의하셨던 겁니다. "왜, 애들을 그렇게 때립니까?" "진술서나 반성문을 쓰게 하려면 책상과 의자를 가져다 주세요. 바닥에 무릎 꿇려 이게 뭐 하는 겁니까?" "수업 때는 들여보내고 쉬는 시간이나 점심 시간에 불러 정당하게 조사하세요!" 등등.

그렇게 2~3주의 시간이 흐르고, 퇴학이 기정 사실화되어 갈 때쯤 저희를 뒤에서 조종했다는 한 선생님이 나타나셨고, 그분이 사직서를 쓰고 교직을 떠나는 조건하에 정학 처분 선에서 마무리 짓는 것으로 사건이 일단락되었습니다. 이때부터 저의 본격적인 방황이 시작되었습니다. 학교도 싫고 사람도 싫고 다 싫었습니다. 정학 처분 기간 뒤에도 선생님으로부터 끊임없는 질타를 경험해야 했는데, 어느 순간 담임 선생님의 비틀어진 시선과 잦은 매질이 유독 제게로만 향하는 것을 깨달았습니다. 후에 알게 된 바로는, 형편이 제법 좋은 녀석들의 부모님이 아들 살리자고 촌지를 비롯한 갖은 방법을 다 쓰는 동안, 3만 원짜리 구두 상품권 한 장 들고 고작 한 번 담임 선생님을 찾아갔던 어머니의 방법이 화근이 된 것입니다. 그제서야 한 친구의 말이 생각났습니다.

"야, 너네 엄마도 몰래 학교 찾아왔었냐?"

학교가 정말 재미없고 감옥 같았습니다. 어느 날 담임 선생님께서 부반장인 제게 "소풍이니 어머니께 말씀드려라."라고 하는 알 수 없는 언질을 주시기에 집에 와 어머니께 그대로 말씀드렸습니다. 어머니는 캔 사이다 한 박스를 사 보내 주셨는데, 선생님들 식사 장소까지 무겁게 들고 가 "어머니가 선생님 드리랍니다." 하고 내려놓으니 "니들이나 쳐먹어라."라고 하면서 내던져 버린 일도 있었습니다.

악몽 같은 중학생 시절을 보낸 뒤, 제법 시간이 흘러 신학교에 들어가 군대도 다녀오고 파트타임으로 사역을 하고 있던 어느 날, 학부 마지막 학기 수업 때문에 교회 주말 사역을 마치고 고속버스를 타고 학교로 내려가던 길이었습니다. 침례신학대학이 있는 대전 유성까지는 두 시간 남짓이라 휴게소를 그냥 통과할 때도 많은데, 그날은 기사 아저씨가 볼일이 급하셨는지 대전에 거의 도착할 즈음 나타나는 옥산 휴게소로 진입을 했습니다. 대부분의 승객이 미동도 없었으나 저는 정차한 김에 커피나 한잔할 요량으로 밖으로 나갔습니다. 자판기 앞에 어디선가 본 듯한 낯익은 사람이 커피를 홀짝이고 있었습니다. 저도 모르게 한참을 응시하니 그도 제 눈빛을 의식하며 마주보게 되었습니다. 그리고 얼마 지나지 않아 그 분을 알아볼 수 있었습니다. 중3 시절 저희를 살려 주시려 교직을 떠나셨던 황성우 선생님이었습니다.

확인을 마치자마자 크게 인사드리고 그때의 송구스러움을 전하려는데 선생님은 그 시간을 피하고 싶으신 눈치였습니다. 더 많은 이야기를 나누지 못하고 아쉽게 돌아서는데 선생님께서 나지막이 한마디 던지십니다.

"진혁아, 훌륭한 목사님 되거라."

부지중에 만나 전화번호도 여쭙지 못해서 지금까지 재회하지 못하고 있습니다. 하지만 제 가슴에 뜨겁게 내려앉은, 어떤 말보다 무거웠던 그 당부의 무게를 저는 지금도 기억합니다.

만남

　열일곱 살 나이에 집을 나섰습니다. 남들은 고등학교에 입학할 시기에 저는 집을 나갔습니다. 부모님과 함께 있어 봐야 고등학교도 들어가지 않은 자식이 자랑스러울 것도 없고, 교회의 수많은 눈을 감당할 자신도 없었기 때문입니다. 관리집사 둘째 아들의 본격적인 방황이 시작되었습니다. 전라북도 전주, 지금은 한옥 마을로 조성되어 있는 '교동'이라는 곳은 제법 오래된 집들이 즐비해 있는 가난한 동네였습니다. 그곳에 외가 친척들이 아직 좀 계시다는 것이 부모님께서 저를 놓아 주신 큰 이유이기도 했던 곳입니다.

　볼품없는 노목이 가득한 동네 어귀를 감싸며 작은 언덕이 있고, 군데군데 사람이 살지 않는 폐가가 있어 밤이면 을씨년스럽기까지 했습니다. 한 달에 3만 원짜리 작은 방은 연탄 창고를 치운 볼품없는 공간이었고, 식수를 비롯해 씻을 수 있는 물은 집 앞의 우물로 해결해야 했습니다. 끼니는 시간이 아니라 배가 고프면 해결을 했습니다. 늦게까지 자고 일어나서 15분 정도 대로까지 걸어 내려가면 900원에 칼국수 한 그릇을 할 수 있었고, 돌아오는 길에 전주공업전문대학교에 들어가서 형들과 축구며 농구며 어울려 할 수 있는 기회도 있었습니다.

　자취방 살림이라고는 기타 한 대와 라디오 한 대뿐이었습니다. 잠들기 전까지 틀어 놓은 라디오에서 이주원의 〈아껴 둔 우리 사랑을 위해〉와 015B의

〈아주 오래된 연인들〉이 약속이나 한 듯이 반복해 흘러 나옵니다. 그렇게 어른들의 눈을 벗어나 내 마음대로 할 수 있는 시간이 아주 오래갈 줄 알았습니다. 그러나 계획 없이 마음대로 한들, 제 나이에 맞게 학업을 성취해야 하는 것들을 하지 못해 생기는 자책들이 오히려 어른들의 지도를 받을 때보다 더 귀찮은 규제가 됨을 느낄 수 있었습니다.

스스로 한다는 것은 어디까지나 '하고 싶을 때'에 '하고 싶은 것만' 한다는 것이기에, 어느 날은 거울 속 제 모습이 짐승 같아 보였습니다. 옷도 마음대로, 머리도 마음대로, 이미 오래 전 초점을 잃은 눈빛과 멋대로 놓인 이불과 옷가지들이 이 사실을 뒷받침해 주었습니다. 하고 싶은 것만 하고 싶은 때에 해버리는 아주 고집스럽고 삐뚤어진 짐승 새끼… 큰 외삼촌 댁에 한 주에 한 번씩 찾아가 얻어먹는 밥다운 밥이 아무 탈 없이 살고 있다는 유일한 증거가 되는, 인증된 불량아였습니다.

그러다 막내 외삼촌이 알아봐 준 학원에 가게 되었습니다. 학교에서 퇴학당했거나, 아예 진학하지 않았거나, 혹은 재수하는 친구들이 주를 이루는 학원이었습니다. 지금은 그 소재를 파악하기 어렵습니다. 1990년대 중반까지 전주고등학교 앞 -현재 홈플러스 자리- 에 있었던 성지학원이 그곳입니다.

첫날, 먼저 다니고 있던 녀석들 앞에서 인사를 하고 자리로 들어와 수업을 한 시간 듣고 나니 마음이 제법 편했습니다. 적어도 제 나이에 할 수 있는 것을 하고 있다는 안도감 같은 우스운 뿌듯함이라고 표현하는 것이 맞겠습니다. 삼삼오오 모여 이야기를 하면서도 힐끗힐끗 저를 의식하는 분위기가 역력했습니다. 서울에서 왔다는 녀석이 자신들보다 더 허름하고 험악하게 생겼으니 얼마나 신기했을까요.

그중에서도 적당한 덩치에 새하얀 얼굴, 눈 밑 짙은 흉터로 다소 험악한 인상을 하고 있는 녀석이 눈에 띄었습니다. 저와 눈이 마주치자 녀석이 송아지 같은 커다란 눈을 껌벅거리며 다가옵니다.

"야, 서울! 담배는 피냐? 나가자."

평생지기 1호요, 한예종 연극원을 나와 〈마리화나〉, 〈청춘의 십자로〉, 〈마리아 마리아〉, 〈레미제라블〉 등과 같은 뮤지컬로 대학로에서 이름 있는 배우로 성장한 영수를 처음 만났던 순간입니다.

이별

전주에서 다녔던 학원은 고등학교도 제대로 못 들어간 소위 불량학생들이 거의 대부분이었는데, 아이러니하게도 명문 고등학교와 한 블록을 사이에 두고 마주보고 있었습니다. 폭력, 사고, 퇴학, 자퇴 등의 전력 화려한 학생들이 대부분이었는데 그중에서도 저에게 처음 먼저 다가왔던 영수 녀석은 '사고'에 해당되었습니다. 당시 불량 청소년들의 필수 코스인 오토바이 사고로 오른쪽 눈 밑에 지워지지 않는 상처를 하나 달았습니다.

제법 큰 사고라 오랫동안 병원 신세를 져야 해서 고등학교에 들어가지 못했던 것입니다. 그래서 "애당초 못 들어갈 거였는데, 오토바이 사고가 너의 쪽팔림을 가려 준 것이다."라고 지금껏 제게 놀림을 받습니다. 학원이 끝나면 우선 건너편 오락실로 몰려갔습니다. 실컷 오락기를 두들기며 눈치 본다고 못 다 피운 담배를 몰아 피우고 제 자취방으로 향했습니다. 일주일에 3일은 제 방에서 먹고 자고 같이 생활했는데, 밤에 허기가 지면 주린 배를 움켜쥐고 밖으로 나갔습니다.

길바닥에 뒹구는 철사를 집어 들고 이리저리 배회하다가 현금이 보이는 자동차 문을 따고 돈을 훔쳐 통닭과 술을 사먹었습니다. 밤새 놀다 보면 조금씩 과격해지고 대담해졌습니다. 그래도 되는 줄 알고 앞 다투어 경쟁하듯 일을 저질렀습니다. 남의 집 옥상에 올라 옷가지를 훔치기도 하고, 부탄가스를 사서 흡입하기도 했습니다.

그중 가장 집중했던 놀이는 문신을 새기는 일이었습니다. 바늘로 잉크를 찍어 올리면 끝에 잉크 방울이 대롱거리며 매달리는데, 이때 연한 살을 찔러 피부를 살짝 튕겨 올린 뒤 화장지로 닦아 내면 그대로 점이 됩니다. 그렇게 글씨나 그림을 스케치하여 몇백 몇천 번을 튕겨 내면 어설프게 문신이 새겨지는데, 그 시절 잉크 성능을 체크한다는 핑계로 제 손을 내어 놓아 아직도 제 손에는 여러 개의 인공점이 수두룩합니다.

그런 우리에게 한 명의 친구가 더 생겼습니다. 호리호리한 체격에 적당히 찢어진 눈, 오똑한 콧날에 작은 입술은 영락없는 기생 오라비 상입니다. 여자아이들에게 제법 인기를 끌 법한 외모와는 달리 꽤 터프한 성격이라 동성 친구들에게도 호감을 사는 녀석이었습니다. 밤마다 제 방으로 모여드는 인원이 이제는 세 명이나 되었습니다. 자취방 가장 인기 있는 식사 메뉴는 식용유와 소금을 듬뿍 넣고 전기 밥솥으로 요리한 김치볶음인데, 녀석들은 꼭 자취방에서 김치볶음에 밥을 비벼 먹고 집으로 돌아갔습니다. 이 맛을 영 끊을 수 없었는지 집에 있는 김치 통을 제 자취방에 가져다 놓기도 했습니다.

최고의 놀이감은 기타였습니다. 드라마 OST 〈질투〉, 조하문의 〈이 밤을 다시 한번〉이 애창곡인데, 한번은 제가 분위기를 잡고 찬양을 불렀습니다.

"똑바로 보고 싶어요 주님 온전한 눈짓으로
똑바로 보고 싶어요 주님 곁눈질 하긴 싫어요
하지만 내 모습은 온전치 않아 세상이 보는 눈은
마치 날 죄인처럼 멀리하며 외면을 하네요
주님 이 낮은 자를 통하여 어디에 쓰시려고

이렇게 초라한 모습으로 만들어 놓으셨나요
당신께 드릴 것은 사모하는 이 마음뿐
이 생명도 달라시면 십자가에 놓겠으니
허울뿐인 육신 속에 참 빛을 심게 하시고
가식뿐인 세상 속에 밀알로 썩게 하소서 ♪ ”

다 부르고 나니 녀석들 눈빛이 제법 진지했습니다.

“다시 한번 불러 봐라. 노래 죽이네~!”
“그래, 다시 한번 해봐!”
“알았어.”
“똑바로 보고 싶어요 주님 ...”

녀석들이 저를 따라 한 소절 한 소절 같이 부르기 시작했습니다. 한 열 번쯤 반복했을까요? 영수가 뜻밖의 이야기를 했습니다.

“나 사실 교회 다녔었다.”

1992년 10월 28일 휴거설을 주장하던 단체를 기억하실 겁니다. 자신이 다니던 다가동 광O교회 여자 목사님이 어느 순간 갑자기 휴거를 말씀하시며 아이고 어른이고 매일 집회를 다녔는데, 자신도 그때까지 가족과 함께 매일 교회에 나가 찬송하고 부르짖었답니다. D-Day, 학교도 가지 않고 교회에 모여 기도로 대기하던 중 하루가 아무 일 없이 그냥 흘러가 버렸고, 당시 함께

했던 학생회 친구들은 거의 다 실망하며 교회를 빠져나왔다고 합니다. 그 이후로 한 번도 교회로 걸음한 적이 없다는 것입니다.

그때 영수와 함께 교회를 빠져나온 제법 친한 친구 중에는 나중에 이름 있는 한류 여배우가 된 친구도 있었다는데, 옆에서 가만 이야기를 듣고 있던 친구 녀석이 영수의 이마를 한 대 쥐어박으며 "헛소리 그만하고 다시 이 노래 좀 불러 보자!"라고 합니다. 그 녀석이야말로 교회 근처도 가본 적 없는 놈이었는데, 이 노래가 너무 좋아 완벽히 배울 때까지 잠들지 않겠노라며 몇 번이고 불러 달라 저를 괴롭혔습니다. 그렇게 찬양을 부르게 하면서도 홀짝홀짝 술을 한잔 하다가 늦은 새벽이 되어서야 잠이 들었습니다. 날이 밝은 지 한참이 지나 일어나 보니 영수와 저만 남았고 녀석은 온데간데없이 사라졌습니다. 다음날 학원에서도 보이지 않고 자취방에 찾아오지도 않습니다. 그러다 학원으로 녀석의 부고 소식이 날아왔습니다. 한참 소리 높여 노래를 부르다 잠든 그날 새벽, 자취방을 나서 집까지 비몽사몽간에 걸어가다 넘어져 마침 옆을 지나던 포크레인에 깔려 사망한 것입니다.

당장에 녀석이 누워 있는 예수병원으로 달려가 녀석의 시신을 보여 달라 떼를 썼습니다. 어린 녀석 둘이 유족과의 상의도 없이 달려드니 놀라 저희를 밀어냈습니다. 한참 실랑이하다 녀석의 어머니를 뵙고서야 뒤늦게 정신을 차려 조문을 마치고 나왔습니다. 인근 아파트 후미진 곳을 찾아들어가 토하도록 술을 마신 뒤 영수와 함께 실컷 울었습니다. 가슴속 그 북받침을 억누를 수가 없었습니다. 그날 밤, 그 일을 도무지 이해할 수 없어 예수님의 이름을 수백 번을 부르다가 잠이 들었습니다.

며칠이나 지났을까, 저는 학원도 나가지 않고 영수도 만나지 않았습니다. 서로 연락을 하지도 않았습니다. 자취방에서 홀로 멍하니 시간만 보냈습니다.

그러다가 영수가 찾아왔습니다. 말없이 밖에 나가 담배를 태우고 들어와 김치볶음을 만들어 밥을 비볐습니다. 그리고 거의 동시에 서로를 불렀습니다.

"야, 영수야! 우리 고등학교 들어가자."
"그래. 이러다 그 새끼 따라 죽으면 억울헝께 학교 들어가자."

바로 아버지께 전화를 걸었습니다.

"아빠, 시험 원서 좀 접수해 주세요."

그렇게 저는 다시 서울로 올라와 중앙대학교 사범대학 부속고등학교에 입학을 했고, 영수는 전주에 남아 전북대학교 사범대학 부속고등학교에 입학을 하게 되었습니다. 먼저 세상을 뜬 친구 녀석은 결국 〈똑바로 보고 싶어요〉를 거의 완벽히 부르고 잠을 잤었는데, 지금껏 살았다면 목사가 된 이 친구 놈을 어떻게 바라볼지 궁금하기도 합니다. 아마도 영수 녀석과 같겠지요.

"야, 이 사이비 새끼야!"

윤아, 잘 있냐? 아버지가 월남에서 당신 손으로 죽인 영혼들을 위해 기도했다는 말씀이 무언지 이제야 알겠다. 방황하던 시기에 너를 만나지 않았더라면 니가 하나님도 모르고 비명횡사(非命橫死)하는 일은 없었을 텐데 말이다. 이 못난 친구를 용서 하거라. 내 비록 큰일은 못해도 영수만큼은 다시 하나님의 이름을 부르고 떠나게 해야지. 오늘도 아쉬운 마음에 하늘만 본다.

학교도 안 다녀? 깡패여?

정상적인 단계를 밟지 않는 것은 누구에게나 위태로워 보입니다. 주일에 관광지에서 우연히 만난 사람이 목사라면 그것 참 이상하듯, 학교에 있을 시간에 마음껏 동네를 배회하고 있는 사람이 청소년이라는 것도 문제가 되었습니다. 있어야 할 자리에 없게 되면 그럴 가능성이 참 많습니다. 그러나 이 위태한 자리를 벗어나려 했던 노력이 아주 없었던 것은 아닙니다. 지금은 한옥마을이 된 오래된 교동 마을이었습니다. 학원에도 무단 결석을 하고 있던 며칠째, 한번은 친구들과 횡단보도를 건너던 중이었는데 경찰차 한 대가 따라옵니다.

"얘들아~ 거기 좀 서봐라."
"왜요?"
"이리 좀 와봐."

우리를 골목 쪽으로 유도하여 벽 쪽으로 불러 세웁니다.

"니들 몇 살이냐?
"열일곱인데요."

"학교는?"

"안 다니는데요. 왜요?"

"학교도 안 다니고 뭐여, 깡패여?"

"아닌데요. 왜 그래요?"

이내 주머니를 뒤져 담배와 라이터 같은 것을 압수하며 머리를 한 대씩 쥐
어박는데 기분이 나빴습니다. "왜 때려요? 그냥 주죠."하며 손을 뻗으니 "이
깡패 새끼들이…" 바로 발길질과 주먹이 허벅지와 가슴으로 날아듭니다. 온
갖 욕설과 구타가 몇 분 더 이어지더니 발길을 돌리며 한마디 합니다.

"니들 같은 새끼들 때문에 동네가 시끄럽고 지저분하니까 좀 조용히 다녀라!
응?"

“ ”
…

“알았냐고!”

“… 예…”

한 번도 저희가 하고 다니던 것보다 더 세게 혼이 나거나 맞아 본 적이 없었습니다. 그러니 세상에 무서울 것이 없었고 수위는 점점 높아질 수밖에 없었습니다. 하지만 경찰 아저씨들의 등장과 저희를 향한 욕설에 제법 큰 충격을 받았습니다.

'깡패 새끼들… 구제불능인 놈들… 쓰레기 같은 것들…'

윗어른에 대한 반항심으로 더욱 튕겨져 나간 것은 사실이나, 누구도 저에게 쓰지 않았던 말이었기에 머릿속에서 그 단어들이 떠나지 않았습니다. 새벽이 되도록 잠이 오지 않아 무작정 자취방을 나가 한참 걷고 있는데 평소 눈여겨보았던 큰 교회 앞에 다다랐습니다. 찬양 소리가 들리는 것으로 보아 분명 새벽 예배 시간입니다. 교회 안으로 들어가 보니 불이 완전히 켜지지 않은 채 목사님으로 보이는 분이 앞에서 찬양 인도를 하고 계셨습니다.

맨 뒷자리에 앉아 말씀을 들었습니다. 그러나 한 마디도 머릿속에 들어오지 않았습니다. 단지 편안하고 포근해 잠이 쏟아졌습니다. 엎드려 잠을 청했습니다. 이내 불이 꺼지고 어른들의 통성 기도 소리가 들려오자 긴 의자에 누워 본격적으로 잠을 청했습니다. 얼마나 지났을까 누군가 저를 깨웁니다.

“학생! 일어나야 될 것 같은데. 학생, 학생!…”

"...예... 죄송합니다."

"아니, 괜찮아. 어디서 왔어?"

"아뇨, 그냥 갈께요."

관심 있게 다가오시는 목사님을 뒤로 하고 교회를 나왔습니다. 얼마나 잤
는지 모르겠으나 정말 오랜만에 편히 잔 것 같았습니다. 가뿐한 것이 마치 한
차례 목욕을 한 듯했습니다. 바로 그날, 집으로 돌아가야겠다는 생각에 영수
녀석에게 말을 하고 무작정 서울행 버스에 올랐습니다. 남루한 옷차림에 슬
리퍼를 신은 둘째 아들의 등장에 부모님은 많이 놀라셨고, 깨끗이 몸을 씻게
하신 뒤에 이른 저녁상을 차려 주셨습니다.

그리 푸짐할 것도 없는 집밥이 왜 그리 맛있는지, 몇 그릇을 연달아 해치운
뒤, 교회 3층에 자리한 우리 삼 형제의 방으로 향했습니다. 동생은 친구들과
노는지 아직 들어오지 않았고, 형은 체육 고등학교 태권도 특기생으로 주로
학교 숙소에서 지내다 보니 들어오지 않는 때가 많아 방에는 아무도 없었습
니다.

집을 비운 시간이 무색하게도 방안 구석구석 제 흔적은 여전했습니다. 한
쪽 벽에는 직접 시 한 편을 적어 놓았었는데, 대충 휘갈긴 필체가 나름 운치
있습니다. 제가 집을 나가기 이전인 듯 책상은 여전히 너저분했습니다. 라디
오를 켜 놓은 채 바닥에 누워 그대로 잠을 청했습니다. 너무나 편안했습니다.
라디오에서는 전주에서도 자주 듣던 노래들이 흘러나왔습니다. 누운 자세
도, 들리는 소리도 같으나 발 뻗은 자리 하나 다르다고 이렇게 편할 수가 없
었습니다. 금세 잠이 들어 한참 자고 있었습니다. 아직 이른 새벽인데 어머니
가 저를 깨웁니다.

"진혁아, 아버지가 빨리 내려오라신다. 빨리!"

아버지가 이글이글 타는 눈빛으로 쏘아보며 말씀하십니다.

"너, 집에 왜 들어왔냐?"

"예?"

"영수가 누구냐? 그놈 엄마라고 전화가 왔는데, 서울에서 이상한 놈이 하나 내려와 애들 다 망가뜨린다고 난리가 났다. 아들이 온갖 사고를 치고 집에도 안 들어오는데 다 너 때문이라고 말이다. 무슨 사고를 치고 올라왔는지 모르겠지만 다시 내려가라. 다시 내려가서 걔네들 다 끊고 수습하고 올라와라. 그때 다시 받아 줄 테니까."

새벽 6시, 집에서 쫓겨나 고속터미널로 향했습니다. 참 처량했습니다. 어쩌면 저 편안한 잠자리에 또 한동안 눕지 못할 거라는 생각에 눈물이 났지만 이내 오기가 생겼습니다. 우리 집으로 전화한 영수 어머니 보란 듯이 더 실컷 어울려 다니겠노라고…. 고속버스가 휴게소로 진입합니다. 졸린 눈을 비비며 화장실로 향하는데 누군가 제 이름을 부릅니다. 고개를 돌려 두리번거리는데…

"여기야 여기! 진혁아!!"

집을 나오기 전까지 같은 교회를 다니던 수민이입니다. 다른 친구들과 똑같은 교복을 입고 버스에 오르려는 중이었습니다. 아무렇게나 차려 입은 저와 확연한 차이가 있었습니다.

"어디 가냐?"
"응. 학교에서... 너는? 지금 어디가? 집에서 내려오는 길이야? 집에 왔었어?"
"응. 다시 가는 중이다."

이 짧은 대화를 마치고 수민이는 버스에 올라 떠나 버렸습니다. 만감이 교차했습니다. 수민이 친구들의 눈빛이 분명히 말하고 있었습니다.

"쟤, 뭐야?"

나를 아는 체 해준 수민이가 고마웠습니다. 하지만 내심 부끄럽기도 했습니다. 교복을 입은 친구 앞에서 이런 내 모습이란… 정말 오랜만에 느껴 보는 창피함이었습니다. 그 느낌이 무엇인지도 모를 정도였는데 교회 친구 앞에서는 단번에 무엇인지 알 것 같았습니다. 친구 윤이가 세상을 떠나고, 단번에 다시 제자리로 돌아와야겠다는 결단을 내릴 수 있었던 것은 이때의 기억 때문이었을 지도 모릅니다. 계속 쌓여만 가는 제자리가 아닌 곳에 대한 불편함 같은 것 말입니다.

그 이후로 22년이 지났습니다. 경찰 아저씨에게 모욕당하며 얻어맞고, 집에서도 받아 주지 않고, 교회 친구 앞에서 당한 창피함과 학원에서도 잘려 버린 처량한 열일곱의 삶이 이후로도 오랫동안 방황으로 이어진 것을 보면 제가 고집이 좀 있었던 것 같습니다.

그때 저희 집에 전화를 하셨던 영수 어머니는 지금도 전화를 자주 하십니다. 교회 권사님이 되셔서 '목사'에게 전화를 하시는 것이죠. 언젠가, 저에게 하셨던 말씀이 생각납니다.

"영수에게 너밖에 더 있냐, 내가 너를 그렇게 싫어라 했는데, 왜 그랬는지 모르겄다. 이놈이 배우 헌다고 집에 연락도 자주 없고 허는 것이 바쁘긴 헌가 본데, 미안허지만 진혁이 니가 전화도 더 자주 허고 좀 챙겨 주거라. 그놈도 니 말은 다 들을게 말이다."

유혹

    입학과 동시에 저는 많은 싸움에 휘말렸습니다. 싸움의 발단은 대부분 '반말'에서 시작되었습니다. 지금 돌이켜 보면, 전주에서의 시간들이 저를 더욱 거칠게 만들어 놓았던 것 같습니다. 등교를 한 지 2~3일이 지났습니다. 복도에서 창밖을 내다보고 있는데 한 녀석이 제 어깨에 팔을 무겁게 걸칩니다.

    "에이~ 너무 무섭다! 너무 폼 잡지 말지~!"
    "죽이기 전에 꺼져라."

    깜짝 놀란 토끼 눈이 된 그 녀석은 금세 어디론가 사라지더니, 친구들을 여럿 데리고 왔습니다.

    "야, 너 어디서 왔냐? 중학교 어디 나왔어?"
    "... 참, 별 희한한 놈들 다 보겠네. 그거 알아서 뭐 하게?... 다시 한번 반말했다가는 머릿가죽을 벗겨 버릴라니까, 그냥 꺼져라. 응?"
    "뭐? 끝나고 좀 남아야겠다."

    그렇다고 정말 찾아올 줄은 몰랐습니다. 우리 학년 갈색 넥타이가 아니라,

한 학년 위, 저와 나이가 같은 2학년들까지 저 하나 잡겠다고 대거 몰려왔습니다. 이후로도 하루가 멀다하고 복도며, 교실이며 쫓아다니는데 귀찮을 지경이었지만, 이러다가 학교를 또 떠나 버릴수도 있겠다는 생각이 들어 한 번도 피하지 않고 싸우러 다녔습니다.

외로웠습니다. 동창 하나 없고, 아는 친구도 하나 없으니 늘 혼자였습니다. 그렇다고 얼굴이 붉어지거나 옷이 풀어진 채로 귀가하면서 부모님께 자랑스럽게 말씀드릴 수도 없는 노릇이었습니다. 전주에 있는 영수와 친구들을 불러 올려야겠다는 생각이 들었습니다. 내일은 학교를 가지 않고 고속터미널에서 친구들을 마중해서 그대로 학교로 쳐들어가야겠다는 생각뿐이었습니다.

"야, 나 요즘 귀찮아 죽겠다. 아까도 2학년 교실로 불려 가서 싸우다가 다구리만 당했다."

"그려? 맞은 거여? 뭐여~! 이 형님한테 좀 배워라~ 아무리 많아도 맞으면 안 되지~ 근디 나도 요즘 그러고 다닌다. 아까도 농구장에서 한 판 하고, 교실에서도 한 판 했다."

외로운 놈은 저뿐만이 아니었습니다. 상황을 보니 영수 녀석은 저보다 더했습니다. 그냥 혼자 해결할 수밖에요. 하지만 그간 제법 친해진 녀석들도 생겼습니다. 알아서 '형'이라고 불러 주며 다가온 녀석들인데, 중학교를 이 근처에서 나오지 않은 저 같은 타 지역 출신들이었습니다. 방과 후 녀석들과 가끔씩 당구장에 갔는데, 그곳에서도 저는 마냥 편하지만은 않았습니다.

하루는 저 끝에 덩치 큰 녀석이 저를 쏘아보는데, 이건 또 뭔가 싶어 함께 쏘아보았습니다.

"야, 너 이리 와봐."

겁도 없이 저를 부릅니다.

"저게 죽고 싶어서 환장을 했구나."

당구 채를 옆에 있는 녀석에서 살짝 던져 맡기고 쫓아갔습니다. 넥타이도 매지 않고 이름표가 왼쪽 가슴 주머니에 들어 있는데, 분명히 3학년이었습니다. '아, 3학년이네, 귀찮아졌구만.'

"너, 중학교 어디서 나왔냐? 집은 어디고? 이름은?"
"김진혁입니다. 영등포에서 나왔는데요. 집은 사당동인데, 1년 꿀어 전주에서 좀 있었습니다."

이후로도 이것저것 묻더니, "그래? 이 새끼 이거 맘에 드네. 나 '박건일(가명)'이다. 내일부터 나 보면 아는 체해라."라고 하는 것입니다. 다음날입니다. 쉬는 시간에 3학년들이 저희 교실로 찾아왔습니다.

"누가 진혁이냐?"
"전데요."
"어제 당구장에서 건일이 꼬나본 게 너냐? 새끼, 알고 그런 거야? 모르고 그런 거야? 재수 좋네~!"

건일이 형은 3학년 짱이었습니다. 학교가 있는 흑석동에서도 건드는 이 하나 없는 힘의 소유자였는데, 누구 하나 고개 바짝 들고 쳐다보지도 못하는 자신에게 당돌한 1학년 녀석의 등장이 제법 맘에 들었던 것입니다. 그때부터 건일이 형은 저를 제법 챙겨 주었습니다.

"진혁아, 2학년 놈들 중에는 맘에 드는 놈이 없어, 이 놈들은 다 형 보면 살살 피하기나 하지 누구 하나 쫓아와서 인사하는 놈들이 없어요. 그래서 나는 니가 맘에 든다. 새끼가 겁도 없이 형을 쏘아봐~?!"

그러면서 뒤통수를 한 대 쥐어박습니다. 쉬는 시간이면 매점에서 우동을 사주고, 지나가다가 인사를 하면 장난을 걸어 주고 하니 어느 순간부터 저를 찾아와 시비를 걸거나 싸우는 녀석들이 아예 없어져 버렸습니다. 저와 제법 많이 다투던 2학년들도 여럿이서 지나갈 때나 쳐다보지, 혼자서 지나가다가 마주칠 때면 시선을 고정하지 못했습니다. 뜻하지 않은 건일이 형과의 관계가 모든 것을 정리해 주었습니다. 이 분위기는 3학년 졸업할 때까지 계속 이어졌는데, 졸업을 하고 떠난 사람에게도 흑석동 건일이 형의 존재는 정말 대단했습니다.

많은 시간이 흘러 3학년 수능 시험을 몇 주 앞둔 어느 날이었습니다. 건일이 형이 선배라는 사람을 한 명 데리고서 학교로 저를 찾아왔습니다.

"진혁아, 잘 지냈냐? 인사 드려라. 동석이(가명) 형이다."

덩치가 정말 어마어마했습니다.

"우리 학교 선배님이시기도 하다."

"네."

"일단 어디로 가자."

동석이 형은 이미 술이 좀 취해 있었는데, 학교 앞 도로에서 제 교복을 벗어 달라더니 자기 바지까지 다 벗어서 저에게 던져 줍니다. 수많은 사람들 앞에서 팬티 한 장 걸친 채 옷을 갈아입고, 형들이 안내하는 지하 술집으로 향했습니다.

"야, 얌마. 거기 교복! 어디 가~!"

화장실 쪽에서 나오던 사장님이 우리를 불러 세웁니다.

"사장님, 저에요. 동석이~!"

"어? 동석이 왔는가? 이게 뭐여, 깜짝 놀랐네..."

조그만 밀실 같은 곳으로 들어가니 이미 술이고 뭐고 다 세팅이 되어 있고, 제 자리까지 마련되어 있었습니다.

"진혁이라고 했냐? 한 잔 받아라."

옆에 있던 건일이 형이 양주잔을 하나 들어 저에게 주며 말을 잇습니다.

"형하고 같이 일 좀 하자. 아무리 생각해도 일 맡길 사람이 너밖에 없다."

신학교를 들어가기로 결정한 저에게 첫 번째 유혹이 찾아왔습니다. 당시에 제법 유명한 방배동 모 나이트 클럽으로 들어가자는 제안이었습니다. 동석이 형이 시키는 대로 건일이 형과 같이 다니기만 하면 되는 일인데, 보수도 좋고 방도 내준다니 제법 구미가 당기는 이야기였습니다.

"그런데... 형, 죄송합니다."
"뭐가?"
"저... 신학교 들어가기로 했습니다."
"무슨 소리야? 그럼, 신부나 목사 그런 거 되는 거 말하는 거냐?"
"..."
"건일아, 나가서 우유 사와라."

천하의 건일이 형이 저 때문에 바로 뛰어나가 서울우유 500ml 하나를 사왔습니다.

"너 공부는 잘하냐?"
"아닌데요."
"그럼, 붙을 수 있겠어?"
"한번 해봐야지요."
"그래? 음... 형이 미안하다. 그런데 내가 너를 정말 아낀다는 것만은 알아 둬라. 그래서 함께하고 싶었던 거야. 근데 말이다. 형하고 약속 하나만 하자. 신학교인지 뭔지 떨어지면 형한테 온다고 약속해라. 그러면 보내 줄게."

"예, 알겠습니다. 거기만 넣어 보고 안 되면 연락드리겠습니다."

심기가 불편한 동석이 형을 앞에 두고 난리 칠 만도 한데, 얼른 수습하고 저를 그 자리에서 빼주었습니다. 이후로도 어떻게 저를 찾아왔는지, 누구 때문인지도 모르겠지만 두 번의 유혹이 더 있었습니다. 나이가 좀 있는 아저씨들이 그동안 소홀히 한 공부에 집중할 요량으로 들어가 있는 고시원까지 찾아와, "운동 좀 하면서 가게 하나만 지키면, 오피스텔에 아가씨 하나 붙여 줄게." "생활비는 걱정 말고 아가씨 셋만 맡아 관리해라."라고 했습니다.

건일이 형과 마찬가지로 전부 '신학교에 간다'는 이야기로 물리쳤으나, 아무래도 건일이 형과의 약속이 신경 쓰였습니다. 그 제안도 솔깃했을뿐더러 제가 신학교를 들어갈 수 있을지도 확신할 수 없었기 때문입니다. 그러나 건일이 형과의 만남은 그것이 마지막이었습니다. 신학교에 들어가서 지금까지 28년 동안 한 번도 만나 보지 못했습니다. 하지만 군대에 다녀온 뒤에 고등학교 동기를 통해 소식을 들은 적이 있습니다.

"건일이 형, OO동에서 애들 데리고 사채 한다던데!"

그 말이 사실인지 아닌지는 모르겠으나, 신학교에 간다는 저를 '미안하다'는 말로 보내 주었던 형이 정말 저를 아꼈던 것은 사실이었던 것 같습니다. 몇 년 만에 찾아와 후배의 앞길을 막지 않았던 그 마음이 너무 고맙습니다. 제가 목사가 되었다는 소식을 들으면 기뻐할 것이 분명한데, 언젠가 우연으로라도 만나면 그날의 고마움을 전하고 싶습니다.

포대인

잦은 싸움으로 몸과 마음의 상태가 강퍅해지기 시작하니 인상도 좋을 리 없었습니다. 어느 날 양호실 문을 열고 들어서는 순간 선생님과 코앞에서 마주쳤는데, 깜짝 놀란 선생님이 한참을 주저앉아 마음을 달랬던 일도 있었습니다. 손을 다쳐 약 좀 발라 달라고 쭉 내밀었습니다.

"이게 손이니? 바위니? 곱게 써. 곱게~!"

시간이 제법 지나면서 같은 반 동기들과도 많이 친해졌습니다. 그런데 호칭이 좀 문제였습니다. 아니, 호칭보다는 제 마음 상태가 더 문제였습니다. 학교 적응기에 싸움을 일삼았던 이유가 호칭이었기 때문이었습니다. 그러나 딱히 뭐라고 부르기가 어려우면 함께 어울리기가 힘들어 이제부터는 뭐라고 부르던 놔두기로 했습니다. 이때부터 호칭이 네 부류로 나뉘어집니다.

초반의 분위기상 "형"이라고 부르는 아이들이 좀 많았고, 그 다음이 직함을 부르듯 이름만 "진혁~!" 하는 것이고, 전혀 제 상황을 모르고 다가와 친해진 녀석들로부터 '반말'을 듣는 것이었습니다. 그중에서도 가장 맘에 드는 호칭은 '포대인'이었습니다. 당시에 가장 유행하던 〈포청천〉이라는 중국 드라마에 나오는 주인공 '포대인'과 닮았다 하여 같이 다니는 녀석들이 지어 준 것입니다.

학기를 지내다 보니 저처럼 학교를 1년씩 늦게 들어온 녀석들이 있다는 것을 알게 되었습니다. 녀석들도 저와 비슷한 시간을 보내온 것을 알게 되었고, 동질감으로 더욱 가까워져서 늘 함께 다니게 되었는데, 이 녀석들과는 학교 끝나면 버스 정류장 근처 골목길에 모여 담배도 몰래 피우고, 당구장에, 노래방에, 싸움도 같이 했던, 심지어 녀석과는 가출도 같이 하면서 질풍노도의 시기를 함께 보냈습니다.

함께 다니는 녀석들 중에는 한 살씩 어린 동기들이 두어 명 있었는데, 그중에 제게 '포대인'이라는 별명을 붙여 준 녀석이 있어 여기서도 저는 포대인으로 통했습니다. 등하교 때나 수업 시간, 심지어는 친구 놈들 집에 놀러가도 그 부모님들이나 형제 자매들도 전부 그렇게 부르시기 시작했습니다.

한번은 제 별명을 지어 준 '양동이'라는 녀석의 아버님이 심장 수술을 하셨다길래 시간이 되는 4~5명 친구들과 함께 병문안을 갔습니다. 원래 몸이 좀 좋지 않으신데, 조그만 구멍가게를 운영하시면서 음료 배달업도 겸하셔서

자전거에 많은 짐을 싣고 다니시다 보니 몸이 많이 약해지셨던 겁니다. 조용하고 깨끗한 병실문 틈으로 빼꼼히 들여다보며 들어가니 아버님께서 제 얼굴을 바로 알아보시고는 손짓하십니다.

"포대인 왔어?"

같이 간 녀석들이 키득대었지만, 저를 기억해 주시는 아버님이 고맙기만 했습니다.

고등학교를 졸업하면서 목사가 되겠다고 떠나간 저를 제외하고 전부 서울 쪽에 모여 있었지만, 저마다 바쁜 삶을 사느라 자주 만나지는 못하고 있습니다. 그중에서도 저는 사역을 한다고 주로 지방에 있으니 녀석들 결혼식 같은 것도 한번 못보고 미안한 마음이 이만저만이 아닙니다. 그러다가 양동이가 늦은 결혼을 하고서 첫 아이 돌잔치를 한다고 연락을 해 왔습니다.

날짜를 보니 교회 일도 없고 여유가 있어 목사님께 말씀을 드리고 서울로 향했습니다. 오랜만에 만나는 얼굴이라 반가운 마음으로 뛰어가 녀석을 끌어안고 다른 친구들을 찾았는데, 다들 일이 있어 오지 못했다며 아쉬워했습니다. 그리고 저 멀리서 "오빠~!" 하며 어떤 여자가 양동이에게 걸어오는데, 양동이의 여동생이었습니다. 예쁘게 차려입고 남편과 함께 걸어오는데, 어떻게 사람이 이렇게 변할 수 있나 싶습니다. 정숙하면서도 분위기 있는 것이 중학교 교복을 입고 있던 코흘리개가 아니었습니다. 너무 반가워서 손을 뻗어 인사를 했습니다.

"잘 지냈어? 너무 반갑다~!"

고개를 갸우뚱거리며 저를 쳐다보는데, 나는 당신을 모른다는 표정입니다. 옆에서 양동이가 이야기해 주었습니다.

"포대인이잖아~!"
"네? 포대인 오빠? 오빠! 너무 변하셨어요~! 어머, 너무 반가워요~!"

그러고 보니 무엇보다 가장 많이 변한 것은 저였습니다. 어린 여중생 눈에 들어왔던 포대인은 담배 냄새나고 늘 싸울 준비를 하고 있는 험악한 사람이었는데, 전도사가 되어 양복을 차려입고 나타나니 아주 깜짝 놀랐을것입니다. 그래도 다행입니다. 영영 기억하지도 못할 모습인데 '포대인'으로라도 기억해 주니 말입니다.

85-1

흑석동에는 버스 85-1 OO여객 종점이 있었습니다. 그 주변에는 저희 학교를 비롯해서 대여섯의 중학교, 고등학교, 대학교가 있었는데, 하교 시간이 비슷해서 그런지 버스를 타기 위한 줄에 거의 100명 가까이 서있을 때가 많았습니다. 3학년이 되어서는 야간 자율 학습으로 깜깜해져서야 나오니 줄을 길게 서지는 않았지만, 2학년 때까지만 해도 버스를 타러 나가면 흑석동의 모 대학교 학생들이 제일 먼저 줄을 길게 서있곤 했습니다. 그 순서는 늘 동일합니다. OO대학교 - OO부속 남자 고등학교 - OO부속 여자 고등학교 …

이렇게 되면 버스에 앉아서 갈 수가 없게 됩니다. 특단의 조치를 내려야만 했습니다. 늘 같이 다니던 녀석들과 줄 맨 앞으로 가서 가방을 던져 놓고 골목길로 들어가기 직전 담배를 하나씩 바로 물고 불을 붙입니다. 그리고 마지막 연기는 골목길을 빠져 나올 때 길게 뿜어 내면서 줄 맨 앞으로 가서 서게 됩니다. 그러면 그 줄은 저희 7명이 서는 만큼 뒤로 밀리게 됩니다. 아무리 줄이 길게 늘어서 있어도 저희는 늘 맨 앞에서 승차하여 버스 맨 뒷자리에 앉아 사당동까지 편히 갔습니다.

특정한 요일에는 OO부속 여자고등학교 3학년 여학생들도 그 줄 맨 뒤에 합류를 하게 되는데, 그중에는 우리 교회 동기 여학생인 은경이도 섞여 있었습니다. 그날에는 은경이한테 이리 오라며 손짓을 하고, 늘 같이 다니던 친구들까지 제 앞에 세워 먼저 탑승을 시켰습니다. 그때는 그게 참 좋았습니다. 한 덩치 하는 놈들이랍시고 험악한 인상 하나 믿고서 하고 싶은 대로 하는 게 참 편하고 멋있어 보이기까지 했습니다. 지금 생각해 보면, 다들 불쌍한 고삐리들 까부는 모습을 그냥 봐주었던 것인데, 저희는 저희가 제일 잘 나가는 놈들인 줄 알고 살았습니다.

그러다가 우리를 눈여겨보시는 한 아저씨가 나타나셨는데, 저희가 맨 앞에서 버스에 오르는 시간이면 늘 마주하는 85-1 운전기사 아저씨였습니다. 이 아저씨는 다른 분들과 달리 저희를 참 예뻐하셨습니다.

"야, 니네는 뭔데 맨날 맨 앞에서 타냐?"
"뭐 그런 거죠. 하하하하하."

큰 룸 미러(room-mirror)를 올려다 보시며 맨 뒤로 들어가는 저희를 가리키십니다.

"야, 맨 앞에! 너 이름이 뭐냐?"
"저요? 김진혁인데요. 왜요?"
"너하고 니 친구들은 이제부터 회수권 내지 말고 그냥 타!"

그때부터 학교 앞 버스 종점에서 집에 갈 때면 뒷자리는 은경이와 그 친구들에게 양보하고 저희는 아저씨 뒷자리 양쪽 맨 앞자리에 앉아 대화를 하면서 사당동까지 가게 되었습니다. 아침에 등교할 때도 마찬가지입니다. 매주 바뀌는 아저씨 근무 시간에 맞춰 정류장으로 나가 공짜로 버스를 타고 학교로 옵니다. 그때 아저씨는 저희들에게 참 좋은 말씀을 많이 해주셨습니다.

"우리나라 대통령은 너희들 중에서 한 명 나오는 게 어떠냐? 진혁아, 너 그 빡빡머리로 포스터 만들어 나오면 참 웃기겠다."
"아저씨가 관악산 산악 안전 요원이니까, 니들 전부 이번 주말에 산으로 와. 봉사 좀 해야지! 와서 등산로에 쓰레기 같은 것 좀 줍고 착한 일 좀 해봐, 이 녀석들아!"
'담배 좀 그만 펴라. 뭔 고삐리들 몸에서 담배 냄새냐! 건강에도 나쁘니까 당장 끊어라!"

아저씨는 구제불능 불량아로 취급받으며 누구도 좋은 말로 타이르거나 혼내지 않던 저희들을 바로잡을 요량으로 아저씨만의 방법을 동원해 저희들과 친밀해진 것이었습니다. 85-1번 버스 1652번 차량은 학교의 도덕과 윤리 수업 현장 학습 장소와도 같았습니다. 복장부터 머리 스타일을 기분 나쁘지 않게 지적해 주시는가 하면 지난 날 저희들의 일담들 중에 칭찬할 만한 사항들이 나오면 누구보다 크게 웃으면서 칭찬을 해주셨습니다. 3학년 졸업할 때까지 인연은 이어졌고, 제가 대학에 들어가는 그해부터 아저씨를 뵐 수 없었습니다.

신학교에 처음 들어가면 기숙사 방 식구들끼리 친해지는 과정 중에 집안 이야기나 자신의 성장 과정 같은 이야기들을 주로 하게 되는데, 유독 제 고등학교 때 이야기를 하면 잘 들어 주던 녀석이 한 명 있었습니다. 지금은 목회학 박사 과정을 공부하기 위해 미국에서 사역하고 있는 이현승 목사입니다. 제가 이야기를 하면 추임새를 그렇게 잘 넣을 수가 없었습니다. 한번은 사당동 저희 집에 함께 갈 일이 있어 고속버스 터미널에서 전철을 타고 사당역 1

번 출구로 나서는데, 저 멀리서 85-1 버스가 오는 것이었습니다. 점점 가까워지는 버스의 번호판을 보니 1652번 그 아저씨가 분명했습니다. 바로 두 손을 번쩍 들어 이리저리 흔들었습니다. 버스는 저를 지나쳐 서서히 멈춰 섰고, 현승이를 데리고 버스에 올랐습니다. 물론 버스비는 내지 않았습니다. 그 상태로 반 바퀴 순환을 하고 건너편 정류장에 설 때까지 아저씨와 반갑게 이야기를 나누다가 내렸는데, 현승이가 이야기 합니다.

> "나 사실 그냥 재밌어서 들어준 거지, 그 이야기 다 믿었던 거 아니거든! 어떻게 버스를 공짜로 타~! 근데, 오늘부터 다른 이야기들까지 다 믿기로 했어."

사실 저라도 믿지 않았을 겁니다. 고등학생이 겪을 만한 이야기들도 아니고, 괜히 무용담이랍시고 영화처럼 꾸며 낸 이야기로 생각해 믿지 않은 친구들도 많았을 텐데, 지금에라도 다 믿어 준다니 그냥 고마웠습니다. 그 죄로 이현승 목사는 이날 이때껏 제 곁을 떠나지 못하고 있다가, 저에 대한 이야기를 가장 많이 아는 자가 되는 순간 미국으로 출국하게 되었습니다.

요즘에는 버스 탈 일이 거의 없습니다. 교회 사역할 때는 교회 봉고차가 있고, 그 외에는 제 승용차를 이용하기 때문입니다. 그러다 가끔 버스에 오를 일이 있으면 기사님 옆에 떡하니 버티고 있는 버스 카드 리더기를 유심히 쳐다보며 어김없이 옛 생각을 하게 됩니다. 앞만 응시하시는 기사님을 보면 늘 룸 미러로 우리를 응시하며 이야기를 나누시던 아저씨가 떠오릅니다. 85-1번 버스, 오재수 기사님. 혹 나중에 큰 사람이 되면 아저씨를 찾아가 인사드릴 날이 있을까 봐 성함을 외워 두었습니다.

아저씨, 제가 찾아뵐 때까지 부디 건강하시고 오래오래 사셔야 합니다!

글씨

고등학교에 입학한 지 얼마 되지 않아서 선생님께서 저를 교무실로 급히 호출하셨습니다.

"왜 애들이 너한테 형이라고 부르는 거냐? 당장에 그러지 못하게 해라."
"선생님, 두목이나 보스도 아니고 '형'이라고 부르는 게 뭐가 잘못인지 모르겠 는데요."

당돌하게 말대답을 했으니 이제는 찍혔구나 했는데, 선생님께서는 학급 일 지를 제게 던져 주십니다.

"너 글씨 좀 제법 쓰던데, 매일 이것 좀 작성해라."

그래서 선생님도 그리 심각하게 여긴 문제는 아니구나 싶었습니다. 대신에 학급 일지를 작성해야 하는 수고를 매일 하게 되었는데, 선생님들이나 급우 들이 학급 일지에 쓰인 글씨를 보고는 매번 놀라는 눈치입니다. 라디오와 기 타밖에 없는 전주 자취방에 있을 때, 무료함을 달래기 위해 신문지 뭉치와 유 성매직, 그리고 서예 도구를 구해다 놓은 적이 있었습니다. 놀다 지쳐 정말 아무것도 할 것 없을 때는 신문지를 넓게 펴고, 붓이나 매직으로 한 쪽 면에 신문 글씨를 따라서 써보는 연습을 했었습니다. 이 놀이는 자취방을 떠나오기까지 계속했었는데, 어느 순간부터 사람들이 저에게 글씨를 잘 쓴다는 말을 하기 시작했습니다. 심지어 글씨를 보고 제 이름을 불러 얼굴을 한번 확인하고는 알 수 없는 표정을 짓는 선생님들도 있었습니다.

글씨체 때문에 생긴 다른 일도 있습니다. 강원도 철원의 6사단 신병 훈련소에 있을 때입니다. 훈련소 사격장에서 영점 사격(타겟을 정확히 타격하기 위해 영점 조준을 하기 위한 사격)을 하고 있는 중이었는데, 조교가 마이크에 대고 제 이름을 부릅니다.

"김진혁. 김진혁!"
"17번 훈련병 김, 진, 혁!"
"이리 나와 봐!"

지휘대 앞으로 뛰어가니, 제가 직접 적은 신상명세서를 한 장 보여 주었습니다.

"이 글씨 니가 쓴 거 맞아?"
"예! 그렇습니다."
"3분대장! 얘부터 사격시켜."

영점 사격이 끝나고 20발 중에 60%인 12발 이상을 맞춰야 하는 실사격에서 15발을 맞춰 PRI교장에서 재교육을 받지 않아도 되었기에, 아까 저를 찾은 조교를 따라 빈 내무실로 갔습니다. 중위 한 명이 저를 기다리고 있었습니다.

> "니가 진혁이구나. 밖에서는 신학교를 다니다 왔다고 하는데, 그거 혹시 목사 되는 거냐?"
>
> "예 그렇습니다."
>
> "그래, 니가 해야 될 일이 좀 있는데... 이번 주 훈련은 빼 줄 테니까, 이것 좀 써 줘야겠다."

　손으로 가리키는 쪽을 보니, 웬 차트(chart)가 줄지어 서있고, 바닥에는 내무반 한쪽 벽에 걸려 있던 일주일 일과표 액자가 쌓여 있었습니다. 바로 그때부터 빨강, 파랑, 검정 매직을 산같이 쌓아 놓고 비교적 오래된 3개 중대 교육용 훈련 차트와 신병 교육 훈련 DTP를 작성하기 시작했습니다. 정말 다행스럽게도 그 주간은 유격 주간이었습니다. 연병장에서는 동기들의 곡소리가 끊이지 않았고, 잠시 화장실 간다고 나갔을 때에는 화생방 교장을 막 다녀온 동기들의 짐승 같은 얼굴을 봐야 했습니다. 동기들을 뒤로하고 내무반에 들어오면 초코파이와 오렌지맛 맛스타가 아무렇게나 널부러져 있었는데, 이 간식들은 양심상 다 먹지 못하고 매일 밤 고생하는 동기들에게 몰래 전달해 주면서 함께하지 못한 미안함을 달래곤 했습니다. 그렇게 일주일간 내무반에 거의 갇히다시피 해서 만든 차트와 신병 교육 DTP가 사용되던 날, 어찌나 뿌듯하고 기분이 좋던지 반찬으로 제육볶음이 나올 때보다도 훨씬 기분 좋았습니다.

　하지만, 저의 글씨체가 가장 빛을 발했을 때는 뭐니뭐니 해도 제 아내에게 편지로 프로포즈했을 때입니다. 군대에서도 고참들을 대신해 펜팔 편지를 써주면 답장 올 확률 100%를 자랑하였기에, 프로포즈에도 자신 있었습니다.

"은숙 씨, 우리 남모르게 비싼 사랑을 했으면 좋겠습니다."

편지를 주고 나름 뿌듯해하고 있는데 문자가 옵니다.

"남모르게 사랑하고 남모르게 헤어져 버릴 사랑이라면 사양하겠습니다."

아니 이게 무슨 이야기입니까? 당장 전화를 걸어 해명을 했습니다.

"아니, 그게 아니고요. 은숙 씨도 알다시피 제가 학교에서 연애를 한 번 해봐서 요. 저하고 교제를 하면 괜히 저 때문에 은숙 씨가 다른 사람의 입방아에 오를 까봐 걱정되서 그랬어요. 그래서 '남모르게'라는 단어를 썼는데... 이해해 주세 요."
"... 예. 일단 알겠어요..."

그 다음날, 무조건 만나야 했습니다. 이대로 시간을 보내면 놓쳐 버릴 것 같아 바로 불러 냈습니다. 데이트고 뭐고 그냥 내 옆에 두어야 했습니다. 그 렇게 학교 기숙사 앞에서 만나 교정을 함께 걸어 내려가는데 아내가 저를 보 고 이야기합니다.

"글씨가 너무 멋있네요."

"? 와하하하하하하하하!"

'넘어왔구나' 하고 확신했습니다. '여자가, 싸 보이게 바로 OK는 할 수 없고, 글씨체를 핑계로 마음을 열어 보이는구나' 하고 말입니다. 그때 그 손 편지 작전으로 결국 결혼에 골인했고, 저는 아내에게 늘 같은 소리로 구박을 받아야 했습니다.

"으이그~! 그놈의 편지에 넘어가 가지고~ 내가 바보지, 내가 바보야~!"

기념일

삼 형제만 자란 저희 집에서 무슨 '기념일'을 챙긴다는 것은 사치였습니다. 아버지 생신 때 고기 반찬 올라오는 것 말고는 특별한 날은 거의 없다고 봐야 합니다. 형이 결혼을 하고, 저희 집에 여자 사람이 처음 들어오고 나서 아버지 생신을 맞이했는데, 케이크에 불을 붙이고 생일 축하 노래를 부르는 것이 어찌나 어색하던지 당장에라도 그 자리를 피하고 싶을 지경이었습니다. 결혼을 하고 나서는 어색함이 좀 나아질 줄 알았는데, 그게 아니었습니다. 아내는 딸만 네 명 있는 딸 부잣집 막내입니다. 그런 집안의 여자가 며느리로 들어오면 분위기가 달라질 것도 같지만, 아들 삼 형제 집안의 모습이 워낙 어색하니 자신도 어쩔 줄 몰라 할 정도였습니다.

이 느낌은 동생까지 결혼을 하고 손주들 6명이 생기고서야 좀 없어졌습니다. 생일 케이크에 신나 노래를 부르고 웃고 떠드는 소리가 나야 그제서야 좀 박수치고 축하의 인사를 보낼 수 있었습니다. 그래도 우리 삼 형제끼리는, 아니 저는 아직도 축하한다는 말을 잘하지 못합니다. 마음이 없어서가 아니라, "축하해!"라고 인사를 하면 "고마워."라고 대답을 하는데, 결정적으로 그 다음에 할 말이 잘 생각나지 않아서입니다. 그래서 생각해 낸 나름의 방법이 바로 아내를 활용하는 것입니다. 아내가 먼저 전화를 해서 축하한다고 인사를 하면 그 분위기에 편승해서 "나도~!"라고 외치는 것이었습니다.

고등학교 3학년 때입니다. 단 한 번, 기념일을 기분 좋게 준비한 기억이 있는데, 그해 3월 화이트데이였습니다. 아무리 봐도 남자로서 어떤 매력을 지녔는지 모르겠으나, 동생은 지난 밸런타인데이에 초콜릿을 제법 받아왔습니다. 여학생들에게 받은 초콜릿이 나름 인기의 상징이기도 했으나, "화이트데이가 여간 신경 쓰이는 게 아닐 텐데." 하는 말로 부러움을 대신 표현합니다.

저는 아예 받지 못한 것은 아닙니다. 특별한 날이 되면, 친 남동생 챙겨 주듯 하는 교회 여자 동기들이 있었기 때문입니다. 기계로 찍어 낸 것도 아닌데, 언제나 똑같은 양과 포장지로 규격화된 것을 쥐어 줍니다. 그렇게 몇 명의 여자 동기들로부터 초콜릿을 받으면 유독 남다른 초콜릿이 있기는 합니다. 어렸을 때부터 같이 성장해 오긴 했으나 그 시기에 맞춰 한 번씩 돌아가며 여자로 보이는 친구들이 있기 때문입니다. 그렇다고 큰 의미가 있지는 않습니다. 다른 것은 포장을 대충 벗겨 막 먹어 치우는 반면에, 그것 하나는 며칠 더 두고 먹는다는 것, 그것이 현재의 마음을 대변해 줄 뿐이었습니다.

화이트데이가 다가옵니다. 저도 받았으니 좀 줘야 될 텐데 걱정입니다. 종류별로 사탕을 몇 개 사서 각각을 나눠 포장할지, 작은 세트로 된 것을 살지 고민을 하다가 점심 시간을 이용해 편의점이 있는 후문으로 향했습니다. 같은 재단 소속 여자 고등학교로 가는 길이었기 때문에 여학생들이 자주 들르는 곳이고, 일하는 사람에게 물으면 화이트데이에 대한 고민을 해소하기에 적절한 곳이라 여겼기 때문입니다. 편의점 문을 힘차게 열고 들어갔습니다. 그 시간이 근무 교대를 하는 시간인지, 원래 둘이서 근무를 하는 건지 모르겠으나 아주 예쁜 누나 한 명과 남자가 함께 있었습니다.

주변 편의점 대부분은 중앙대학교 학생들이 아르바이트를 하고 있었는데, 이 사람들도 대학생이겠거니 생각이 들었습니다. 좀 아쉬운 것은, 누나 한 명만 있으면 이것저것 좀 물어보고 싶었는데, 옆에 있는 그 형이 왜 이렇게 원수로 보이던지, 아쉬움이 가득한 채로 눈에 띄는 사탕 몇 봉지를 들었습니다.

"저기요, 포장지는 없나요?"

맘에 들지 않는 형이 '아 이놈 이거 짐승같이 생겨 가지고 화이트데이 사탕 챙기러 왔구나.' 하는 표정으로 카운터에서 빠져나와 진열대 한쪽 구석에서 포장지를 하나 꺼내다 줍니다.

"사탕 포장하려고?"

'엥? 이게 죽을라고 반말을 하네? 그냥 나가 버릴까?' 옆에 있는 천사가 바로 이어서 친절한 말투로 다시 묻습니다.

"사탕 포장하려고 그래요?"
"예."

계산을 하고 잔돈을 받은 뒤에 누나를 뻔히 쳐다봤습니다. 제법 예쁜 얼굴에 목소리도 예쁘고 성격도 좋아 보여서 이대로 빠져나가기가 좀 아쉬웠습니다.

"누나, 포장 잘해요?"
"으... 응... 예?"

나를 놀란 눈으로 쳐다보았습니다.

"친구들한테 줄 건데, 세트로 된 비싼 선물 줄 녀석들은 못 되고, 그냥 이거 포
장해서 줄라고 했더니 학교 들어가서 괜히 깔짝거리고 있으면 애들이 놀릴 것
같고, 그렇다고 포장을 어떻게 해야 될지도 모르겠고, 누나가 다섯 개만 포장
해 줘요."
"알았어요. 지금 가져갈 거에요?"
"아뇨. 이따가 학교 끝나면 가지러 올게요. 그렇게 이쁘게 안 해줘도 돼요. 누
나 귀찮지 않을 만큼만 해주세요."
"네~"

오후 내내 그 누나 얼굴이 머릿속에서 떠나지 않았습니다. 생각 같아서는
그 포장한 사탕 전부 다 주고 싶은 심정이었습니다. 수업을 모두 마친 뒤에,
편의점으로 바쁘게 움직였습니다. 편의점이 왜 이렇게 멀게만 느껴지는지
예전에 갔었던 극기 훈련 때보다 더 힘이 듭니다. 문 앞에서 심호흡을 한번
하고 들어갔습니다. 누나가 보이지 않았습니다. '엥? 누나 어디 갔지?' 하는
표정으로 그 형을 쳐다봤습니다.

"어~ 왔어? 이거 가져가."
"예? 예... 근데, 누나 어디 갔어요?"
"응. 오늘까지 나한테 인수인계해 주고 아까 그만 뒀어."
"아... 예..."

포장된 사탕을 들고 나오려는데 제 뒤에다 대고 그 원수가 한마디 합니다.

"아까 걔가 포장하면서 너보고 고등학생이 저렇게 남자답고 멋있는 거 처음 봤다고 하던데!"

"......"

'아~ 이게 무슨 운명의 장난이란 말인가. 그러면 전화번호라도 좀 물어봐서 넘겨 주던가.' 역시 원수는 끝까지 원수입니다. 포장된 사탕을 며칠 더 들고 있다가 교회 여자 동기들에게 하나씩 나눠 주었습니다. 저마다 고맙다며 한 마디씩 하는데, 포장해 준 편의점 누나가 머릿속에서 떠나지 않았습니다. 이후로도 오랫동안 등교할 때마다 일부러 후문 쪽으로 돌아 들어가며 편의점을 유심히 살펴봤지만, 그 누나는 한 번도 만나지 못했습니다.

아직도 그 장면이 생생합니다. 단발머리에 약간은 보이시하지만 여성스러운 매력을 물씬 풍기는 것이 어쩌면 지금의 제 아내와 비슷하게 생겼을지도 모르겠다는 생각을 가끔 합니다. 그런데 무엇보다 중요한 것은, 간소하기는 해도 제 아내에게는 화이트데이를 한 번도 거른 적이 없다는 사실입니다.

고시원

고3 시절을 고시원에서 생활했습니다. 그간 놓친 공부를 열심히 해보려는 시도였습니다. 고시원에 들어가면 제일 먼저 옷을 벗고 공동 샤워장으로 들어갔습니다. 개인 수건만 있으면 일년 내내 편안히 사용할 수 있는 곳입니다. 그리고 방으로 들어오면 팬티 한 장만 걸치고 책상에 앉았습니다. 책상 한가운데에는 성경책이 올려져 있고 왼쪽에는 각종 문제집들이 쌓여 있습니다. 그리고 오른쪽에는 글씨 연습용 신문지가 놓여 있습니다. 전주에 있을 때부터 취미가 되었던 글씨 연습은 고3이 되어도 계속되었습니다.

마음이 편치 않아 다스려야 할 때가 되면 신문지 글씨를 따라 썼습니다. 물론, 지금은 붓이나 펜으로 짤막한 성구를 쓰거나 시를 끄적이는 것으로 발전되었으나 그때는 신문지 글씨를 따라 쓰는 것이 최고의 취미였습니다. 남들보다 공부에 많이 소홀했기 때문에, 성경을 읽거나 글씨 연습을 다 하고 나면 무조건 문제집을 펼쳐 풀기 시작했습니다. 각 과목들의 기초를 다진다는 생각은 이미 늦었다는 것을 알았기 때문에, 그나마 있는 기초 실력으로 문제 유형이나 열심히 파악하고 익혀야겠다는 요량이었습니다.

문제집을 풀고 채점을 한 뒤에는 틀린 문제를 꼭 확인하는 방법으로 다 푼 문제집이 다리 밑으로 쌓여 갔습니다. 당시에 가장 이름 있는 학습지 중에는 '블랙박스'와 '케이스'가 있었는데, 블랙박스는 이미 업계에서 가장 많은 학생 수를 확보하고 있었고, '케이스'는 이제 막 떠오르는 신생 학습지였습니다. 저 또한 일반 서점에서 파는 문제집 말고 학습지 정도는 해야 되지 않나 싶어 어머니께 말씀을 드렸습니다. 물론 가난한 관리집사 집에서 학습지를 할 정도의 여유는 없었습니다. 형도 한번 해보지 않은 학습지를 한다고 하질 않나, 고등학생 주제에 고시원엘 들어가 있지 않나 가만 있어도 시원찮을 텐데, 가정 경제를 더 힘들게 하는 원수였던 것이 분명했습니다. 우선은 설득이 필요했습니다.

> "엄마, 학습지라는 것도 일종의 장사인데 이것을 통해 학생들의 성적에 아무런 영향을 주지 못하면 망하게 돼 있어요. 그런데 이 회사들이 몇십 년째 고등학생 코묻은 돈으로도 무너지지 않고 운영되고 있단 말이야~! 그중에 얼마 전 이 회사들의 모든 학습지 장단점을 제대로 파악해서 야심차게 나온 학습지가 있는데, 내가 이걸 해야 될 것 같아요. 내가 해보니까 집중이 너~무 잘돼!"

그렇게 해서 업계 1위인 블랙박스를 제치고 케이스를 택했습니다. 무지막지하게 두꺼운 일반 문제집보다는 훨씬 더 세련된 색깔에 적당히 얇은 디자인으로 중간에 포기하는 일 없이 나름 다 풀었다는 성취감을 맛보게 하는 최고의 학습지였습니다. 제 기억에 케이스는 제가 고3이던 96년 당시 이제 막 세상으로 나온 학습지여서 이용하는 학생 수도 별로 없을뿐더러 프로모션 기간이 겹쳐 제법 싼 가격에 이용할 수 있었던 것 같습니다.

고시원에서는 성경책과 글씨 연습용 신문지, 그리고 학습지 케이스가 저의 가장 친한 친구였습니다. 그렇게 1년을 보낸 뒤 고시원을 빠져나오던 날, 모든 것을 박스에 담아 버리면서도 내 평생 처음으로 이용해 본 학습지인 케이스 한 권만은 기념 삼아 가방에 넣어 왔습니다. 그때는 나름대로 기념을 해본다고 챙겨 온 것인데, 시간이 지나 보니 성격이었습니다. (일단 제 손으로 들어온 책자는 누군가가 버려주지 않으면 절대 버리지 않는다는 것을 알았습니다.)

이후로 새학기가 시작되었습니다. 저는 대학생이 되어서 주말이면 집에 오는데, 어느 날 눈에 익은 케이스 한 권이 교회 학생부실에 놓여져 있었습니다. 너무 반가워 한 장 한 장 펼쳐 보다가 맨 뒷면을 펼쳐 보는데, 아니 이게 웬일입니까! '케이스를 빛낸 우리의 선배들'이라는 제목으로 올해 대학에 들어간 학생들 이름이 수록되어 있는데, 중대 부고에서 다섯 번째로 제 이름이 올려져 있는 것입니다. 저는 괜히 어깨가 으쓱해져서 그 뒷면이 잘 보이게 펼쳐 두고 그 자리를 나왔습니다.

그 후로 그 학습지를 보게 된 어른 몇 분이 계셨는데, "진혁이가 공부를 열심히 했나 보구나. 이름이 다섯 번째 있던데, 5등인 거야?" 하는 칭찬들을 하실 때, 절대 부인하지 않았습니다. 절대로, 제가 먼저 5등을 했다거나 공부를 잘했다는 자랑은 하지 않았습니다. 단지, 그분들의 칭찬에 부인을 하지 않았다는 사실이 아주 중요합니다.

흑석대첩

제 외모는 사람들의 오해에 한몫하는 인상입니다. 교회를 다닌다고 하면 사람들이 놀라고, 아버지가 관리집사라 하면 더 놀라고, 제가 목사라고 하면 아주 깜짝 놀랍니다. 오죽했으면 예전에 사역자가 들어오지 않는 시골 교회 전도사를 하고 사임하는 날, 1년 동안 가르쳤던 학생이 저를 찾아와 전도사님이 맞느냐고 했을까요. 비단 외모뿐만이 아니라, 성격이 워낙 활동적이어서 그렇습니다.

보통 학생들과는 달리 100㎏이 넘는 거구에, 머리는 빡빡 깎고 쭉 찢어진 눈까지, 선생님들께서 저를 좋지 않게 보시는 게 너무도 당연했습니다. 그래서 제 고등학교생활은 선생님들과의 관계 개선에도 힘을 써야 했습니다. 질풍노도를 심하게 겪기는 했으나, 어디까지나 그것은 기존 질서에 대한 반감보다는 더 나은 것에 대한 몸부림이었던 것이 제 고등학교생활의 자부심이었습니다.

저희 학교는 한 달에 한 번, 토요일 하루에 몰아서 특별 활동을 했습니다. 대학교로 따지면 동아리 활동인데, 지도 선생님도 계시는 엄연한 수업의 연장이었습니다. 제 성격상 좀 활동적인 것을 택했을 것이라 보이지만, 저는 '생물반'이었습니다. 저희 학교 선생님들 중에 저를 가장 먼저 믿어 주시고 아껴 주시던 선생님이 생물 선생님이셨기 때문입니다. 대학교를 졸업하자마자 거의 바로 부임하셔서 친한 형같이 대해 주셨는데, 동기들보다 한 살 많은 것을 잘 이해해 주시며 언제나 저에게 칭찬을 해주시던 분이었습니다.

혼내실 때도 마찬가지입니다. 때리거나 나무라기보다 왜 잘못된 것인지 꿀밤을 때리며 설득해 주셨습니다. 다른 선생님들은 담배 냄새를 맡으면 사실 관계를 파악해 정학을 시키거나 처벌까지 끌고 가시지만, 그 선생님만큼은 접근 자체가 달랐습니다.

"야, 이 녀석아! 교복 입고 담배 피우는 것이 어울리는 행동이냐? 그 손가락에 펜 대신에 담배가 끼워져 있는 게 정상적이니? 한참 글씨 쓰고 책장 넘겨야 할 그 손에 더러운 담배가 대신한다는 것이 얼마나 슬픈 일인지 아냐? 당장에 끊으라는 소리 안 할 테니까, 우선 줄이기부터 해라. 안 그러면 너 생물 빵점 이야~!"

아무리 동아리라고 하지만, 각 동아리 반장은 공부 잘하는 학생을 세우기 마련인데, 선생님은 생물반 반장으로 저를 세우셨습니다. 지금 생각해 보면, 저에게 반장을 맡겨 놓으신 이유가 있었다는 확신이 듭니다. 반장이라고 세워 놓고 특별 활동 준비에 각종 뒤처리, 땡땡이치는 후배들 잡아 오는 일까지 시키신 것을 보니, 제가 했을 법한 행동을 하는 녀석들을 통제하면서 스스로 자리 잡을 수 있도록 조치를 취하셨던 것 같습니다.

여름쯤이었습니다. 축구부가 있는 저희 학교에 히로시마 고등학교에서 친선경기를 온다고 하는데, 마침 그날이 저희들 특별 활동 시간과 겹치게 되었습니다. 부속 유치원부터 고등학교까지 함께 사용하는 데다가 축구부까지 있으니 운동장이 제법 넓어서 축구 경기가 있는 날이라도 야외 활동을 하는 반은 원래대로 운동장에서 진행하는 것 같았습니다. 교실에서 생물반 활동을 진행하던 저는 가만히 있지를 못했습니다. 여기저기서 "패스! 패스!" 하는 소리가 들리는가 하면 함성 소리와 한숨 소리가 섞여 들리는 것이 밖으로 나가지 않으면 안 되는 분위기 같았습니다.

> "선생님! 이런 날 응원하라고 저희 입학할 때 음악 시간에 '학교 응원가' 가르쳐 준 것 같은데, 다른 짓 안 하고 애들하고 응원만 할 테니까 좀 보내 주시면 안 될까요?"

여기저기서 박수 소리가 들립니다. 아이들 반응을 보시던 선생님께서는 제게 다시 한번 다짐을 받으셨고, 이내 밖으로 내보내 주셨습니다. 전반을 시작한 지 반이 흘렀고, 운동장 수업을 하는 애들도 자신들 활동에는 관심이 없고 가만히 서서 경기만을 지켜보고 있었습니다. 농구 반, 축구 반, 태권도 반을 비롯해서 운동장에서 수업하시는 반 선생님들을 찾아가 애들 모아서 응원 좀 하겠다고 정중히 말씀을 드린 뒤에 비교적 공간이 넓은 히로시마 고등학교 골대 뒤쪽으로 아이들을 모았습니다. 약 70여 명 정도 되는 것 같았습니다. 즉각 자리에 앉히고 음악 시간에 배운 OO 부고 공식 응원가부터 불렀습니다.

> "용솟음 치는 정렬을 다듬고 다듬~어~!"

어디서 깃발까지 구해 온 녀석이 있어 파도타기도 했습니다. 적절한 욕을 섞어 야유를 퍼붓기도 하고, 환호성에 우리 편 등 번호까지 불러 가며 응원을 했습니다.

"여~ 17번~ 손 한번 흔들어 주고~!"

그러면 어김없이 우리를 향해 손을 한번 흔들어 줍니다. 거기에 보답하기 위한 몸부림이 빠질 수 없죠.

"17번! 17번! 17번!"

그날 히로시마를 안방으로 불러들인 흑석대첩의 결과는 2대1, 중대 부고의 승리였습니다. 1대1 팽팽한 대치로 유지되던 경기 종료 직전 한 선수가 역전골을 넣어 감격의 승리를 안겨 주었던 것입니다. 역시 응원의 보람이 있었습니다. 여기저기서 환호성이 튀어져 나왔고, 경기 후에도 우리는 그 감동에 젖어 한동안 자리를 떠나지 않았습니다. 원래 운동부와 일반 학생들 사이가 그리 좋은 것은 아닙니다. 요즘과 달리 수업에 거의 들어오지 않으니, 서로 친해질 기회도 적을뿐더러 후배라 할지라도 축구부 직속 선배가 아니면 무시하기 일쑤고, 서로 으르렁 거리며 싸우지나 않으면 다행인 그런 때였습니다. 그러나 그때 그 경기 후에, 축구부 아이들의 행동이 좀 달라졌었습니다.

정확히는 저에 대한 행동이 좀 달라진 것입니다. 운동장 옆을 지나다 보면, 축구부 아이들이 운동을 하다 말고 인사를 한다든지, 골대 옆에 가져다 놓은 아이스박스에서 시원한 음료수를 가져다 줍니다. 그 인연으로 저는 축구부 아이들과도 친해졌고, 일반 아이들은 들어갈 수 없는 숙소도 구경을 할 수 있었습니다. 이후로 졸업할 때까지 축구부를 위해 응원할 기회는 더 이상 없었습니다. 응원하는 학생들이 공식적으로 동원이 되려면 전국 대회 4강 안에는 들어야 되는데, 이미 전국 대회는 끝나 버린 상태였고, 하다못해 지난 번처럼 교내에서 친선 경기를 한 번도 하지 않았기 때문입니다.

그로부터 정확히 1년 후, 주일 저녁으로 기억합니다. 일본에서 일명 도쿄 대첩이라 불리는 축구 국가 대표 프랑스 월드컵 예선전이 벌어졌습니다. 1대 1의 상황에서 이민성 선수의 극적인 역전 필드 골로 팽팽한 흐름을 깨고 한국의 승리가 결정되었고, 대한민국의 매스컴은 이 경기 결과에 온통 집중되어 있었습니다. 예배 후 이민성 선수의 골을 직접 본 것인지, 아니면 기사로 본 것인지 정확히 기억나지는 않습니다. 그러나 똑같은 스코어로 일본을 이긴 그 경기 결과를 보면서 1년 전, 히로시마 고등학교와의 친선 경기가 떠올라 더 감격스러웠습니다. 그때 응원한다고 함께 소리 지르고 몸부림쳤던 녀석들, 우리에게 고맙다며 손을 흔들며 경기를 마쳤던 그때 그 선수들 다 어디 있는지 모르겠지만, 도쿄대첩을 보면서 나와 같이 흑석대첩의 승리를 떠올렸을지 많이 궁금합니다. 붉은악마에 버금가는 어제의 그 용사들이 참 보고 싶습니다.

정의

  96년 5월 15일 고등학교 마지막 스승의 날, 당직이신 건지 아니면 다른 이유가 있는지 잘 모르겠으나 생물 선생님 한 분만 남겨 놓고 교직원 모두 용산 중앙대병원으로 건강 검진을 받으러 갔습니다. 교실마다 선생님들이 두 분씩 있긴 했지만, 그분들은 모두 교생 선생님이어서 수업 종이 쳤는데도 도저히 학생들을 통제하지 못했습니다. 통제가 불가능했던 교실들은 마치 전쟁터를 방불케 했습니다. 영화에서나 봄 직한 모습이었죠. 교도소에서 폭동이 일어나 재소자들이 전원 운동장과 복도로 뛰어나오면서 소리 지르며 난동을 피우는 모습 말입니다. 운동장을 보니 농구 하는 인원, 축구 하는 인원, 스텐드에 몰려 앉아서 웃고 떠드는 인원까지 정말 정신이 없었습니다. 저도 그 분위기에 편승해 복도로 걸어 나왔습니다. 한 층만 내려오면 교무실인데, 혹시나 해서 그쪽으로 가봤습니다. 생물 선생님께서는 창문 가까이서 운동장을 향해 소리치고 계셨습니다.

  "얘들아! 그만 들어가거라~!"

  생물 선생님은 저를 아껴 주셨던 선생님이셨는데, 소리치고 계시는 선생님 곁으로 다가가서 창문 밖을 내다보니 녀석들이 한번 흘깃 쳐다보고는 자기들 할 짓만 계속하고 있는 것입니다.

"진혁아, 저 녀석들 좀 들여보내라. 왜 이렇게 말을 안 듣냐."

선생님 말씀을 듣고 그대로 교실로 들어가 방송반인 녀석 한 명을 데리고 나왔습니다. 그리고는 중앙 현관 한쪽의 방송실로 데리고 가서 문을 따라고 시켰습니다. 쭈뼛쭈뼛하는 녀석의 등짝을 한 대 툭 치며 "괜찮어, 내가 책임 질게." 한마디 하니, 이내 문을 따줍니다.

"○○아, 교무실 빼고 운동장까지 마이크 다 올려."
"진짜?"
"빨리 올려 새끼야. 내가 책임진다니까."
"아. 알았어. 여기, 마이크."
"아, 아, 나 김진혁이다. 운동장에 나와 있는 새끼들 다, 복도에 나와서 지랄하
는 것들 다, 죽이기 전에 들어가라. 하나! 둘! 셋!"

그렇게 1분 정도 되었을까. 운동장이나 복도에서 난리를 치던 녀석들이 한 명의 인원도 없이 다 교실로 들어갔습니다. 그렇게 교실로 들어오니, 반 녀석들이 엄지를 들고 소리치며 노래도 한번 부르지 그랬냐며 난리를 칩니다. 이 때부터였던 것 같습니다. 윤리 선생님과 함께 고교 재수생 '김진혁'을 가장 싫어하는 양대 산맥, 학생 주임 국어 선생님의 태도가 달라졌습니다. 다음날, 국어 선생님께서 학생과로 저를 부르셨습니다.

"김진혁이, 어제 한 건 했다며?"

사실, 저에게 관심 있어 하는 이런 물음 자체가 없으신 분이었습니다. 1학년 때는 저를 심부름 보내시고, 반 아이들한테 쪽지를 돌려 "김진혁이한테 맞았거나 괴롭힘 당한 것, 돈 빼앗긴 적 있는 사람은 하나도 빼놓지 말고 다 적어라." 하셨던 분이셨으니까요. 이 선생님은 얼마나 인간미 없이 강직하시고 딱딱하신지, 특정 학급에서 발간한 선생님 앙케트 조사에서 '선생님의 사위 이상형' 조건에 '착하고, 딸만 사랑해 주고, 가정에 충실한' 등의 다른 선생님들 답변과는 달리, 아주 짧고 굵게 '정직, 근면, 성실한 놈'이라고만 하실 정도였습니다.

   "아닙니다."
   "아니긴 임마, 잘했어. 내가 김진혁이를 다시 봤어. 이거 아주 정의로워~! 아주
   잘한 거야."
   "예, 감사합니다."
   "그래 가봐, 계속 지켜보겠어 김진혁이~~!"
   "예, 안녕히 계십시오."

이때의 일로 선생님께서는 학생들에게 시키는 심부름을 무조건 저에게 시키시거나, 화장실 좀 다녀온다고 나갔다가 수업 중인 교실을 지나칠 때면, 괜히 부르셔서 볼을 꼬집는다든가, 엉덩이를 차기도 하시면서 장난을 치셨습니다.

학교를 졸업하고 신학교 2학년 때, 오랜만에 친구를 만나 한강 고수부지에

간 적이 있습니다. 어디 앉아서 쉴 곳이 없나 싶어 두리번 거리며 벤치를 찾고 있는데, 누군가 제 이름을 부릅니다.

"김진혁이!"

고개를 돌려 목소리가 들리는 쪽을 바라보니 국어 선생님이셨습니다.

"어? 선생님, 안녕하세요!"
"이 녀석 이거 이거 대학생 되더니 더 커진 거 봐. 이거~!"

바로 옆자리에 앉히시더니 제 볼을 가만히 두시지 않습니다. 얼마 전 사립학교인 우리 학교에 인사 관련해서 교직원 사이에 잡음이 심하게 나고 있다는 소문을 들은 적이 있었는데, 선생님한테서 술 냄새가 짙게 풍기는 것을 보니 분명 그것과 관련 있다고 여겨졌습니다.

"선생님, 학교 소문 들었습니다."
"그래? 짜식, 그래~ 목사가 될 놈 생각은 어떤지 들어 보자. 넌 어떻게 생각하냐?"
"어떻게 생각하다뇨. 선생님께서 생각하시는 게 맞다고 여겨지시면, 학교 떠나시지 말고 남아서 계속 싸우셔야 한다고 생각합니다."
"그래? 맞다 맞어, 니 말이 맞어. 나는 정의라고 생각하기 때문에 끝까지 남아서 싸워야 돼. 맞어... 근데 말이다. 내 나이가 거기에 맞지 않아. 거기에 싸워 봐야 다 남 좋은 일 시키고 나 따라 주는 사람들까지 괜히 피해를 입어요. 그게

무서워..."

취기에 약간 횡설수설하신 것인지, 그때는 그게 무슨 말씀인지 정확히 몰랐습니다. 그런데 얼마 후에 선생님께서 그만두셨다는 이야기를 들었고, 선생님보다 어린 분들이 돌아가며 교장과 교감 직에 계신 것을 보았습니다. 인사 고과야 나름의 기준이 있겠지만, 사립 학교의 특성상 특별히 문제가 없으면 정년 퇴임 전까지는 전근을 가지 않고 계속 계시는데, 시간이 지나면 그 선생님들 가운데 교장 선생님과 교감 선생님 나오십니다.

아마도 그것과 관련된 문제가 아니었나 싶습니다. 무엇이 옳고 그른 것인지는 잘 모르겠으나, 그때 국어 선생님과 나눈 대화를 떠올려 보면 이 문제와 관련해서 사직을 결심을 하고 계셨던 것이 분명했습니다. 그날 선생님과 헤어질 때, 저를 오랫동안 응시하시며 어렵게 꺼낸 한마디가 있으십니다.

"진혁아, 미안하다. 내가 너 오해했어. 괜히 때리고 혼내고 그랬던 거 용서해라."

취중 진담이라고 했나요. 마음 한쪽이 무거운 것이, 술에 취해 약간은 힘없이 말씀하시는 그 목소리에 괜히 제가 죄송할 정도였습니다. 그 이후로, 사당동을 지나다가 몇 번 선생님을 뵈었다는 동창 녀석들의 이야기를 들은 것 외에는 국어 선생님에 대한 소식을 한 번도 들을 수 없었습니다. 가끔식 제가 고등학생이었을 때, 선생님께서 교장 선생님이 되셨다면 얼마나 공포에 떨어야 했을까 우스운 생각을 합니다. 하지만 어떤 큰 결정을 내리거나 옳고 그른 것에 대한 기로에서 현실적인 고민을 할 때면, 은퇴를 앞둔 노구의 몸에 취기가 올라 '정의'를 말씀하시던 한강에서의 선생님 모습이 떠올려지곤 합니다.

역전

    고등학교를 1년 늦게 들어가서 제일 불편했던 것이 선생님들과의 관계였습니다. 학생 주임이셨던 조 선생님은 저를 심부름 보내 놓으시고, 급우들한테 제 뒷조사를 하시기도 했습니다. '맞은 놈 있느냐, 돈 빼앗긴 놈 있느냐, 괴롭힘 당하지는 않느냐.' 일단 김진혁이는 그런 녀석이라고 정해 놓고 대하시니, 바른 관계를 유지하기가 힘들었습니다. 그래도 제 마음속에 품고 있던 생각은 결국 그 모든 것이 역전될 수 있다는 것이었습니다.

    중대 부고 입학식 날, 아버지가 해주신 말씀이 있었습니다.

> "내가 정확히 이름이 기억나지 않는다만, 서울 시장 중에도 너같이 고등학교
> 를 1년 늦게 들어간 사람이 있다고 들었다. 그게 불량 학생을 대표하는 수순이
> 아니라, 성공을 위한 휴식기였다고 생각하면 되는 것이다."

    때리고 혼내고 꾸짖는 것이 익숙한 아버지의 입에서 나온 말씀 치고는 무게가 좀 있었지만, 당시의 그 어색한 분위기 때문에 생생히 기억이 납니다. 그때부터 저에게 일어나는 힘겨움이나 상처 같은 것들은 불행을 대표하는 아이콘이 아니라, 잠시 쉬거나 템포를 맞춰 천천히 움직이는 것이라 여기기 시작했습니다. 시간이 갈수록 세상은 자신을 주인공으로 여기고 긍정적으로

생각하는 습관에서 성공이 만들어진다는 식의 이야기와 나름의 법칙들이 자리 잡기는 했으나, 그런 것과는 성격이 좀 다릅니다.

'다니기 싫은 학교를 다시 다니는 결과가 겨우 이것인가' 하는 억울함에서 시작된 일종의 오기와도 같은 것이었습니다. 결국 중대 부고의 김진혁이 아니라 김진혁의 중대 부고를 만든다는 것, 그것이 제 오기였습니다. 그래서 저를 색안경 쓰고 바라보시는 많은 선생님들과의 관계가 중요하다고 생각했고, 결국 학교 졸업할 때까지 이 문제를 완전히 해결할 수 있었습니다.

졸업 후에 학교를 잠시 휴학하고 리서치 아르바이트를 할 때, 그 대상이 학교 선생님들이라 염치 불구하고 졸업한 학교를 찾아간 일이 있습니다. 제가 왔다는 소식을 듣고서 만나고 있는 선생님들의 인터폰으로 나를 꼭 만나고 가라고 말씀하시는 분들이 계시는가 하면, 쉬는 시간 내내 붙들어 두셨다가 수업 시간에 데리고 들어가셔서 대선배님 오셨다며 인사를 시키는 선생님들도 계셨습니다. 또 점심을 다른 선생님하고 했는데도, 수업이 없는 시간까지 기다렸다가 식사를 한 끼 더 하게 하시는 분도 계셨습니다. 그중에서도 가장 기억에 남는 선생님은 저를 싫어하는 분들 중 한 분인 윤리 선생님입니다.

은퇴를 앞두신 연로한 분이셨는데, 학생들 사이에서는 '김형배'라는 그분의 성함과 비슷한 '할배'라는 별명이 더욱 익숙한 분이었습니다. 선생님들이 저를 대하실 때 사용하시는 방법이 더 많이 지적해서 혼내고 때리는 것이었다면, 이분의 특징은 아예 무시하는 것이었습니다. 인사를 해도 아래위로 훑어보기만 하고, 개인적인 이야기를 할 때도 꼭 다른 친구를 통해서 하셨습니다. 저를 향해 노골적으로 하고 싶은 말씀을 수업 시간을 빌어 하시곤 하셨는데, 거의 대부분의 이야기가 오랜 경력을 통해 보니 당신의 눈이 정확하다는 것이었습니다.

"내가 대 중앙대학교 사범대학 부속고등학교에서 평생 교직 생활을 해보니까 말이다. 첫눈에 그 학생의 모든 것을 파악할 수가 있어. 그래서 마음속으로 내리는 평가는 틀린 적이 없어. 사람을 많이 대해 보면 그런 것이다. 앞으로 이놈이 크게 될 놈인지, 막 나갈 놈인지 한눈에 알아."

저를 향해 하시는 말씀입니다. 그 눈을 보면 알 수 있습니다. 평소 한 번도 주시지 않던 눈길이 이런 말씀을 하실 때면 항상 저를 향하기 때문입니다. 더운 여름이었습니다. 교실 쪽으로 향하는 입구가 세 개 있는데, 한 쪽은 부속중학교 쪽이고, 나머지는 건물 중앙 계단과 건물 오른편에 경사면으로 된 입구입니다. 많은 선생님들이 계단보다는 비교적 무릎에 영향을 덜 주는 이 경사면 입구 쪽으로 올라오시곤 하셨습니다.

더위를 잘 타는 저는 수업 종이 치자마자 세수나 한번 더 하고 올 생각으로 화장실을 다녀오는데, 그 입구 쪽에서 심하게 싸우고 있는 두 사람을 발견하게 되었습니다. 정도가 심해 말리지 않으면 안 되겠다는 생각이 들어 둘을 떼어 놓았는데도 다시 붙고, 떼어 놓으면 다시 붙기를 반복했습니다.

"야, 임마! 그만하고 들어가라. 그만 좀 싸우라고~!"

이번에는 제가 흥분해서 옷깃을 잡고 멀찌감치 밀치며 둘을 떼어 놓았습니다. 그때였습니다. 그 윤리 선생님께서 올라오시면서 저와 눈이 딱 마주치셨습니다. 물론 이때도 제 인사를 받는 둥 마는 둥 하셨고, 저는 교실로 돌아갔습니다. 그 다음 주, 윤리 시간이 되었습니다. 어차피 재미도 없는 수업, 맨 뒤에 앉아서 앞 사람을 방패 삼아 앉아 있었습니다. 반장이 일어나 선생님께

경례를 하고 자리에 앉았고, 선생님은 출석부를 뒤적뒤적 살펴보십니다.

"김진혁! 김진혁! 5반 아니냐? 일어나 봐!"

"...예?"

"지난 주에 내가 아주 놀랐어. 어떤 정신없는 놈들이 수업 종이 쳐도 치고받고 싸우는데, 그 놈들을 뜯어 말리는 놈은 김진혁이밖에 없더구만! 뭐 모른 척해도 될 일이라고 생각할 수도 있는데, 사람 사는 게 그게 아니다. 정상적인 모습이 아니면 바로 잡을 줄 아는 그 마음이 있어야 되는 거야. 내가 김진혁이를 다시 봤어. 자, 다같이 박수!"

지난번 제가 소리 지르던 순간에 선생님과 눈이 마주쳐서 혹여 저를 또 오해하실까 잠시 걱정은 했으나, 선생님이 그 장면을 한참 바라보고 계신 것은 모르고 있었습니다. 이때부터 선생님은 제 인사를 받아주시는 것도 모자라, 옆으로 오셔서 머리를 쓰다듬는다든지, 등짝을 손바닥으로 쿵하고 때리시면서 '김진혁!' 하고 이름을 꼭 한 번씩 부르곤 하셨습니다. 심지어 제가 지나가면 저를 붙들어 놓으시고 다른 선생님들께 인사를 시킨다거나, 학교 밖으로 나가는 심부름이 있을 때 꼭 저를 호출하곤 하셨습니다.

3학년이 되고 나서는 선생님과 수업에서 마주칠 시간은 없었으나, 한 달에 한 번 하는 특별 활동이나 봉사 활동 같은 것을 통해 더 자주 만나게 되었습니다. 제가 졸업하기 직전 선생님도 은퇴를 앞두고 계셨는데, 이미 학교를 떠나시게 되었다는 생각 때문이었는지 선생님에게는 할아버지 같은 너털웃음이 많아지셨고, 홀로 교정을 걸어 다니는 모습도 자주 목격되곤 했습니다.

그도 그럴 것이, 선생님께서는 중대 부고를 졸업하고 대학교를 마치자마자 모교에서 교편을 잡으신 이후로 평생을 이곳에서 보내셨기 때문이었습니다. 그러다가 중앙 현관 쪽 입구에서 저와 마주쳤을 때가 강렬하게 기억에 남습니다.

> "진혁아, 내가 너를 잘못 봤었다. 그런데 너를 가까이에서 대하고 보니까 말이다. 그게 아니야, 내 눈이 잠깐 틀렸었어. 너는 크게 될 놈이야."
>
> "예? 하하."
>
> "어? 이놈 봐라! 웃지마 녀석아~! 선생님이 지금까지 졸업시킨 니 선배들, 다 내가 본 대로 됐다. 대학을 무조건 들어가야 성공하거나 사람 되는 게 아니야. 너는 대학교에 들어가든 들어가지 않든 크게 될 거다. 근데, 너 신학교 들어갈 거라며? 의외다. 그럼 목사 되는 거야? 우리 진혁이가? 하하. 짜~식이 사람을 놀래키는 재주가 있어. 여하튼 선생님 말씀 잘 기억해 두고, 무엇이든 열심히 사람답게 살아야 한다. 알았냐?"
>
> "... 예."

제가 신학생이 된 이후에도 고등학교에 여러 번 찾아갔지만, 선생님은 한 번도 뵌 적이 없었습니다. 대학에서는 교수가 은퇴를 하고도 '명예 교수'라는 직함으로 시간 강사같이 한 번씩 수업에 들어오곤 하는데, 고등학교라서 좀 달랐나 봅니다. 선생님을 한 번도 뵐 수 없었습니다. 지금 제 나이 마흔다섯이니, 그때 저에게 좋은 말씀을 해주신 지도 25년이 지났습니다. 제 머릿속에는 그때의 날씨와 주변의 상황, 선생님의 표정과 목소리까지 정확히 남아 있습니다. 100명의 어르신들 목소리를 들려줘도 분명히 구분해 낼 자신이 있을 정도로 아주 똑똑히 말입니다.

죄송하게도 어디서 어떻게 사시는지, 돌아가신 것은 아닌지 잘 모르겠으나, 제 자신에 실망하고 낙심할 때면 머릿속에 선생님의 그 말씀이 꼭 떠올려집니다.

김형배 선생님…. 제가 더 일찍 찾아 뵙고 인사를 드렸어야 했는데, 정말 죄송합니다. 기억하고 계실지 모르겠지만, 언제든 꺼내 볼 수 있도록 선생님의 그 말씀을 가슴에 새겨 두고 살아 왔는데, 정작 선생님을 직접 찾아뵙지 못했다는 생각에 늘 죄송한 마음이 앞섭니다. 선생님. 정말 감사했습니다. 그 때 그 고등학생 김진혁이 이제는 목사가 되었습니다. 언제든 선생님 앞에 설 날이 있다면, 선생님의 눈이 틀리지 않았다는 칭찬을 듣고 싶습니다. 어디서든 몸 건강히 잘 계셔야 합니다!

공생

　누구나 경제적인 어려움을 겪는 요즈음입니다. 특별히 요즈음이라기보다 언제나 거의 대부분의 사람들이 참 힘들게 삽니다. 2008년, 결혼을 하고 늦게 첫아이가 생겼는데, 예방 주사조차 놔주지 못하고, 공과금이며 집세며 이것저것 밀린 금액이 3개월을 지나 거의 300만 원에 이를 때였습니다. 하루종일 여기저기서 막힌다, 끊긴다, 더 이상은 안 된다는 전화가 오기 시작하는데, 아내에게 해결하고 들어오겠다는 말을 던지고 밖으로 나갔습니다. 무작정 산에 올라 집이 내려다보이는 곳에 자리를 잡고 한숨을 쉬며 친구 놈한테 전화를 했습니다. 예전에 고등학교에 진학하지 않고서 방황하던 시기에 만난 녀석인데, 지금은 평생지기 1호로 입시 연기 실기를 가르치며 연극과 뮤지컬, 영화에서까지 맹활약 중인 '영수'라는 놈입니다.

　"여보세요. 뭐여, 말을 해 임마. 뭔 일이여?"

　"그냥 전화했다."

　"그냥은 무슨! 뭐여~ 내려갈까?"

　"아녀, 임마~! 음... 내가 지금 잘하고 있는 건지 모르겠다. 딸내미 예방 접종도 못 해 주고, 조금 있으면 가스 끊겠다, 전기도 안 된다는 전화만 계속 온다."

　"야, 이 새끼야! 그럼 전화를 좀 빨리 하지. 뭔 지랄 났다고 지금까지 버티다 이

제 전화를 허냐~! 나 지난 주에 공연한 거 어제 돈 들어왔으니까 바로 넣을게.
끊어 봐."

전화를 끊고 계좌로 송금된 금액이 300만 원이었습니다. 그 돈으로 모든
것을 해결하고 나니 7만 원이 남아, 아내를 데리고 밖에 나가 감자탕을 사먹
였습니다. 아내는 아무 말도 하지 않았습니다. 분명히 친하다고 손꼽는 인간
들 중 한 사람일 것이 뻔하니까요. 그렇게 저희를 또 살렸던 영수 놈이 장가
를 갔습니다. 가정을 이루고 나니 집세에 온갖 공과금에 고생이 이만저만 아
니라고 합니다. 대학로에서 공연해 봐야 그것도 한두 번 막는 것이지, 근본적
인 해결이 어려우니 영화로 갈아타야 하나 고민이라며 전화가 왔습니다.

대놓고 "10만 원만 붙여 봐라." 하던 놈의 말투가 좀 서틉니다. 아내에게
바로 이야기해서 끌고 다니던 아반떼 승용차를 중고차 시장에 팔고 손에 쥔
250만 원을 송금을 한 뒤, 바로 녀석에게 전화를 걸었습니다.

"뭐라고? 야... 내가 면목 없다. 그 승용차가 어떤 찬데..."
"어떤 차는 임마! 이럴 때 팔라고 있는 차지."

그리고 4개월이 흘렀습니다. 전화벨이 울리는데, 영수입니다.

"집 앞이여, 나와 봐."

굉장히 멋있는 척 갖은 폼을 다 잡으며 자동차 키를 하나 던져 줍니다.

"아반떼보다는 더 좋은 놈으로 사올려고 좀 오래 걸렸다. 중고라도 무사고니까 더 좋은 놈 생길 때까지 타고 다녀라."

그렇게 공연 뛰어 번 돈으로 구입해 던져 주고 간 차가 5년째 끌고 있는 매그너스입니다. 친구 놈의 마음을 잘도 알아 주는지 잔 고장 한 번 없이 엔진 오일만 갈아 주고서 이제껏 몰았습니다. 고맙다는 소리는 하지 않았습니다. 어차피 더 좋은 차 줄 때까지만 몰고 다니라고 준 것이니까요. 대신 욕은 해 줍니다.

"기름을 무슨 물 먹는 하마처럼 먹는다. 새꺄~! 언제 가져갈래?"

언제가 될지 모르지만, 이놈도 보험이긴 매한가지입니다. 언제 어떤 모양으로 어색한 전화벨이 울릴지 모르기 때문입니다. 빨리 어렵다는 전화가 와야 더 좋은 차로 가져다줄 텐데 말이죠.

03

역 대 기 2

어머니와 나

"아저씨, 왜 그래요?"

2009년 추석 "아저씨 왜 그래요"

　명절이 되면 형제들이 모이는 시간을 맞추기가 여간 어려운 게 아니지만, 저희 집은 삼 형제가 모두 사역자라 교회에 장례만 없으면 부모님 댁으로 모이는 시간이 거의 동일합니다. 동생을 빼고 이제는 전부 가정을 이루고 아이들까지 있으니 좁은 사택에서는 다 잘 수가 없어 교회 기도실이나 할머니 집사님들께서 쉬시는 방으로 흩어져서 잠을 잤습니다. 보통 남자들끼리 여자들끼리 나누어서 잠을 잤는데, 아이들과 여자들은 미리 더 넓은 방으로 보내고, 형제들은 좁은 쪽방과 연결된 안방에 누워서 추석 특선 영화를 시청하곤 했었습니다.

　아버지께서는 이미 잠자리에 드시고, 어머니는 저희와 이야기를 나누신다고 함께 계시다가 갑자기 옆으로 살짝 쓰러지듯 드러누우시는 겁니다.

　"엄마, 아버지 옆으로 가서 주무셔야죠."
　"네?"

　순간 잘못 들었나 싶어 일으켜 드리니, 주저앉아 저희들을 보고 하시는 말씀이, "아이, 왜 그래요. 웃기네. 아주~!" 하십니다.

"엄마, 왜 그래요? 어디 안 좋아요?"

"아저씨 왜 그래요~!"

"어?..."

마치 모르는 사람 대하듯 말씀하시는 모습이 처음엔 장난인 줄 알았습니다. 하지만 직감적으로 어머니 상태가 예사롭지 않다는 것을 알아차리고서는 아버지를 깨웠습니다. 맥박을 체크하니 수치가 굉장히 높아져 있었습니다. 바로 옷가지를 챙겨 어머니를 업고서 평소 다니셨던 병원 응급실로 향했습니다. 간성 혼수상태였습니다. 이때는 가장 먼저 체내 암모니아 수치를 낮춰야 하기 때문에 대소변을 빼내야 합니다. 그래서 간호사가 어머니 바지를 벗겨 억지로 관장약을 주입하는데, 어머니의 완강한 거부 때문에 이내 형과 제가 붙어야 했습니다.

어머니는 마치 낯선 이에게 해를 당하는 듯 온갖 욕설을 내뱉으며 형과 저의 머리채를 붙잡고 흔드는가 하면 뒤통수나 뺨을 마구 후려쳤습니다. 그럴 때마다 어머니 손을 붙잡고 그 눈을 응시하는데 정말 둘째 아들을 처음 본다는 듯 두렵고 화난 눈빛이었습니다. 그렇게 많은 시간이 흐르고 어머니는 잠이 들었습니다. 어느덧 해는 중천에 떠있고 정말 긴 터널을 빠져나온 것 같은 기진함에 지쳐 있을 무렵, 나이가 좀 있어 보이는 수간호사 한 분이 저를 살짝 불러 내십니다.

"아니, OOO 환자 분! 간 이식받아야 살 수 있다고 분명히 말씀 드렸는데, 왜 지난번에 결정도 안 하시고 그냥 퇴원하셨어요?"

"예? 간 이식이요? 언제 말씀하셨어요?"

"아버님 같은데... 보호자 분께 말씀 드렸습니다. 간 이식받으셔야 살 수 있다 구요."

"... ... ..."

청천벽력이었습니다. 분노에 찬 저는 당장 아버지를 크게 부르며 찾았습니다. 어떻게 모든 것을 숨기고 어머니를 이렇게 방치해 놓을 수 있는지 이해가 되지 않아 아버지를 보자마자 소리쳤습니다.

"아빠, 이게 무슨 소리에요! 지난번에 간 이식받아야 한다고 병원에서 말씀 못 들으셨어요? 왜 우리에게 얘기도 안 하시고 엄마를 저 지경으로 만들어 놔 요!!"

아버지는 고개 숙여 한참을 우시다가 힘들게 말씀하셨습니다.

"우리 살자고 어떻게 너희들한테 엄마 간 필요하다고 말을 하겠니... 너희한테 간을 내 놓으라고 하는 건데..."

다시 간호사를 찾아 그때의 상황을 물었습니다. 이렇게 긴급할 경우 기증 자를 찾거나 기다릴 수 없으니, 가족 중에 혈액형이 같은 사람을 검사해 이식 가능한 사람을 찾아 수술할 수 있다고 말씀드렸다는 겁니다. 상황을 가만 그 려 보니, 두 분은 이 사실을 덮고 바로 퇴원을 한 것이 분명했습니다.

응급실 밖 의자에 앉아 한참을 울었습니다. 끝까지 자식들 위한다고 자신 을 죽음으로까지 몰고 가는 부모님의 마음도 모르고 다짜고짜 어머니를 죽이려 작정했다며 흥분하여 아버지께 쏘아붙인 제 자신이 창피했습니다. 당장에 간 이식 전문의가 있는 더 큰 병원을 찾아 옮기고, 어머니와 혈액형이 같은 형과 제가 검사를 대기하게 되었습니다. 이 소식을 들은 제 친구 영수도 함께 검사하자며 달려들었습니다. 녀석은 제가 군에 있을 때에도 고향집을 떠나 저희 집에 머물며 생활할 정도로, 어머니를 엄마라 부르며 따랐던 놈이기도 합니다.

암만 그래도 친구까지 그렇게 할 수는 없어 우리 형제들만 검사하기로 했고, 둘 다 가능할 경우 좀 더 조직이 잘 맞는 사람이 어머니께 간을 드리자 결정하였습니다. 그런데 형이 검사를 마친 3~4일 뒤, 저에게도 와야 할 연락이 오질 않았습니다. 그래서 병원에 전화를 했더니 제가 검사하기도 전에 형이 자신의 간을 주기로 결정했다는 겁니다.

복잡했습니다. 누가 되어도 상관없지만 그래도 내가 살리고 싶다는 생각에 무작정 달려든 것인데, 형은 되도록 동생을 건들지 않았으면 한 것입니다. 수술 당일 짧은 시간 차를 두고 수술실을 빠져나오던 형과 어머니, 두 분의 모습을 잊을 수가 없습니다. 이식이 아주 잘 되었다는 집도의의 안내 후 얼마 안 있어 형의 침대가 빠져나옵니다. 아버지는 죽을죄를 지은 사람의 표정으로 형을 응시하고, 형은 비몽사몽간에도 먼저 어머니의 상태를 물었습니다.

자신의 모든 것을 내어 주고도 자식들의 작은 것 하나하나에 노심초사하시는 아버지셨고, 그분께 모든 것을 받았음에도 작은 것 하나 내주는 것으로 갑이 되어 다 주고도 늘 미안한 눈빛과 마주한 우리였습니다. 그런데 이 상황은 많은 시간이 흐른다 해도 변하지 않을 것이 분명합니다. "여보, 앞으로 우리한테 또 큰 병이 생기면 애들한테 괜히 피해 주지 말고 그냥 살다 갑시다."라고 하는 두 분만의 대화를 얼마 전 들었기 때문입니다.

금반지

어머니가 병원에 계실 때입니다. 간 이식 수술을 받고 중환자실에서 집중 치료를 받으신 뒤 일반 병동까지 내려오시는데 제법 오랜 시간이 걸리셨습니다. 면회가 제한되어 있던 중환자실에서는 어머니의 말씀 대부분이 제정신에 하시는 말씀이 아니었습니다. "전쟁이 난 것 같다." "저거 폭탄 떨어지는 소리 아니냐?" "피난 가지 않아도 되겠냐?" 하는 등의 말씀을 자주 하셨는데, 이식 환자 대부분이 현실과 꿈을 구분하지 못해서 하시는 말씀이라고 들었습니다.

처음 어머니가 병원에 들어가실 때, 간호를 어떻게 할 것인가가 문제였습니다. 저희 삼 형제는 지방에서 사역을 하고 있었고, 아이들이 어려 병원에서 머물러 있을 수가 없었습니다. 그렇다고 우리 형편에 간병인을 구할 수도 없었습니다. 이 마음을 동생이 눈치챘는지, 학교를 바로 휴학하고 어머니와 함께 병원에 들어가게 되었습니다. 어머니 수술 전부터 퇴원하기까지 몇 개월간 친구를 만나거나 개인적인 일은 보지도 못한 채, 못난 형들에게 특이 사항을 보고하며 갑갑한 병원에서 머물렀습니다.

그 기간이 순탄하지만은 않았습니다. 저만큼이나 활발한 성격의 동생이 좁은 병실에 계속 갇혀 있다는 것이 편하지만은 않았을 것입니다. 가끔씩 전화를 하면 "정작에 내 부모가 아플 때 도움이 되지도 못하는 목회를 해서 뭐하냐?"며 불만을 토로하곤 했습니다. 그 마음을 모르지 않았습니다. 보통 사람의 경우 평일에 직장이나 애들 학교, 어린이집 때문에 움직이지 못하면 주말에 시간을 내서 가볼 텐데, 사역자는 주말이 더 바쁘니 자식 된 도리를 못하는 것에 대한 그런 불만은 당연했습니다. 휴학을 하긴 했으나 사역을 준비하는 신학생이었기에 굳이 표현하지는 않아도 불편한 마음이 얼굴에 나타났습니다. 그럴 때면 저는 동생을 달래야 했고, 미안하다는 말을 해야 했습니다.

면회 시간에 맞춰 올라가던 중환자실에서는 어머니를 조금밖에 만나지 못했지만, 이식 환자 전용 일반 병동으로 옮겨서는 오랫동안 함께 있을 수 있었습니다. 저희가 올라가면 동생에게 비로소 자유가 주어집니다. 잠깐 인사를 하고 바람 좀 쏘이고 오라고 밖으로 내보냅니다. 그리고는 그동안 못 다 나눈 이야기를 어머니와 나누기 시작했습니다. 어머니가 병원에 계시지 않을 때가 언제인지 까마득했습니다.

가끔씩 올라가면, 제가 좋아하는 삼겹살을 직접 구워 주신다든가 돼지고기 김치찌개를 전골 냄비에 한가득 끓여 주시고, 며칠은 먹을 수 있는 잡채를 한 상에 다 올려놓던 그 큰 손이 그리웠습니다. 언젠가 부모님 댁에 있을 때, 아내만 두고 저는 자리를 잠시 비운 적이 있습니다. 이 때, 어머니가 장롱 깊숙한 곳에서 상자 하나를 꺼내시고는 아내 앞에 열어 보이신 적이 있으시답니다. 가끔씩 누가 주신 목걸이나 귀걸이 같은 것을 모아 두신 것인데, 저희 삼형제는 그렇게 쌓여 있는 것이 신기해 어머니 몰래 열어 보고 장난치고 했던 나무 상자였습니다. 아내의 말로는 "이중에 마음에 드는 것 있으면 가져가거라." 하셨다는데, 감히 이것저것 손에 대지는 못하고 귀걸이 한두 개 정도 들고 온 것이 전부였습니다.

"여보, 어머니 금반지 같은 거 하나 해 드려야 될 것 같애."

"왜 갑자기?"

"어머니도 여잔데, 목걸이나 팔찌, 반지 같은 거 하신 적 한 번도 없으시잖아."

"에이~ 괜찮아~ 엄마 그런 거 많아~ 근데도 장롱 속에 그냥 넣어 두신 거 당신도 봤잖아."

"으이그~ 그게 아니에요. 이래서 아들은 소용이 없어요."

"무슨 소리야?"

"어머니, 진짜 금이나 은 같은 거 아니면 피부가 일어나서 못 하시는 거야. 그패물함 안에 있는 거 다 가짜야."

저는 정말 몰랐습니다. 시어머니가 며느리에게 자신의 소중한 목걸이나 반지를 주는 장면을 묘사해 놓은 영화나 드라마 같은 모습만 연상했지 그 속사정을 전혀 모르고 있었습니다. 누구나 다 패물함 같은 것을 며느리나 딸에게 물려주는 줄 알았습니다. 아내의 말대로 돈을 좀 모아서 금반지 하나 끼워 드릴까 싶었는데, 형편을 핑계로 차일피일 미루던 중에 병원 신세를 지게 되셨습니다. 퇴원하시면 이번에는 정말 무리를 해서라도 하나 해드려야겠다고 다짐하고 있었습니다. 그런데, 병상 침대에 누워 거동도 아직 불편하신 어머니 손에 못 보던 반지가 끼워져 있습니다. 정말 순금인 것 같은데 두세 돈 정도는 되어 보입니다.

"엄마, 이거 뭐야?"

"이거? 막둥이가 해줬어."

"진규가?"

"아, 글쎄 이놈이 나이 병실로 온 지 얼마 안 되서 갑자기 '엄마 지금 누가 선물을 하나 준다고 하면 제일 갖고 싶은 게 뭐야?' 하길래, '반지'라고 했더니 자고 있을 때 끼워 놨더라고."

'녀석이 돈이 어디 있어서…'라고 생각했습니다. 하지만 이렇게 아무리 형편이 어려워도 마음만 먹으면 금방 할 수 있는 일을 나 먹고 살자고 그 작은 반지 하나 해 드리지 못했던 것이 너무 부끄러웠습니다. 아니, 동생이 대단하게 느껴져 제가 너무 작아 보였습니다.

어머니가 간 이식 수술을 받으신 지 6년이 되었습니다. 그 이후로 병원에서 정기적으로 검사를 받으시며 관리를 받고 계십니다. 수술을 받으시고 더 이상 관리집사 일을 못하실 것 같아 은퇴를 하셨다가, 지금은 시골에 있는 교회 수양관을 관리하고 계십니다. 교회 수련회 시즌이 되면 바쁘시긴 하지만, 평소에는 은퇴 후 꿈꾸던 밭을 조그맣게 일구며 지내고 계십니다. 그런데 밭을 일구시는 손에는 금반지가 계속 끼워져 있습니다. 긁히고 닳고 변형이 된들, 얼마 전 세상을 떠난 막내아들의 그 소중한 선물은 가짜들이 즐비한 패물함에 들어갈 수가 없을 것입니다.

어머니 환갑 때 형님과 돈을 모아 목걸이와 반지를 해 드렸지만, 그것은 한두 번 걸고 끼워 보시고는 결국 패물함 안으로 들어갔습니다. 그런데 저희는 서운하지 않았습니다. 어머니께는 그 어떤 금은보화보다 동생의 금반지가 더 소중한 것임을 잘 알고 있기 때문입니다.

사랑

어머니는 형님의 간을 이식받아 살아나셨습니다. 오랫동안 방치되어 온 어머니의 간 이식 수술은 사실상 불가능한 일이나 마찬가지였습니다. 무작정 달려들어 해보자 했지만, 수술비와 사후 관리에 들어가는 비용이 저희 가족이 감당할 만한 금액이 아니었습니다. 어머니의 소식을 접하신 외할아버지는 90의 노구를 이끌고 동네 의원으로 달려가 으름장을 놓으셨다고 합니다.

"빨리 내 간 좀 떼어 줘~! 내 딸 살려야 헝게~!"

자신의 간을 빨리 빼라고 아무 의원이나 찾아가실 정도로 어머니의 상태는 시급했습니다. 그런데 웬걸, 여기저기서 많은 도움의 손길이 뻗치기 시작했습니다. 삼 형제가 사역하는 지구촌교회, 천안침례교회, 큰돌교회를 비롯해서 전에 사역했던 새누리교회와 부모님이 거쳐 오신 수많은 교회에서 특별헌금으로 도와주시고, 개인적으로도 수많은 분들이 저희 가족을 위해 성금과 헌혈증 같은 것을 모아 보내 주셨습니다. 물론 외할아버지께서도 쓰지 않고 모아 놓으신 용돈 백만 원을 들고 찾아오셨습니다.

무작정 살리고 보자며 어머니를 수술대 위에 올려 놓고도 불안했던 요소가 싹 사라졌습니다. 각오하기를, 유사시에는 삼 형제 전세금도 빼고, 사역도 그만두고서 당분간 다른 일을 하려고까지 했었으니까 말입니다. 그런데 하나님께서 연장시켜 주신 생명의 끈이 히스기야에게만 임한 것이 아니라, 사람의 기술과 사랑을 통해 저희 어머니를 비롯한 가족 모두에게 임하는 것을 경험했습니다. 그중에서도 가장 기억에 남는 것은, 해외에서 보내온 작은 금액들이었습니다. 오히려 도움을 받아야 하는 선후배 선교사님들, 유학 중인 선후배들이 보내온 사랑은 이루 말할 수 없는 감동이었습니다. 그들의 삶이 어떨지, 하루하루 어떤 어려움들이 있을지 모르지 않는데 이런 과분한 사랑을 보내 주시다니요.

중환자실에서 일반 입원실로 옮겨 관리를 받으신 뒤에, 어머니를 저희 집에 모셨습니다. 형도 간을 내어 드린 환자라 형수 혼자서는 두 사람을 간호할 수 없었기 때문입니다. 그러나 두 달 후, 장남이 있는데 괜히 동생네 고생한다고 형님이 어머니를 모셔갔습니다. 그렇게 오랜 기간 형님과 어머니의 회복기를 정신없이 보내고 나니, 그때 보내 주신 사랑이 어떻게 활용되었는지 보고 드릴 기회가 없었습니다.

아버지는 서울에서 매주 월요일마다 어머니를 보러 내려오셨는데, 분명 라면으로 끼니를 이어갈 것이 뻔하다고 걱정하신 어머니 말씀대로 아버지의 안색은 좋지 않았습니다. 그럴 때마다 어머니는 아버지를 따라 올라갈 것이라고 어린아이처럼 고집을 부리셨는데, 이 싸움은 거의 매주 해야만 했습니다. 아직 수술 후유증이 남아 있어서 현실과 꿈을 가끔씩 구분하지 못하곤 하셨는데, 아버지가 내려오시는 날이면 늘 갓난아이처럼 떼를 부리곤 하셨습니다.

그러던 어느 날, 아버지가 저희 집에 도착할 때쯤 어머니가 다소 무거운 분위기로 저희 부부를 불러 앉히셨습니다.

"얘들아, 엄마 도와준다고 보내 주신 돈들 있잖냐, 그거 얼마나 남았냐?"

"왜요? 걱정 말아요. 충분히 있으니까."

"그래? 근데, 진만이 목사님은 잘 있냐?"

"왜요?"

"어젯밤 꿈에 목사님, 선교사님이라고 세 명이 나타나서 자기들끼리 이야기를 하는데, 전부 다 먹을 쌀도 없어 가지고 한탄을 하며 눈물을 흘리고 사라지더 라구. 아무리 봐도 그중에 한 명이 진만이 목사님 가텨~"

안 그래도 진만이 형은 부산에서의 전임 사역을 그만두고 서울로 개척 교회를 섬기러 가게 되어 형편이 매우 어려운 상태였습니다. 어머니는 진만이 목사님께 전화 좀 넣어서 어떤 상태인지 살펴보라고 하셨습니다.

"엄마가 볼 때 분명 지금 어려워서 힘들어하고 있을 거여~ 괜히 마음 불편하게 이것저것 설명 말고 계좌 번호만 물어봐~ 그리고 너그 어디 외국에 나가 있다 는 선교사님들 아는 분들 좀 찾아봐라."

이때다 싶었습니다. 광염회 형들 다 졸업하고서 형 혼자 대학원에 남았을 때도 끝까지 저 챙겨 주고, 아르바이트해서 월급 받으면 용돈도 주고, 기숙사 시절 우리 방 식구 막내 등록금 없을 때도 은행 대출받아 해결해 주었는데, 그 은혜를 갚을 수 있을 것 같았습니다. 그래서 형한테 아무 소리 말고 계좌 번호를 달래서 집 얻을 때 보태라고 적정 금액을 입금했습니다. 그러니까 조금 후에 형에게 전화가 옵니다.

" 야, 이 새끼야! 너는 똥구멍 찢어지게 가난한 놈이 어머니나 잘해 드리지 뭔
지랄 났다고 돈을 보내냐? 형이 임마! 그 돈이 어떤 돈인지 모를 거 같냐? 아~!
정말..."

그러면서 한참을 전화기에 대고 펑펑 웁니다. 그리고 이슬람권, 동남아 친
한 선배 선교사님들에 조금씩 나누어 보내 드리기도 했습니다. 물론, 그분들
께 다 보냈다고 하면서 한국에서 목회하시는 다른 선후배 분들께도 티나지
않게 조금씩 보내 드렸습니다. 그 금액들에 욕심이 나지 않았던 것은 아닙니
다. 그것들만 잘 아껴도 어머니 병원비로 향후 몇 년은 사용할 수 있는 금액
이었습니다. 그리고 당시 저는 천안으로 올 때 전세 사기를 당해 금전적인 어
려움이 이루 말할 수 없었기 때문에 아쉬운 마음이 아주 없었다고 말할 수 없
습니다. 그러나 어머니 말씀에 더 보태어 "그 금액 가지고 도움이 되겠냐? 더
보내야 하는 거 아니여?" 하신 아버지의 말씀을 듣고 보니, 이게 우리 가족이
해야 할 일이구나 싶었습니다.

물론 저희 것이 아니라 수많은 분들의 것으로 저희가 생색을 낸 것 같은 형
식이 되었으나, 부디 이 점 이해해 주셨으면 좋겠습니다. 앞으로 남은 생애
도, 먼저 세상을 떠난 동생 몫까지 그 사랑을 실천하며 바른 삶을 살아 내겠
다고 약속드리겠습니다.

형님과 동생과 나

"양념 통닭 한 마리로 안 되겠어."

신앙

원래 사람이란 게 어딘가에 한번 빠지면, 헤어 나오기 힘든 법입니다. 정확히 언제인지 모르겠으나, 혼낼 때마다 아버지의 입에서 습관적으로 튀어나오던 "쌍놈의 새끼"라는 말이 "자녀는 아비의 면류관"(정확히는 손자는 노인의 면류관; 잠 17:6)이라는 성경 말씀으로 대체되기 시작했습니다. 아버지 신앙의 골짜기가 제법 깊었던 때가 이때쯤이었을 겁니다. 그런데 이상한 것은 성경을 인용한 말씀을 즐기실 정도로 아버지께서 한껏 부드러워지시던 때에 어머니는 점점 달라지고 계셨다는 사실입니다. 두 분이 자주 다투시거나 어머니께서 속상해 하시는 모습을 종종 보게 되었습니다. 갈수록 대조되는 두 분의 모습이 어린 삼 형제의 눈에는 의아했습니다.

그 시절 아버지께서 관리집사로 계시던 교회의 담임 목사님은 하루가 멀다하고 부흥회 같은 집회를 진행하셨습니다. 지금 돌아보면 신앙적으로 아주 위험한 시기였다고 생각합니다. 1990년대 중반, 미국의 빈야드(Vineyard)나 펜사콜라(Pensacola) 같은 신비주의 색채의 집회들이 한국 교회에 무분별하게 들어오던 시기였는데, 이 교회는 그중에서도 심각한 지경이었습니다.

"웃음이 임하는 성령의 한국 직통 계시자"라고 하는 하워드 브라운(Howard-Browne) 목사님이 오셔서 집회를 할 때의 일이었는데, 그가 말 한마디 한마디를 마칠 때마다 너무 우스워 소변을 지릴 것 같다며 자신의 중요

부위를 붙잡고 요절복통하는 것이 그의 주요 행위였습니다. 술에 취하면 비틀거리듯이 성령에 취하면 웃으며 비틀거리게 된다는 것이 그분의 주요 메시지였던 것으로 기억합니다. 그렇게 시끌벅적 요란한 집회를 마치고 나면 어김없이 일종의 작정 헌금을 내야 하는데 그 헌금의 작정된 내용은 교회 건축이었습니다.

여기서 문제는 아버지의 신앙이 너무 깊어졌다는 데에 있었습니다. 집회가 열릴 때마다 아버지께서 300만 원짜리나 200만 원짜리 작정서를 한 장씩 집으로 들고 오는 것이었습니다. 아버지를 늘 '김 기사'라고 부르던 분이 이때는 관리집사가 300만 원을 작정하는 동안 장로들은 뭐하느냐 광고를 하셨고, 결국 아버지는 교회에서나 집에서나 눈치를 보셔야 했습니다. 어머니는 이 시기의 소회를 밝히실 때면 아버지를 쏘아보시곤 했는데, 아무 말 없이 그냥 웃기만 하시는 아버지를 놀리는 것으로 대화가 끝이 나곤 했습니다.

"거 봐! 엄마 크게 아프고 힘들었던 것은 다 아빠 때문이라니까~!"

그러면 어머니는 삼 형제의 머리를 쥐어박으며 한마디 하셨습니다.

"니들은 20만 원씩 작정 안 했냐? 니들이 더 문제여... 작정서를 가지고 와서 꼭 엄마를 줘요."

맞습니다. 아버지의 신앙이 깊어질 무렵, 어머니의 심기가 더욱 불편해진 이유는 남편의 300만 원짜리를 따라 줄줄이 입장하는 형제의 10만 원 혹은 20만원짜리 종이 쪼가리 탓이었습니다. 몇십 년이 흐른 지금, 가난한 관리집사 네 부자의 작정 헌금이 그 교회 교육관을 건축하는데 일조했다는 사실을 기억해 주는 사람도 없고 그 헌신에 감격해 주는 사람도 없지만, 우리는 압니다. 철없는 우리의 작정과 어머니의 한숨이 모퉁이 돌 되어 오늘까지 우뚝 서 있다는 사실을요.

범인

　두 살 터울 형제들의 가장 특징적인 것 중에 하나는 자주 싸운다는 것입니다. 지금 와서 생각해 보면 이것저것 말도 안 되는 이유였지만 참 많이도 싸웠습니다. 싸우다가 아버지한테 걸리기라도 하면 매 잔치가 벌어지기도 하지만 성장기의 형제들에게는 양보할 수 없는 자존심 같은 것이 있었던 것 같습니다. 그래도 명색이 관리집사 아들이라고 교회에서는 문제를 일으키지 않았습니다. 행사 때마다 필요한 일손으로서는 누구보다 힘을 발휘했으며, 웃고 즐기는 시간이면 분위기를 주도하거나 조성하는데 이보다 호흡이 더 잘 맞는 팀이 없었습니다.

　각자가 두 살 터울이니 형이나 동생을 통해서 중고등부 학생회 모든 학년들과 어울려 지낼 수 있는 것이 특권이라면 특권이었습니다. 그중에서도 중간에 끼어 있는 제 나이 한두 살 전후의 세대가 우리 형제와 가장 친했으며, 방학이 되면 교회에 온다는 핑계로 사택에 살고 있는 저희 집에 거의 살다시피하는 형 동생들이 제법 많았습니다. 중고등학교 밀집 지역이었던 교회 주변에는 불량 청소년들도 많아 가끔씩 돈을 빼앗긴다든가 맞았다는 교회 동생들도 있었는데, 그럴 때마다 그 녀석들을 수소문해서 다시는 우리 교회 아이들을 건드리지 못하게 역으로 혼내 준 적도 있었습니다.

　고등학교 1학년 겨울 방학 때였습니다. 학교는 1년 늦게 들어갔지만 어렸을 때부터 교회에서 같이 커온 1년 밑의 동생들 중에는 같은 학교에 다니는 녀석도 두 명이 있었고, 그 녀석들을 포함해 늘 함께 어울리는 무리도 교회 안에 제법 되었습니다. 하루는 집에서 쉬고 있는데 그 동생들 서너 명이 급하게 저희 집으로 찾아와 울상을 짓습니다. 그중 한 녀석이 주유소에서 아르바이트를 하고 오늘 월급을 받았는데 그걸 들고 집으로 가다가 어떤 형에게 입고 있던 가죽점퍼와 함께 월급을 빼앗겼다는 겁니다. 그 길로 친구들을 불러 하소연하다가 저희 집으로 찾아온 겁니다. 그 이야기를 듣고 저희 삼 형제는 당장에 밖으로 뛰어나갔습니다.

우리 집은 사당1동으로, 건너편 방배동과 10차로가 넘는 차도를 사이에 두고 있었습니다. 제 동생과 녀석들은 교회 주변을 물색하고 저와 형은 입은 옷과 인상착의를 듣고 각각 사당동과 방배동 쪽에서 도로를 따라 훑기 시작했습니다. 사당역 사거리에서 총신대가 있는 이수역 사거리까지는 약 1km가 넘는 구간이어서 거의 한 시간 이상을 뒤져도 찾을 수가 없었습니다. 그렇게 시간을 보내고 교회로 다시 모였는데, 돈과 점퍼를 빼앗긴 동생이 이 동네에서 몇 번 보던 얼굴이었다는 이야기를 합니다. 그 이야기를 듣는 순간 잡을 수 있겠다는 생각이 들어, 제 나이 전후 한두 살 위아래까지 바로 전화를 해서 각 중학교 졸업 앨범을 입수했습니다. 교회 학생회실에 앉아 그 동생에게 잘 기억해 보라며 앨범 속 사진 한 명 한 명 자세히 살폈습니다.

그러다가 사당동 모 중학교, 저와 같은 나이 앨범 속에서 녀석을 발견했습니다. 지금도 그러는지는 잘 모르겠으나 당시 앨범 뒷면에는 졸업생들 주소와 전화번호가 적혀 있었습니다. 당장에 잡으러 가야겠다면서 일단 전화를 걸어 봤는데, 아무리 걸어도 연결이 되지 않아 교회 인근 파출소로 찾아갔습니다. 그 파출소도 저와 인연이 있는 곳이었습니다. 그 파출소와 가까운 놀이

터에는 불량 청소년들이 자주 모여 있었는데, 우리 교회 주일학교 아이들이 자주 놀러가는 곳이라 언제나 불안한 곳이기도 했습니다.

그래서 가끔씩 주일 낮에 놀이터를 찾아가서 자기들끼리 모여서 담배를 피거나 험악한 분위기를 조성하고 있는 중고등학생들을 보면 쫓아내곤 했습니다. 그러다 보면 가끔씩 "진혁이 형 아니세요?" 하고 묻는 고등학교 후배들도 만나곤 합니다. 그러면 그것도 인연이라고 다음날 교실로 찾아오라고 해서 매점으로 데려가서 빵과 우유를 사주며 친해진 녀석들도 꽤 됩니다. 그러다가 한번은 놀이터 순찰을 하려고 나온 경찰 아저씨와 마주쳤습니다. 담배 피고 험악한 분위기를 조성하고 있는 녀석들을 혼내고 있었는데, 제가 녀석들을 괴롭히는 것이라고 오히려 저를 붙잡고 이것저것 묻고 혼내는 통에 오히려 제가 오랫동안 해명을 해야 했습니다. 그 일이 인연이 되어 그 아저씨와 제법 친하게 되었는데, 가끔씩 동네에서 마주칠 때면 "야! 놀이터 순찰이 왜 이렇게 느슨해~!"라고 할 정도로 농담을 하는 사이가 되었었습니다.

우리는 앨범을 들고 사당1동 파출소를 찾아가 일단 그 아저씨를 찾았습니다. 경찰에 맡긴다기보다는 아저씨한테 말씀을 드려서 찾아주시면 돈과 점퍼를 돌려 받은 뒤 좀 때려 주고 싶은 어린 생각 때문이었습니다. 그런데, 그 아저씨가 얼마 전 발령이 나서 다른 곳으로 가 버리셨고, 왜 그러냐며 다그치는 다른 아저씨한테 자초지종을 설명할 수밖에 없었습니다. 그렇게 동생들의 점퍼와 돈을 빼앗은 녀석이 부모님과 함께 파출소로 불려 왔고, 우리는 점퍼와 돈을 돌려받을 수 있었습니다. 당시 마음으로는 때려 주지 못한 것이 좀 억울했지만, 그래도 온전히 돌려받은 것에 만족하며 집으로 돌아왔습니다.

그때 그 일 때문에 그 동생들과의 관계는 더 돈독해졌습니다. 이후, 삼 형제 모두가 사역자가 되어 그 교회를 떠나온 지 20년이 거의 다 되어 갑니다.

각자의 삶에 충실하다 보면 서로 연락도 뜸하고 만나지도 못하는 것이 당연합니다. 그 동생들과도 언제부터인가 연락도 잘 안 되고 만나지도 못했지만, 형과 제가 이집트에서 동생 시신을 수습해서 돌아오던 날, 장례식장에서 그 동생들 전부를 볼 수 있었습니다. 특별히 연락을 한 것도 아닌데, 소식을 듣고 달려왔던 것입니다. 퇴근 후 매일 밤마다 찾아와 얼굴도장을 찍고 동생 화장터까지 찾아와 자리를 지켜 주었습니다. 오랜 공백도 어렸을 때의 우리의 우정에 영향을 주지 못했습니다.

장례식을 다 마친 뒤에 녀석들에게 고맙다며 차비를 쥐어 주는데, 또 애 취급한다며 손사래를 치던 녀석들의 모습이 눈에 선합니다. 중현이, 성국이, 기성이, 종원이 등 그때 함께 했었던 녀석들에게 고맙다는 인사를 전하고 싶은데, 정신이 없어 연락처 하나 받아 놓지 못한 것이 아쉽습니다. 그래도 물어 물어 찾아낼 수는 있으니 녀석들을 찾아내 안부라도 물을 생각입니다. 학창시절 추억이 새록새록 합니다.

희망

2014년 2월 16일, 저희 가족에게는 잊지 못할 아픈 기억이 존재합니다. 동생이 하나님의 부르심을 받고 저희 곁을 떠난 날입니다. 주일 예배를 마치고 집에 돌아오면 보통 저녁 9시 정도 되는데, 그러면 저희 아래층에 계시는 부모님께 인사를 드리고 2층으로 올라갑니다. 손발을 씻고 편안한 옷으로 갈아입은 뒤에 TV를 틀었습니다.

아이들은 자신들이 좋아하는 개그콘서트를 함께 보다가 잠이 들었고, 그제서야 이리저리 채널을 돌리다가 뉴스를 보게 되었는데, 갑자기 속보 한 줄이 화면 아래에 굵게 자리하였습니다. 한국인 성지 순례객이 이집트 타바 국경에서 폭탄 테러를 당했다는 내용이었는데, 갑자기 뉴스를 보다 속보가 뜨는 모습은 종종 봐왔기 때문에 아내와 다친 사람이 적었으면 좋겠다는 이야기를 나눈 뒤 잠자리에 들었습니다.

그런데 갑자기 통곡 소리가 들려 누가 이렇게 울부짖냐 하니, 아내가 1층에서 들리는 소리 같다고 말하는 것이었습니다. 뛰어 내려가 보니 아버지께서 저를 보시자마자 "우리 막둥이가 죽었다."라며 크게 울부짖으셨습니다. 깜짝 놀라 TV를 봤습니다. 아무리 확인을 해봐도 한국인 사망자 명단에 동생의 이름이 보이지 않았습니다. 그게 당연했습니다. 동생은 터키로 간다고 했지, 이집트 쪽으로 가지는 않았기 때문입니다.

"아빠, 그 녀석은 터키로 갔어요. 소아시아 쪽 일정이라 이집트 이스라엘 같은 곳으로는 안 가요."

"아니여~ 진규 맞어. 막둥이가 죽었어…"

저는 흥분해서 "그런 소리 마세요"라고 소리쳤고, 제수씨에게 동생 일정을 확인하고는 놀랄 수 밖에 없었습니다. 원래 소아시아 쪽 일정이었으나, 성지 순례를 기획한 교회에서 일정 수정을 요구하는 바람에 이집트와 이스라엘을 포함시켰다는 것입니다. 아버지의 직감이었을까요, 무작정 제수씨와 조카에게 올라가 봐야겠다고 짐을 싸 서울로 향하는 아버지를 배웅해 드리고, 계속해서 TV에 집중하고 있었습니다.

'하늘이 무너진다'라는 이야기가 무슨 뜻인지 알 것 같았습니다. 17일 새벽 1시경 연합뉴스 발표 사망자 명단에 동생 이름이 떠올랐습니다. 지난 설에 가족 모두가 모였을 때 나누었던 선교사 교육을 위해 교회 사역을 그만두었다는 이야기, 지역 교회 사역자와 선교사 사이의 느낌까지 이것저것 말하는 동생에게 집중도 안 해주고 그냥 그렇게 보내 버렸는데, 더 많은 관심을 쏟아주지도 못하고 그렇게 올려 보냈었는데….

어릴 적 동생과 다투었던 일들과 순전히 내가 잘못했던 많은 일들이 왜 그리 밀려드는지 모를 일이었습니다. 그렇게 잠 못 이루고 꼬박 밤을 지새운 뒤에 새벽 예배 설교를 위해 교회로 향했습니다. 설교 직전 중보기도 순서에 이집트 타바 국경 성지 순례객을 대상으로 폭탄 테러가 일어나 현지 가이드와 함께 출발한 교회 쪽 권사님, 그리고 네 살짜리 딸이 있는 젊은 목사 하나가 사망을 하였는데, 희생자들을 하나님께 맡기며 남겨진 유가족들을 위해 간절히 기도 부탁드린다고 말씀 드렸습니다.

예배를 마치자마자 집에 가서 몇 벌의 옷과 혹시 모를 경우를 대비해 여권을 챙겨 들고 터미널로 향하고 있는 중에 전화벨이 울렸습니다. 함께 사역하던 이성환 전도사(현 포항 유강침례교회 담임 목사)는 침례신학대학을 나온 제 후배인데, 동생이 목포해양대학 재학 시절 서울 집으로 올라갈 때면 늘 형과 함께 간다며 침례신학대학교에 들르면서 서로 친구가 되었던 사이였습니다. 그래서 그 녀석에게는 소식을 전해야 할 것 같아 설교 들어가기 전에 알렸습니다.

"형, 같이 가자! 어찌 혼자 올라가노!"

고마웠습니다. 1시간 반 열심히 달려 동생 집에 도착하니 백석 교단에서 신학을 전공한 동생과는 함께 공부한 바 없지만, 저를 매개로 동생의 절친이 된 침례신학 대학원 선후배들이 강릉 원주 일산 울산 등지에서 서울로 모여들기 시작했습니다. 그들을 보니 동생이 인생을 헛살지 않았다는 느낌이 들어 많은 위로가 되었습니다. 그런데 아버지는 좀 다르셨나 봅니다. 그렇게 모인 이들이 부담스럽거나 싫은 것이 아니라, 그들처럼 생을 이을 수 없는 막내 생각에 자꾸만 힘들어하시는 겁니다.

**"이렇게 빨리 갈 걸, 왜 하고 싶다는 거 못하게 하고 먹고 싶다는 거 못 사주고
혼내고 했는지 모르겠다. 그냥 하고 싶은 거 다 하게 놔둘 것을..."**

그러고 보면 형이나 저 역시 동생에게 좀 더 친절하지 못했던 것이 가슴에 걸립니다. 동생은 어릴 적부터 유독 저를 잘 따랐는데, 형인 제가 있건 없건 제 친구들과도 따로 만나 잘 지냈습니다. 막내만큼은 형들이 거쳐 온 시행착

오를 겪지 않았으면 해서 억지스레 누르고 지적하고 불친절했던 것들이 무척 후회됩니다. 많은 사람들로부터 언젠가 저 천국에서 다시 만날 수 있다는 희망의 말로 위로받기도 하고, 빨리 잊으라는 강요 섞인 권면을 받기도 합니다. 사실 목회자들이 애용하는 표현들이기도 합니다만, 저는 동생 사후로부터 상을 당한 분들에게 그런 류의 말을 잘 건네지 않습니다. 천국을 보장해 주는 멋지고 좋은 말이기는 하나 별로 위로받지 못했습니다. 슬픔이 너무 크면 몇 마디 말보다 함께 울어 주는 것이 가장 깊은 위로가 됨을 경험했기 때문입니다. 그래서 희망이란, 하나님께서 허락해 주신 –우리가 가족으로 함께 할 수 있었던 지난 서른여섯 해의– 시간으로 인해 정말 행복하였다는 사실에서 비롯되는 것이며, 녀석이 남겨 둔 가족을 통해 이어질 신앙 유산, 또 그를 기억하는 후대의 기억에서 자꾸만 그의 옳았던 행적들이 쏟아져 나와 그를 본받는 제2, 제3의 김진규 목사가 나오는 것이 아닐까 정리해 봅니다. 그것이 곧 아들과의 갑작스런 이별로 슬펐던 시간들을 지난 36년의 행복한 기억으로 대체해 보려고 노력하시는 부모님의 희망이기도 합니다.

조카

저에게는 특별한 조카가 한 명 있습니다. '아영이'입니다. 2014년 2월 16일, 이집트 무장 단체 안사르 베이트 알마크디스(Ansar Bayt al-Maqdis)의 자살폭탄 테러로 숨진 동생 김진규 목사의 딸입니다. 녀석이 고작 네 살이 되자마자 터진 일이니, 다 크고 나면 자신의 아빠 얼굴도 기억하지 못할는지도 모릅니다. 샤름앨셰이크(Sharm el-Sheikh) 국제 병원 냉동 창고에서 마주한 동생을 데리고 서울 대방동 보라매병원 장례식장으로 왔습니다. 동생 소식에 오열하고 정신 못 차리는 저와는 달리 형님은 매우 의연했습니다. 어쩜 눈물 한 번 흘리지 않을까 할 정도였는데, 냉동 창고에서 막냇동생의 시신을 마주하자마자 그 자리에 주저앉아 시신을 어루만지며 오열하기 시작했습니다. 제가 정신을 못 차리니 동생을 직접 마주하기 전까지 혹 틀어질지 모르는 일처리를 위해 냉정함을 유지했었던 것입니다.

인천 공항 카고 터미널에 대기해 있던 의전 차량에 동생의 관을 싣고, 약한 시간 가량을 달려 도착했습니다. 우리 삼 형제가 이렇게 한 차량에 함께 있을 수 있는 시간이 이번이 마지막이라는 아쉬움 때문에 시간이 1분도 채걸리지 않은 느낌이었습니다. 미리 나와 있던 가족들과 많은 지인들이 눈물로 동생을 맞아 주었습니다. 제수씨를 포함해 아버지와 어머니는 동생이 떠나 있던 일주일 동안 얼마나 울었는지 눈이 퉁퉁 부어 있었습니다.

그런데 조카 아영이가 보이지 않았습니다. 동생을 영안실에 안치하고 영정 사진을 조문실에 위치했는데도 아영이가 보이지 않았습니다. 준비되어 있는 상복으로 갈아입고 상주석에 자리하고 있으니, 우리 아이들과 아영이가 떠들며 노는 소리가 들려왔습니다. 아무것도 모르고 장례식장 여기저기를 뛰어다니며 놀고 있는 모습이 참으로 안쓰럽고, 그 모습을 보는 제수씨나 우리 부모님의 표정이 많이 어둡습니다.

장례식을 마치고 일상으로 돌아오고 나서도 부모님은 한참을 우셨습니다. 특히 그렇게 강인하셨던 아버지는 마치 떼를 쓰듯 오열하셨습니다. 제가 잠시 모시고 있던 때라 그나마 좀 다행이었으나, 두 분만 계셨더라면 큰일이 날 뻔했을 정도였습니다. 동생 화장을 할 때 몸에서 나온 날카로운 쇠 조각이나 쇠 구슬 같은 폭탄 파편들은 그대로 쇼핑백에 담아 아버지가 간직하고 계시는데, 이런저런 이야기를 나누다가 동생과 관련된 작은 부분이라도 연상이 되면 눈시울이 금방 붉어지시곤 하였습니다.

한번은 형님 가족이 부모님께 인사차 내려온 적이 있습니다. 그때도 아버지는 "막둥이가 같이 있었으면 얼마나 좋겠냐." 하시며 또 눈물을 흘리시는데, 몇 번을 거듭하여 숨을 가다듬으시고는 저희들에게 할 말씀이 있다고 하십니다.

"내가 너희들한테 미안하지만, 내가 아영이를 편애 좀 해도 되겠냐? 그것이 눈에 그렇게 밟힌다. 어찌 괜찮겠냐?"

같이 놀다 넘어져도 제일 먼저 아영이에게 달려가시고, 자식들이 모여 헤어질 때도 제일 마지막으로 아영이를 배웅하십니다. 홀로 남겨진 제수씨가 가장 힘들 법도 한데, 동생이 간 이후로 다행스럽게도 더욱 우리와의 관계가 돈독해짐은 물론, 아영이까지도 아빠를 찾지 않고 사촌 언니 오빠들이랑 잘 지내는 것이 얼마나 대견한지 모릅니다. 앞으로도 이렇게 더욱 돈독해졌으면 좋겠습니다. 아버지의 편애가 보람되어야 하니 말입니다.

양념 통닭 한 마리로 안 되겠어

　1999년 1월 5일, 다소 늦은 23세의 나이로 입대를 했습니다. 의정부에서 3일 대기를 하고 보급품을 받은 뒤, 군용 버스를 타고 이동하는 팀과는 달리 저는 관광버스를 타고 한참을 이동했습니다. 자리에 앉고 보니 참으로 따뜻했습니다. 이내 귀에 거슬리는 헛기침 소리만 가끔 들리고, 쌕쌕 대며 조는 소리로 버스 안은 적막이 흐릅니다. 한참을 지나 부대 안으로 진입하는 버스를 따라 조교들이 쫓아오고 한 사람씩 버스에 올라 우리를 쏘아봅니다.

　"하차!"

　그렇게 강원도 철원과의 인연이 시작되었습니다. 6주간의 기초 군사 훈련을 마친 다음에는 사단으로부터 각 중대까지 차순으로 대기하면서 인사 발령이 나는데, 다른 동기들 전부 사단, 연대, 대대, 수색대 등등으로 빠져나갔습니다. 그런데 저는 계속 남아 배치를 받지 못하고 대대 본부에서 1박을 하게 되었습니다. 그렇게 외로운 밤을 지새우고 배치받은 곳은 전방쪽으로 한참을 들어간 독립 중대였습니다.
　삼청교육대였던 곳을 그대로 활용하느라 관물대는 라면 박스만한 나무 상자였고, 한 개 중대의 인원만 주둔하다 보니 넓은 대지 위에 있는 중대를 관리하는 것도 제법 힘든 곳이었습니다. 대대라 하면 5개 중대가 한꺼번에 주둔을 하니, 당직서는 장교들도 많고 보는 눈도 많아 통제가 쉽지만, 대대 규모의 주둔지를 한 개 중대만 사용을 하니, 중대장님이 퇴근을 하면 장교는 당직을 서는 인원 한 명 뿐이었습니다. 보는 눈이 적다 보니 대대보다는 구타와 가혹 행위가 많았고 부대에 적응하는 것도 힘이 들었지만, 저는 구타와 가혹 행위에 노출되지 않았습니다. (워~낙 생활을 잘해서… ^^) 생소한 군대 분위기에 압도되어 정신을 못 차리던 중에 집에 편지를 한 장 보냈습니다.

아버님 전 상서.

일전에 형님이 포항으로 입대를 했을 때, 진규와 저에게 직접 필기도구와 편지지까지 주시면서 편지를 쓰게 하시더니, 저에게는 이제껏 답장 한 번 주시지 않고, 휴가 기간에는 일부러 시간까지 맞추라고 하셔서 온 가족을 동원하여 형 면회를 가시지 않았습니까? 그러나 저에게는 면회는커녕 맛있는 초코파이 하나 보내 주시지 않는데 혹시 그 이유가 이 둘째 놈은 해병대가 아니라서 그런 건가요 아버지? 섭섭합니다. 만일 빠른 시일 내에 면회를 오시지 않는다면 휴가나 외박 같은 거 챙길 수 있는 대로 다 챙겨서 용돈을 꼬박꼬박 타서 쓰는 불효를 범하겠습니다.

이상 대한민국 육군 제6보병사단 19연대 1중대 땅개 김진혁.

편지가 도착한 지 얼마 되지 않아 어머니랑 같이 면회를 오셨는데, 예전에 개척 교회 십자가를 같이 다시다가 한쪽 팔을 잃으신 해병대 동기 목사님도 함께 오셨습니다. 제가 좋아하는 통닭도 함께 말입니다. 그거면 충분했습니다. 아버지한테 맞으면서 자란 것, 장난치면서 교회 문 따주지 않았다고 혼난 것, 형만 면회 갔던 것 다 잊었습니다. 따끈한 양념 통닭 이거 한 마리면 모든 것을 용서할 수 있었습니다. 아버지가 일어나셔서 잠깐 화장실을 가시니, 목사님께서 저를 한 대 쥐어박으십니다.

"야, 이놈아! 참 너답다! ㅋㅋ 근데 진혁아, 옛날부터 니 아빠가 너는 든든해서 막 내놓고도 키우겠다고 하더라. 잘 생각해 봐. 꼭 멀리 가는 심부름, 복잡하거나 좀 어려운 것들은 다 너 시켰잖아. 진성이 진규를 더 챙기는 게 아니라, 너를 믿으니까, 든든하니까 그런 것이다."

이런 이야기는 처음 들어봤습니다. 그러고 보니 어렸을 때, 외갓집 가는 심부름도 제가 갔고, 무거운 짐 들어야 하면 제가 불려 갔고, 교회 문단속도 제가 제일 많이 했습니다. 저를 미워해서 그러시는 것까지는 아니어도 형과 동생을 더 챙기느라 그러신다 여겼는데, 그것이 저를 향한 신뢰요 믿음이었답니다. 통닭에 곁들어지는 설명이란 정말 꿀송이같이 달았습니다.

그날 밤, 침상에 누워 절대로 섭섭해 하거나 질투하지 않겠노라고 다짐을 했습니다. 괜히 죄송스런 마음에 얼굴까지 화끈거리는데 참 민망하기까지 했죠. 제 동생은 해양대학교를 나왔습니다. 뉴질랜드에 어학 연수도 다녀오고 배를 타지 않고 신학을 하고 싶다고 해서 나이 서른이 다 돼서 군대를 갔습니다. 늦은 나이에 일반 군 생활이라니 얼마나 고충이 심하겠습니까. 그런데 제 질투가 하늘을 찌르는 사건이 또 벌어집니다.

"진혁아, 휴가 언제냐?"
"왜요? 아직 안 잡았는데, 필요한 대로 조절할 수 있어요."

"은숙이도 몸 괜찮으면 진규 면회 가자."

형님 가족, 임신한 아내와 저까지 온 가족을 다 동원하십니다. 아니, 저는 편지까지 부쳐 가며 떼를 쓰니까 못 이기는 척 부모님만 오시더니, 막둥이는 형에게 면회 갔을 때처럼 온 가족을 다 동원하다니요. 그래서 돌아오는 길에 제가 강력히 말씀드렸습니다.

"나 다시 군대 갈랍니다."
"왜?"
"양념 통닭 한 마리로 안 되겠어~!"

동생

　저희 삼 형제는 전부 두 살 터울입니다. 저는 둘째로 위로 두 살, 아래로 두 살 차이가 나는 형과 동생 사이에서 참 많이도 싸우고 컸습니다. 나이가 들어 형과의 관계가 그래서는 안 되겠다고 철이 들었을 때는, 형이 이미 대학생이 되어 집을 나가 생활을 하기 시작해 좀 더 돈독해지지 못하여 못내 아쉬웠습니다. 그러나 동생은 좀 달랐습니다. 서로가 대학생이 되기 전까지 늘 붙어 있으니 싸울 때가 되면 아주 시원하게 잘 싸웁니다. 결국 악바리처럼 덤비다가 해파리처럼 늘어져 있는 동생의 모습을 보며 저의 승리로 끝납니다.

　동생에게 저는 꼭 넘어야 할 산으로 여겨진 것 같습니다. 어렸을 때부터 형에게는 보이지 않았던 반응을 저에게 보였습니다. 제가 가지고 있는 것은 꼭 가져야 되며, 놀이나 친구들과의 관계에도 꼭 끼어서 제가 없을 때에도 제 친구들하고 노는 경우가 잦았습니다. 형은 어렸을 때부터 장남 컴플렉스가 있는 것처럼 장남다움을 스스로 주지하며 자라서 그런지 늘 정상적으로 컸습니다. 그러나 저는 형과 같지 않아서 아버지 때문에 가출을 세 번이나 했었는데, 동생 놈 또한 저를 따라 가출을 했던 적이 있습니다. 참, 그것도 경험이라고 아버지가 저를 불러다가 동생 찾아 오라고 명령을 내리십니다.

　"진규, 오늘 밤까지 찾아와! 왜 그런 것까지 닮냐 이놈아~!"

당시에는 지금처럼 거의 모든 사람들이 삐삐를 가지고 다닐 때라 진규에게 음성 메시지를 넣었습니다.

"밤까지 실컷 놀다가 형 학교 앞으로 와라. 어차피 들어갈 거 같이 들어가자. 같이 들어가자고 할 때 들어가야 덜 쪽팔리니까 9시까지 학교로 와."

사실 제가 가출을 해서 경기도 광릉에 한 주유소에서 숨어 있을 때 어머니가 저에게 하신 말씀이기도 합니다. 야간 자율 학습을 끝내고 9시가 되었습니다. 천천히 학교 앞으로 내려가 보니, 진규가 벌써 제 친구들과 모여서 이야기를 나누고 있었습니다.

"포대인! 진규 왔는데!"

그렇게 학교 앞 포장마차에서 오뎅 한 꼬치 먹고 버스를 타고 집에 들어왔습니다. 이후로도 가끔씩 학교도 땡땡이를 치는 겁니다. 땡땡이를 치면 집으로 가거나 친구들이랑 있을 것이지 꼭 저희 학교를 찾아왔습니다. 괜히 와서, 아무나 붙잡고 "김진혁이 어딨냐?"라고 하며 난동을 부린 적도 있습니다. 그래봐야 다 제 친구들이고 제 후배들이니 맘 놓고 장난을 칩니다.

제가 하는 짓까지 철저히 따라하며 무슨 분신처럼 살면서도 꿈은 달랐습니다. 녀석은 어렸을 때부터 입버릇처럼 "이순신 장군이 될 거야."라고 했습니다. 그러더니 정말로 목포해양대학교에 입학해 버렸습니다.

"걱정하지마. 형들 개척해서 힘들어지면 내가 다 도와줄 테니까. 배타면 돈 많이 버는 거 알지?"

벌써 부자라도 된 듯 떠들어 대는 게 과연 진규였습니다. 뻥이 심하고 과장된 몸짓에 허세 가득한 말은 형들 앞에서 여전했습니다. 해양대학교를 다니다가 졸업해서 배를 타면 군대를 가지 않아도 됩니다. 그래서 녀석은 학교를 휴학하고 어학 연수를 간다며 뉴질랜드도 다녀오고 제법 늦은 나이까지 군대를 가지 않았습니다. 3학년이 되어 실습선을 타고 6개월 정도 세계를 누비다가 들어왔는데 표정이 별로였습니다. 아주 나중에 동생이 이야기하기를….

"선원들 중에는 좀 통제가 어려운 사람들도 많이 있었는데, 망망대해에서 위로해 줄 것은 술과 카드밖에 없고, 어디 큰 도시에 정박이라도 할라치면 부리나케 달려 나가 여자들 끼고 술 먹으면서 스스로를 달래는 게 많았어. 그런데 내가 그렇게 되지 말라는 법이 없더라고. 이러다가 나도 망가지겠구나 싶은 생각이 드는 순간 하나님을 찾게 되더라고."

그러다가 어느 순간 신학 대학원엘 들어간다고 하는 것이었습니다.

"아서라 아서! 또 형 따라서 하는 거면 그만둬라."

소명이고 뭐고 단지 형이면 무조건 따라 하는 동생 진규로밖에 보이지 않아서였습니다.

"야, 우리 개척하면 니가 돈 벌어 우리 먹여 살린다며~! 이제 신학 대학원 들어와서 사역 시작하면 우리가 너 먹여 살리다가 뼈 부러지겠다. 이놈아~!"

그런데, 녀석이 제법이었습니다. 교회에서나 학교에서나 특유의 사교성으로 많은 사람들과 잘 어울리며 사역을 잘해 나가는 것입니다. 목사 안수도 저보다 일찍 받아 이제는 뭘 해도 제가 꼭 동생을 따라 하는 꼴이 되어 버렸지 뭡니까. 그러나 녀석은 지난 2014년 2월 16일 이집트 성지 순례객을 대상으로 한 폭탄 테러 때문에 운명을 달리하고 말았습니다. 함께 버스에 탑승했던 교인들 증언으로는, 테러범이 온몸에 사제 폭탄을 둘러매고 버스로 오르다가

1차로 진규에게 제지를 당해 머뭇거렸고, 2차로 밖에서 업무를 보고 돌아오시던 가이드 집사님에 의해 끄집어져 그 안의 사람들을 살렸다고 합니다.

평생 저를 쫓아다닌다고 싫어하고 싸웠던 어렸을 때가 생각이 납니다. 그렇게 형만 쫓아다니다가 스스로 주체적인 일을 할 때에는 어떻게 할까 늘 불안해 보였던 동생인데, 감

히 저로서는 흉내도 못낼 삶을 살다 가버렸지 뭡니까. 저는 감히 못 따라 합니다. 딱지 하나를 만들어도 꼭 저를 따라 만들던 진규의 작은 손짓만큼도 말입니다. 가끔씩 녀석의 사진을 보면 생긴 것도 어쩌면 저를 닮았는지 천상 형제가 따로 없더군요. 나중에라도 보면 꼭 이야기해야겠습니다.

"형 막내 만들어 놓고 일찍 가니 좋더냐?"

인연

"1소대 김진혁 병장님 행정반에 전화 와있습니다."

창문을 열면 초가을의 상쾌함이 느껴지는 토요일 오후, 병장을 단지 얼마 되지 않아 대한민국 육군 오대 장성 중의 하나라는 자부심으로 그 조용한 자유를 만끽하고 있을 때였습니다.

"여보세요?"
"어, 형이다."
"어쩐 일이야? 대한민국 해병 출신께서 전화를 다 주시고?"

형입니다. '형이 부대로 전화를 한다? 무슨 일 있나?' 대뜸 불안한 느낌이 들기 시작했습니다.

"응. 특별한 것은 아니고, 너 혹시 장민경이라고 아냐?"
"장민경?"
"알지."

저하고 같은 학번 동기로 조막만한 얼굴에 키도 작고 수줍음을 잘 타는 그런 자매였는데, 저하고도 간단한 인사 정도는 하는 신실한 친구였습니다.

"기독교교육학과 97학번?"

"그렇지!"

"근데 왜?"

"아니, 걔가 좀 어떤 앤가 싶어서? 사람 괜찮냐?"

"아, 그럼! 착하지~! 나 군대 올 때까지 그 자매 얼굴 보면 한 번도 웃지 않은 적이 없는 것 같은데!"

"그래? 알았어. 나중에 통화하자."

"어? 그, 그래."

'이거 이거, 작업 들어가려고 하는구나' 하는 직감이 왔습니다. 군대에 있을 때 처음이요 마지막인 형과의 통화가 그렇게 짧게 끝나고, 형이 말한 자매가 내가 알고 있는 그 자매가 맞는지 다시 한번 떠올려 봤습니다. 혹시 그게 아니라면, 이번에는 내가 전화를 걸어 말려야 했기 때문입니다. 토요일 오후를 꼬박, 입학할 때부터 입대할 때까지 학교생활을 떠올리고 추적하느라 시간을 보냈습니다. 다행히도 내가 알던 그 자매가 맞았습니다.

제대를 3월에 했는데, 나름의 계획이 있어 복학을 미루고 있었습니다. 형은 대학원 수업 때문에 대전으로 가고, 저는 책으로 만난 어떤 목사님의 독특한 성경적 매력에 빠져 대구로 향했습니다. 새벽 5시에 자전거를 타고 새벽 예배를 드리러 가면 그 개척 교회에서 아침을 먹고 점심까지 함께 성경을 보고 공부를 했습니다. 그리고 오후 2시가 되면 대형 슈퍼마켓에서 자정까지 미니 트럭으로 음료 배달 아르바이트를 했는데, 한참 그 생활에 익숙해 질 때쯤 형에게 전화가 왔습니다.

  "여보세요?"
  "어, 나다."
  "응. 왜?"
  "장민경이 있잖냐... 니 생각은 어떠냐? 형수로 말이다. 니가 보기에 부모님하고도 문제없이 큰 며느리로 괜찮겠냐?"

  이때는 사실 형의 질문이 좀 웃겼습니다. 내 여자 고르는데, 무슨 형수를 찾고 부모님을 찾나 싶었죠. 그런데 아주 나중에 형이 조심스럽게 꺼낸 이야기가 있습니다.

  "그래도 집안에 첫 며느리가 들어오는데, 내가 사랑하는 여자보다는 우리 집안에 어울리는 여자가 필요하지 않을까 싶었다. 우리가 어떻게 살아왔는지도 이해를 해줘야 되고, 가난한 관리집사 집안에서 고생할 건데 그게 사랑 하나로 버려질 수 있나 싶기도 하고..."

  김병장이던 시절 저에게 전화했을 때부터 형은, 첫눈에 반했다거나 짝사랑을 먼저 한 것이 아니라, 그 자매 주변을 맴돌면서 오랫동안 관찰한 후에 자신의 마음을 결정했던 것입니다. 그렇게 제 동기는 저에게 '형수님'이 되었고, 저는 도련님이 되었습니다. 학교 다닐 때는 제가 한 살이 많아 저에게 "오빠"라고 했던 것 같은데, 난생 처음 "도련님" 소리를 들으니 영 어색해서 한참 동안 말을 섞기가 어려웠습니다. 형수님은 가난한 개척 교회 목사님의 2남 1녀 중 둘째로, 우리 부모님께도 자랑이 되셨습니다. "우리 며느리, 목사님 딸이여~!" 하시는 게 부모님의 큰 자랑이셨습니다.

그러나 그것보다 더 큰 자랑이 되는 것은, 이제껏 한 번도 부모님의 말씀이나 뜻에 반한 적이 없으며, 시어머니 살리기 위해 간을 내놓는다는 자신의 남편과 시댁 식구들 앞에서 고민 한 번 하지 않은 여자라는 사실입니다. 수술이 잘 끝나고 병원을 퇴원하기까지 같은 이식 환자들 중에 어머니같이 자녀에게서 장기를 이식받아 살아난 사람들이 더러 있었는데, 며느리나 사돈댁까지 나서서 난리치는 경우를 종종 목격한 적이 있어 형수님이 더 위대해 보이기까지 했습니다.

이런 형수님도 형에게 목청 높여 주장하며 절대로 양보하지 않는 것이 하나 있으니, 바로 연애사입니다. 형수님의 주장대로라면 형이 먼저 짝사랑을 시작해서 다가온 것이고, 형의 주장은 오히려 그 반대라는 것입니다. 형이 결혼을 하고 학교 근처에서 신혼 살림을 차려 첫 조카를 낳을 때쯤입니다. 제게도 특별한 인연이 나타난 때죠. 형은 학교에서 파이디온 선교회 동아리 간사를 하고 있었습니다. 어린이 선교회다 보니 동아리 모임을 위해 필요한 장비나 준비물 같은 것이 좀 많았는지, 가끔씩 기숙사에 있는 저에게 도움을 요청하곤 했습니다. 어느 날, 기타 좀 구해 달라는 전화를 받고 기숙사를 수소문해서 기타를 가지고 나가는데, 형은 없고 묘령의 여인이 저를 맞아 인사를 하는 것이었습니다. 머리카락은 짧게 자르고, 보이시하면서 약간은 도도하지만, 차분한 여성성이 물씬 풍기는 그런 자매였습니다. 후에 저의 아내가 될 이 여인의 등장은 심상치가 않습니다.

"안녕하세요. 김진혁 전도사님."

"예. 안녕하세요. 누구…?"

"간사님께서 기타 좀 받아 달라고 하셔서요…"

"예. 여기 있습니다. 그럼…"

"저… 말씀 많이 들었어요. 그동안 간사님하고 있으면서 여러 번 인사드렸었는데, 기억나세요?"

정말 기억이 나지 않았습니다.

"예?… 예."

"그러시군요. 기타 감사합니다. 안녕히 계세요."

"네. 안녕히 가세요."

그렇게 뒤돌아 가는데, 그냥 보내기 좀 아쉬웠습니다.

"저기요. 기타 어떻게 받으면 될까요?"

"예? 그건… 간사님께 말씀 드릴께요."

"예, 알겠습니다. 안녕히 가세요."

그때부터 그 자매의 얼굴이 기숙사 형광등에 새겨져 지워지지가 않았습니다. 그대로 가슴 위로 각인되어 닳지도 않았습니다. 정말 오랜만에 느껴 보는 감정이었습니다. 그리고 평소 관심도 없던 형의 일상에 관심을 갖기 시작했습니다.

"뭐 필요한 거 없어?"

"차 같은 거 안 필요해? 빌려 볼게."

"그 '학생 총무'라는 자매한테 전해 주면 되지?"

그렇게 거리를 조금씩 좁혀 가며 도서관 넓은 유리창으로 비추는 노을이 장관을 이룰 때쯤, 강당 앞에서 친구들과 차를 한 잔 뽑아 먹고 있을 때였습니다. 깨끗한 검은색 정장 차림으로 그 자매가 제 앞을 지납니다.

"어? 안녕하세요. 이 늦은 시간에 어디 가세요?"

"예. 시내에 좀..."

"왜요? 거기까지 어떻게 가려고요?"

학교가 좀 외진 곳에 있어서 그 때만해도 대중교통이 많이 있지 않을 때였습니다.

"아니요. 친구가 자신이 다니는 개척 교회 행사를 좀 도와달라고 해서 약속을 했는데요. 저를 데리러 오기로 한 그 친구가 개인적인 사정이 생겨서 교회를 못 올 것 같다고 해서요..."

"예? 도와달라고 했던 친구도 못 온다는데, 그 교회를 가려고요?"

"예. 약속을 한 거라..."

저는 그날, 강당 앞에서 마음을 굳혔습니다. '이 여자구나! 약속했던 친구도 없는 교회에 친구와의 약속 때문에 혼자라도 가서 일을 돕겠다니, 좀 바보

같긴 해도 심성이 착해 경주 김씨 계림군파 23대손 둘째 며느리로 손색없겠다.' 이 결심을 축하라도 해주는 듯 도서관 창문 끝으로 노을이 마지막 손짓을 하며 사라져 갑니다.

"기다려 봐요. 내가 차 좀 구해 올 테니까."
"아니, 아니에요. 괜찮아요. 제가 갈 수 있어요. 감사합니다!"

바쁜 걸음으로 떠나갔으나, 제 가슴에는 왜 화살을 꽂아 놓았는지 모르겠습니다. 이후로 저는 아내를 만나기 위해 우연을 가장한 만남을 자주 만들었습니다. 아내가 맘에 들어 하는 형제를 쳐내기 위해, 그 형제를 통해 김진혁 전도사를 소개시켜 주겠다는 말을 하게 하는 등, 온갖 공을 다 들였습니다. 그리고는 마침내 아내의 생일 날부터 아내와 교제를 시작했습니다.

장애가 아주 없었던 것은 아닙니다. 지금은 어디 선교사요, 사모님이 되어 계시는 아내의 친구들이 저에 대한 정보를 입수했다며 이 만남을 반대하기 시작했습니다.

"야, 저 오빠 옛날에 깡패였대~!"
"나도 소문 들었어. 고등학교 때 인간도 아니었다면서?"

친한 친구들의 만류에 아내도 마음이 흔들릴 때쯤, 아내는 친구들과 대화를 하며 서 있는 제 얼굴을 우연히 본 적이 있는데, 얼굴 전체에 띠고 있는 미소가 그렇게 멋있어 보일 수가 없었다고 이야기를 했습니다. '어떻게 저런 얼굴에서 저런 미소가 나올 수 있지?' 오랜 시간이 지나 우리의 첫 만남과 연애

시절을 이야기 할 일이 있으면, 저는 아내를 편지로 꼬셨다고 이야기를 하고, 아내는 제 미소를 보고 마음을 정했다고 이야기를 합니다. 이 좁혀지지 않는 연애사의 기억은 가족 모임의 단골 메뉴이기도 합니다. 형님 가족뿐만이 아니라 저희도 마찬가지입니다.

차라리 평생 해결되지 않는 것이 낫습니다. 이야기할 때마다 우리에게 늘 웃음을 주는 주제이기 때문입니다. 제가 형수님과 97학번 동기가 아니었거나, 제 아내가 형과 같은 동아리가 아니었다면 어땠을까, 생각만 해도 끔찍합니다. 갑자기, 가난한 관리집사 아들에 볼품없는 목사의 아내로서 살아가는 형수님과 아내가 위대해 보입니다.

여동생

형과 제가 결혼을 한 뒤로는 동생을 놀리는 재미가 좀 있었습니다.

"야 야! 넌 얼마나 매력이 없으면 그 나이 되도록 결혼도 못하고 있냐? 팔도 남
들보다 짧고 다리도 짧은데 허벅지만 굵고, 어떻게 하냐~~?!"

그랬던 녀석이 어느 날, 천안으로 여자 친구를 데려온다고 합니다. 약속한
날 저녁, 마중 나간다는 것을 끝까지 마다하더니 택시를 타고 집 앞까지 왔습
니다. 그래도 형들 집에 인사시킨다고 분당으로 천안으로 다닌 수고가 고마
워 어찌나 기특하던지 반가운 마음으로 맞아들였습니다. 동생을 따라 형님
집으로 들어오는 손님의 긴장을 풀어 주기 위해 한마디 건넸습니다.

"형 집에 오는데 귀한 선물은 들고 왔고?"
"당연하지, 여진이가 특별히 골랐어."

그러면서 호두과자를 한 상자 건넵니다. 타지 사람이 천안 사람한테 호두
과자를 선물하는 이 놀라운 광경에 우리는 실소를 터뜨리고 말았습니다.

"과수원 하는 사람 집에 과일 상자 들고 가지 왜?"

　다행히 제 개그를 이해해 주는 듯 환하게 웃어 주는 것이 성격은 좋겠구나 싶었습니다. 다함께 저녁 식사를 하고 헤어졌는데, 그 이후로도 한 번 더 우리 집에 내려와 시간을 보낸 뒤, 드디어 양가 부모님께 둘의 결혼을 승낙받았다는 소식을 전해왔습니다. 둘의 사이를 진심으로 축복하며 상견례를 통해 날짜 잡기만을 기다렸습니다. 그러나 그해 추석에 어머니가 쓰러지셔서 간 이식 수술을 받으셨고, 결혼이 잠정적으로 미루어지게 되었습니다. 원래대로라면 일찍부터 제수씨가 되었을 사람인데, 혹시나 우리 집안에 일어나는 일들을 보고 마음이 변하지나 않을까 내심 불안했습니다. 동생은 미래의 아내가 될 사람에게 집안의 모든 일들을 다 이야기할 테고, 형제들 중에 한 명이 어머니께 간을 주어야 하고 수술 후 관리 비용으로도 우리 형편으로는 어림없다는 것들이 큰 부담으로 작용할 수도 있겠다 싶어서였습니다.

　그러나 제 걱정은 기우였습니다. 둘은, 결혼식장에 골인 할 때까지 한 번의 잡음 없이 예쁜 사랑을 했습니다. 기꺼이 우리 집안으로 들어와 준 제수씨도 고맙지만, 중간에서 잡음 없이 잘 조율한 동생도 참 기특했습니다. 제수씨는 형님들의 질투까지 유발할 정도로 어머니의 자랑이 되었습니다.

"야, 확실히 여자가 나이 들어서 오니까 음식도 잘하고 싹싹하니 이쁘다!"

　형수와 제 아내는 다소 어린 나이인 20대 중반에 결혼을 해서, 살림을 하는 데 좀 서툴긴 했습니다. 그러나 아이까지 낳고 나름 주부 9단이 되어 가고 있는 손위 형님들 앞에서 어머니가 제수씨를 필요 이상으로 예뻐하는 것에 대해 제가 불편함을 느끼기 시작했습니다.

> "여보, 내가 엄마한테 이야기 좀 할까? 적당히 하셔야지 며느리들끼리 불편해
> 지면 어쩌시려고."
> "으이그~! 그러면 여자들이 집안에서 남자들 움직여 사이 갈라놓는다고 어른
> 들이 싫어하는 거야~! 남자들은 그냥 가만히 있어. 어머니가 알아서 하시게."

그런데 사실, 형수님과 우리 아내가 좀 서툴긴 했습니다. 열심히 뚝딱거리
며 식사 준비를 하는데, 그릇이나 이것저것 음식 쓰레기들은 싱크대에 쌓여
가고, 정작 식탁에 차려진 반찬의 가짓수는 달랑 두세 가지에 정말 정갈하기
그지 없었으니까요. 한 번씩 집안에 다 모이면, 정말 제수씨는 다른 이들 몇
년에 걸친 능숙함이 한 번에 드러났습니다. 식탁을 차리거나 집안 정리를 할
때도 형수와 아내는 뭘 해야 하는지 약간은 어리둥절하면서 움직였던 반면
에, 제수씨는 자신이 있어야 할 자리나 해야 할 일을 척척 해내었습니다.

부모님께 하는 행동도 좀 달랐습니다. 할 소리 안 할 소리 딱딱 하는 것이
제가 보기에는 좀 불편했는데, 부모님께서는 꼭 막내딸 같다며 좋아하셨습니
다. 동생과 결혼할 사람으로서는 편하고 좋았는데, 정작 결혼을 해서 우리
와 식구가 되어 보니, 부모님의 반응에 기분이 상하기도 하고 좀 얄미워 보이
기까지 했습니다. 그 불편함은 표현하기가 더 불편했습니다. 괜히 입 밖으로
꺼냈다가 어른답지 못하게 질투한다고 하거나 속 좁은 사람으로 비추어질까
싶었기 때문입니다. 그러나 이러한 마음들은 조카 아영이가 태어나면서 모
두 없어지게 되었습니다.

제수씨의 행동이나 부모님의 말씀이 변한 것도 아닌데, 제 마음이 좀 달라

지기 시작한 것입니다. 아영이를 예뻐하는 우리 아이들의 모습을 보니 그제 서야 정말 우리 식구가 된 것 같은 느낌이 들면서, 단순히 결혼 전에는 좋은 사람으로는 받아들였지만 동생과 한몸을 이룬 식구로는 받아들이지 못했구 나 하는 생각이 들었습니다. 그때부터 제 행동이 변하기 시작했습니다. 조카 아영이도 예뻐 보이고 제수씨도 예뻐 보였습니다. 사실 외모의 수준이야 제 아내를 따라오기 어렵지만(ㅋ), 제 마음이 변하니 모든 게 이뻐 보입니다.

그 제수씨가 지금은 혼자 있습니다. 2014년 2월, 동생이 이집트에서 세상을 떠나고 제수씨 홀로 아영이를 키우고 있습니다. 아버지는 동생 소식을 티비로 확인하자마자 제수씨가 불쌍하다며 당장에 동생 집으로 달려가셨고, 저는 새벽 예배를 마치자마자 동생 집으로 올라갔습니다. 그동안 더 따뜻하게 대해주지 못하고 더 많이 품어 주거나 이해해 주지 못한 것이 얼마나 마음 아프던지…. 제수씨를 보자마자 미안하다고 손을 내밀었습니다. 제수씨는 제 손을 잡지도 못할 정도로 기진한 상태로 뭐가 미안하냐며 한없이 눈물을 흘리고 있습니다.

동생 시신을 수습해서 인천공항으로 들어오던 날, 제일 먼저 드는 생각은 '제수씨에게 어떻게 이 모습을 보일까' 하는 것이었습니다. 어떻게 내 손으로 그 시신을 들어 전달할까 마음이 참 복잡했습니다. 보라매병원 장례식장, 우리가 탄 의전 차량에서 동생의 시신을 내리던 그 순간 부모님과 함께 제수씨의 얼굴을 볼 수가 없었습니다. 그간 형으로서 해준 것도 없고, 결혼한 순간부터 지금까지 따뜻한 말 한마디 못 해주었는데, 형이라는 인간들이 기껏 한다는 짓이 동생의 시신을 수습해서 전달하는 것이라니….

동생이 세상을 떠나고 제수씨가 아영이하고만 지낸 지 20개월이 다 되어 갑니다. 현재 동생이 사역을 했었던 시냇가푸른나무교회에서 유치부 전도사로 사역을 하고 있는데, 사역하면서 경제 생활도 하고 아영이를 키우면서도 집안의 대소사에 빠진 적이 한 번도 없습니다. 저희보다 더 부모님을 많이 찾아뵙고, 자식 노릇을 톡톡히 하고 있습니다. 동생에게는 미안하지만, 동생이 살아 있을 때보다 우리 식구들과 더 친해졌습니다.

제수씨를 부를 때, 여동생 부르듯 "여진아, 여진아!" 하고 장난치면, 제수씨는 저를 "오빠" 하고 부르기도 합니다. 지방에 살고 있는 저희 때문에 자주 만나지는 못하지만, 사역에 대한 이야기도 자주 나누고 전화 통화를 하면 20~30분은 기본입니다. 형님과 제게는 꼭 여동생이 한 명 생긴 듯합니다. 그래서 그런지 집안 모임이 있으면 제수씨는 오빠들의 타깃이 되어 갈굼을 많이 당합니다.

"화장이 그게 뭐냐?"
"왜 이렇게 늦게 오냐?"
"오빠들한테 혼나고 싶으면 느슨해져라."

그러면 꼭 그냥 넘어가지 않습니다. "무슨 오빠들이 이 모양이여~! 동생 오는데 벌써 밥도 다 해치우고. 그러니까 배가 이렇게 나오지!" 하며 제 배를 툭 칩니다. 언젠가 어머니가 제게 하신 말씀이 생각납니다.

"여진이가 너한테 오빠라고 하면서 장난을 치니까 그게 참 좋더라. 아빠도 말은 안 해도, 너하고 장난치는 거 보면 얼마나 웃는지 모른다. 다행이지 뭐냐. 여진이가 저렇게 잘 버텨 줘서..."

동생은 떠났으나 여동생이 한 명 생겼으니 이보다 더 좋은 일이 있을까요. 오늘도 전화를 해서 오빠 살아 있을 때 더 잘하라고 하며 좀 갈궈 주었습니다. 그랬더니 기어코 한 마디도 지지 않습니다.

"동생이나 잘 돌보시지~!"

내일은 더 강력하게 한 방 먹일 생각입니다.

"전도사는 목사에게 대드는 것이 아니니라~!"

통닭

신학교 기숙사에서 제일 인기 있는 야식 메뉴가 통닭입니다. 전주에서 한참 생활할 때도 제일 먹고 싶은 음식이 통닭이었을 정도였습니다. 조금씩 조금씩 돈을 모아서 4,500원을 모으면 중노송동 길가의 작은 통닭집에서 한 마리 시켜 먹었는데, 그때의 통닭 맛이 정말 일품이었습니다. 집채 만한 가마솥에 조각난 닭고기를 튀겨 내어 노란 종이에 싸서 비닐봉지에 넣어 주면 그새 식을까 자취방까지 한 걸음에 뛰어와서 혼자서 해치우는 겁니다. 맛소금에 찍어 먹는 순수 후라이드 통닭 하나면 세상을 다 가진 듯 했습니다. 그래서 저는 지금도 양념 통닭보다 후라이드를 더 선호합니다. 손에 묻는 것도 싫고, 바삭거리는 식감이 훨씬 좋기 때문입니다.

제가 통닭을 좋아하는 이유는 따로 있습니다. 초등학교에 막 입학했을 무렵입니다. 친구들 집에 놀러 가면 세상에서 제일 부러운 것이 냉장고에 김치 말고 우리들이 꺼내 먹을 만한 간식이 들어 있는 것이었습니다. 과자나 치즈 같은 것은 바라지도 않습니다. 아무 때나 우유라도 실컷 먹어 봤으면 했는데, 롯데 우유 공장에 다니시는 이모나 외삼촌이 방학 때 가져다주는 것 말고는 제가 커서 집을 떠나 올 때까지 그 마음을 충족시켜 주지 못했습니다.

그런 제 마음을 가장 충족시켜 줄 때가 있었는데, 바로 교회에서 행사를 할 때입니다. 관리집사인 아버지와 어머니가 교회 행사를 하거나 손님 대접을 하고 뒷정리를 하시다 보면 가끔씩 남는 간식들이 있었습니다. 그것을 검은색 비닐봉지에 담아서 가져다주면 그게 그렇게 좋았습니다. 그나마 그것도 늘 있는 기회가 아니었기에 교회에 모르는 손님들이 찾아오시거나 큰 행사가 있고 나서 부모님이 뒷정리를 하시러 들어가시면, 얼른 뒤쫓아 가 남은 음식을 집어먹으면서 동생이랑 싸운 적도 있습니다. 그때 아버지께서 하신 말씀이 제 가슴속에 오래 남아 있습니다.

"이거 내가 애들을 잘못 키웠구만. 거지를 키웠어, 거지를."

그 말씀을 듣고도 동생이랑 음식 때문에 싸워서 아버지에게 엄청 두들겨 맞아야 했습니다. 그러던 어느 날, 교회에서 큰 잔치가 있었습니다. 부모님께서는 저희 삼 형제를 키우실 때 가장 엄격한 부분이 어른들끼리 대화를 나누시거나 일을 하실 때 방해하지 말라는 것이었습니다. 다과상 앞에서 괜히 음식에 손을 대거나 어른들 말씀하시는데 시끄럽게 떠들거나 대화에 끼어서 장난을 치거나 했다가는 그날 밤이 매타작 잔치가 되는 날입니다.

1층 교육관에 상이 여러 개 깔리고 교회 장로님 권사님들이 앉으셔서 식사를 하시는데, 기름에 직접 튀겨낸 닭고기를 열심히 뜯고 계신 모습이 그렇게 부러울 수가 없었습니다. 창문 밖에서 괜히 엿보거나 방황하다가 아버지한테 걸리면 그날 저녁은 또 반 죽는 날이라 그러지도 못하고, 교회 화장실을 가는 척 그곳을 지나다가 힐끔힐끔 쳐다보면서 입맛을 달래야 했습니다. 그러다가 아버지 어머니가 치우러 들어가시면 그 타이밍을 잘 맞춰야 하기 때문에 삼 형제가 돌아가면서 눈치를 봅니다. 모든 행사가 끝나고, 상이 치워질 때쯤 부모님께서 청소 도구를 들고 교육관으로 입장을 하시길래 얼른 뛰어

들어갔습니다. 그런데 이게 어쩐 일인지, 남아 있어야 할 음식들이 하나도 남아 있지 않았습니다. 우리의 계산으로는 과일 한 쪽이라도 남아 있어야 하는데, 텅텅 비어 있는 상들이 얄밉기만 했습니다. 망연자실하며 뒤돌아 나가려는데 어떤 집사님께서 저를 부르십니다.

"진혁아! 이리와 봐라."
"예."

한 손에 무슨 접시를 하나 들고 계시는데, 빨갛게 양념으로 무친 닭발 껍데기 같은 것이 가득 있었습니다. 상에 남아 있는 반찬들을 치우시다가 남은 것들을 담아 놓은 접시를 들고 저를 부르신 겁니다. 집사님 앞으로 가니 잘 왔다고 하시면서 입에다 무조건 막 넣어 주시는데, 거부할 수가 없어 주시는 대로 입으로 다 받아 먹었습니다. 어린 눈에 보기에도 이것은 버려야 할 것들이지 먹을 수 있는 것이 아니었습니다. 닭 튀김도 아닌 것이, 저마다 입안에서 말캉하게 노는데, 정말 거부감이 들어 몇 번이고 밖으로 쏟아 낼 뻔했습니다. 그런데도 집사님께서는 무슨 아이가 이렇게 잘 먹느냐며 몇 개를 더 입에 넣어 주십니다.

더 이상 안 되겠다며 손사래를 칠 때쯤 집사님께서는 다시 식당으로 들어가셨고, 저는 그대로 밖으로 뛰어나와 나무 밑에다가 다 뱉어 버렸습니다. 제가 기대했던 닭 튀김의 식감과 집사님께서 넣어 주신 반찬의 식감이 극명하게 대조되던 그날 이후로 저는 닭고기에 관한 한 튀김이 아니고서는 잘 먹지 않게 되었습니다. 어른이 되어서야 삼계탕에 손을 대기 시작했지, 그것도 그리 즐기는 편이 아닙니다. 집에서도 야식을 시킬 때면 꼭 통닭을 시키는데, 우리 아이들도 제법 먹는 편이라 꼭 후라이드와 양념을 한 마리씩 시킵니다.

다행히도 아이들은 양념을 더 좋아하긴 하는데, 아들놈이 요즘 제 후라이드에 눈독을 들이기 시작했습니다. 그 바삭하면서도 쫄깃한 닭 다리의 맛을 알아 버렸기 때문입니다. 특단의 조치가 필요했습니다. 그 환상의 식감에 길들여지기 전에 바삭하게 튀겨진 껍질을 떼어 내고 쥐어 줬습니다.

"아빠 껍질은?"
"껍질? 닭 다리는 원래 껍질이 잘 붙어 있지 않아, 여기 이걸로 먹어 봐."

닭 가슴살을 손에 쥐기 좋게 은박지로 싸서 줬습니다. 아무 생각없이 한참을 먹던 녀석이 저를 올려다봅니다.

"아빠, 또 줘."
"그래? 여기 무도 같이 먹어봐."
"또 줘."
"이것도 먹어봐."

양념 통닭에 함께 묻혀 온 떡볶이를 하나 물려 줍니다.

"또 줘."

그렇게 녀석은 닭 다리로부터 멀어져 갔습니다. 이 못난 아빠의 닭 튀김 트라우마를 이해해 주고 기꺼이 닭 다리를 양보해 준 아들에게 고마울 따름입니다.

숙제

동생이 세상을 떠나고, 저희에게 남겨진 숙제가 있었습니다. 녀석이 없는 세상에서 가장 슬퍼할 사람이 누구인가 했을 때, 미망인이 된 제수씨와 부모님이었습니다. 제수씨와 조카 아영이, 그리고 부모님께서 그 슬픔을 빨리 잊기를 바라지는 않았습니다. 예수님도 우셨는데, 하물며 우리랴. 생각날 때마다 실컷 울고 그리워하기를 주저하지 않되, 남겨진 가족끼리 더욱 힘쓰고 의지하도록 하자는 것, 이것이 형과 제게 남겨진 숙제였습니다.

그 숙제를 여는 첫번째 작업은 동생의 의로운 죽음을 세상에 알리는 것이었습니다. 사실, 형과 제가 동생 시신을 수습하러 이집트로 향했을 때는 허무한 죽음에 대한 원망과 분노만 있었습니다. 그러나 부상을 당해 샤름엘셰이크 국제병원에 입원해 계시는 OO중앙교회 성지 순례객들을 통해 "가이드 집사님만 그러신 것 아니다. 김진규 목사님도 그 자리에서 막아 주시지 않았다면 우리는 다 죽었을 것이다."라는 말을 들었습니다.

이 이야기는 상대적으로 시신의 훼손 상태가 심한 가이드 집사님께만 집중한 다른 언론사들과 달리, 기독교 TV들을 통해 알려지기 시작했습니다. 그래서 가이드 집사님과 김진규 목사를 의사자로 추서하자는 움직임이 있었고, 실제로 OO중앙교회가 속한 교단 노회에서 그 일을 추진한다는 인터넷 기사가 뜨기도 했습니다. 그렇게 여기저기 많은 분들의 관심이 큰 위로가 되어서 우리 가족은 힘을 내고 있었습니다.

그런데 동생 장례가 끝나고 4월쯤, 가이드 집사님께서 의사자가 되었다는 기사를 TV를 통해 접하게 되었을 때, 그 일을 함께 추진하려고 기다리고 있던 저희들은 적잖이 놀랐습니다. 뒤늦게야 동생의 죽음을 증언해 줄 수 있는 분들을 찾아 해당 기관에서 요청하는 서류를 진술서와 함께 작성해서 올렸으나, 제가 진술받은 증언자들의 내용은 인정치 않으며, 경찰의 입회하에 이미 의사자가 된 가이드 집사님의 증인의 증언이 첨부되어야 한다는 이유로 기각을 당했습니다. 그 진술 내용은 아래와 같습니다.

이미 의사자가 된 故 ○○○씨는, 증언자 이○○ 권사와 추○○ 권사의 경우, 직접적으로 확인한 바 없어 생략하는 것을 원칙으로 하고 그들이 직접 확인한 故 김진규 목사에 대한 증언을 중심으로 정리하겠습니다.

현지 시간으로 2014년 2월 16일 일요일 낮, 이집트 타바 국경에 도착하여 이스라엘 일정을 소화하기 위하여 출입국 관련 업무 때문에 버스가 정차되어 있던 당시, 그림과 같이 이○○ 권사는 사고로 사망한 김홍열 권사와 함께 창 쪽에 앉아 있었으며, 그 자리는 운전석 뒤로 두 번째 자리였습니다. 바로 앞자리에는 현지인 가이드가 앉아 있었으나 그는 버스가 정차했을 때 故 ○○○ 집사와 똑같이 하차를 한 상태라 이○○ 권사와 김홍열 권사의 앞자리에는 운전수밖에 없었습니다.

추○○ 권사는 출입문 쪽 앞에서 세 번째 통로 쪽에 위치해 있었으며, 사건 당시 그의 앞자리에는 아무도 앉아 있지 않았고, 故 김진규 목사와 아주 가까이 마주보고 있는 상태였다고 합니다. 故 김진규 목사의 경우, 업무 매뉴얼에 따라 맨 앞에, 버스에 탑승하는 계단 끄트머리 쪽에 서서 탑승객을 바라보고 이것저것 설명하는 중이었으며, 그때 테러범이 계단을 통해 버스에 오르게 됩니다. 이때 가장 먼저 맞닥뜨린 인원이 故 김진규 목사이며, 버스 안쪽으로 들어오려는 테러범이 제지를 당해 안쪽으로 진입할 수 없게 됩니다. 이 상황에 대한 두 증언자의 증언은 아래와 같습니다.

1. 추OO 권사에 의하면, 자신은 테러범이 청년이었고, 그가 입었던 체크무늬 남방까지 기억하며 그가 올라서서 故 김진규 목사와 맞닥뜨려 막힌 상황을 분명히 보았다고 합니다.

2. 이OO 권사에 의하면, 자신은 테러범이 올라와 서 있는 모습을 확인하지는 못했으나 김홍열 권사를 챙기기 위해 움직이다가, 원래는 탑승객 쪽을 향해 있던 故 김진규 목사가 테러범과 맞닥뜨려 제지하며 돌아서 있는 모습(등쪽)을 확인하자마자 폭탄이 터졌다고 이야기합니다.

이OO 권사와 추OO 권사에 의해 증언된 이 사실은, 故 김진규 목사가 테러범을 1차 저지하며 그를 막아서 있던 상태였다는 것을 시신의 훼손 상태에서도 확인할 수 있습니다. 사건 후, 시신이 수습되던 상황을 목격한 추OO 권사는, "故 김진규 목사의 시신이 들것에 실려 오는데 앞쪽으로 엎어진 상태에서 운구가 되었으며, 겉옷은 폭발에 의해 전부 유실되고 삼각 팬티만 입혀졌는데, 무릎 밑쪽은 떨어져 나갔고, 등이나 허벅지 쪽의 상태는 깨끗했다."라고 이야기합니다.

이와 관련해, 그의 형 김진성과 김진혁이 확인한 시신 앞쪽 얼굴과 배꼽 밑쪽까지의 상태만 폭탄의 충격에 의한 훼손이 분명한 상태였으며, 이 상태는 사진으로 가지고 있습니다.

故 김진규와 故 OOO 씨의 제지 과정이 동시에 이루어졌던 상황은 버스에 탑승했던 두 분의 증언으로는 확인할 수 없으나, 최초 테러범과 맞닥뜨린 故 김진규의 1차 제지로 인해 버스 진입이 불식당한 것임을 확실히 알 수 있습니다.

위 사실은 이OO 권사와 추OO 권사에 의한 증언을 녹취한 파일을 통해 정리되었습니다.

동생과 관련한 진술자들의 내용이 기각된 것은, 먼저 의사자가 되신 OOO 집사님과 동일한 사건임에도 그 내용이 서로 맞지 않다는 것이 이유입니다. 해당 기관에서는 먼저 OOO 집사님을 증언해 주신 분들과 접촉하여 그 분들에게서 다시 김진규 목사에 대한 증언도 받아오라는 것인데, 이게 사실은 쉽지가 않습니다. 시간이 갈수록 그 끔찍했던 기억이 사라지기 마련이고, 이제 좀 마음에서 털 수 있어 버틸만 한데, 제 동생 의사자 만들자고 그분들의 심연 깊숙한 아픔을 끄집어낸다는 것은 좀 무리이기 때문입니다.

실제로 OOO 집사님을 증언해 주셨다는 분과 어렵게 연락이 닿아 간접적으로 부탁을 드려 만나기로 한 날에, 아직 준비가 덜 되셨다고 못 만나시겠다며 통보해 오기도 했었습니다. 그렇다고 그분을 원망하지는 않습니다. 차라리 동생처럼 세상을 떠났다면 기억에라도 없지, 사람들의 비명 소리 가득한 그 처참한 장면을 억지로 떠올리게 한다는 것은 할 짓이 못되기 때문입니다. 가끔씩 아버지께서는 형님과 저에게 다짜고짜 진규 의사자 문제는 어떻게 되었느냐며 물으십니다.

"진규 어떻게 되었냐? 되기는 되는 거여?"

"아빠, 조금만 기다려 보죠. 그분들도 이제 기억에서 겨우 떨구고 살만 하신데, 진규 의사자 만들자고 억지로 기억해 내라고 하는 것도 좀 무리에요."

"근데, 내가 좀 아쉬워서 그런다. 얼마 전에 진규가 꿈에 나왔는데, 짜식이 나를 그네에 태워서 밀어 주고 잡아 주고 한참을 안 놀아 주디. 근데 갑자기 내 앞에 와서 내 얼굴을 이렇게 어루만지고, '아빠, 나 괜찮으니까 그만 찾아요~ 저기서 배울 것도 많고 바빠서 이제 못 올 거에요. 그리고 아빠 엄마 소식은 여진이 통해서 듣고 있으니까 걱정 마세요. 나 잘 지낼 거고, 우리 가족들 다 지켜보고 있으니까 걱정마세요.'라고 말하더니 없어지더라. 근데 이놈 자식이 그 다음부터 진짜 꿈에도 안 나와~!"

의사자를 만든다는 것에는 두 가지 목표가 있습니다. 하나는 아영이를 비롯해 우리 집안의 아이들이 다 자라 우리 나이가 되었을 때, 아빠요, 작은아빠, 또는 이모부요 삼촌이었던 김진규 목사는 많은 사람을 살리고 죽은 의로운 사람임을 증명해 주고 싶은 것이고, 동생이 속한 백석 교단에서도 순교자로 추서가 되려면 아무래도 국가에서 인정하는 의사자가 되어야 가능하다는 이야기를 들었기 때문입니다. 그리고 무엇보다도 이 모든 것이 형님과 저에게 꼭 해결해야 하는 숙제가 되는 이유는, 동생이 세상을 떠나자마자 통곡하시는 아버지의 입에서 나온 말씀 때문입니다.

"관리집사가 아들 셋을 전부 목사 만들어 놨다고 너무 자랑을 했더니, 하나님

께서 진규를 데려간 것인가 보다. 감히 관리집사가 말이다..."

너무 원통해서 뱉어 내신 말씀이시지만, 하나님께서 데려가신 이유는 적어도 아버지의 책임이 아니라는 것을 증명해 주고 싶기 때문입니다. 그러나 뜻대로 잘되지가 않습니다. 언제가 될지 모르겠습니다. 국가가 인정하는 의사자가 되는 것만이 진규의 억울함을 반드시 풀어 주는 것은 아니지만, 다시 살아 오지 않는 이 아픔과 아쉬움을 우리 힘으로 상쇄시킬 수 있는 최소한의 방법이 아닐까 생각됩니다. 숙제가 쉽지 않습니다.

05

성 장 기 2

나를 아프게 하는 이들과 나

"니가? 니가 뭘 한다고?"

니가 뭘 한다고?

아버지가 저에게 거셨던 꿈은 경찰이나 교수가 되는 것이었습니다. 물론 학교 공부와 어울리던 중학교 2학년 때까지 말입니다. 아버지의 바람대로 경찰은 경찰이되 범인을 잡되 때려잡는 강력계 형사가 되는 것이 제 꿈이었습니다. 그러나 그마저도 고등학교 입학을 하지 않고 집을 나감과 동시에 사라졌습니다. 학교에 다니는 것 자체가 싫었기 때문입니다.

고등학교를 입학하고 나서도 저에게 있어 가장 큰 숙제는 학교를 온전히 졸업하는 것이었습니다. 방학 동안에도 부분적으로 수업이 이루어지던 고등학교 2학년 때는 도저히 그 필요성을 느끼지 못해 선생님께 편지를 썼습니다. 수업이라기보다 자율 학습 성격이 강했기 때문입니다.

"선생님. 다른 아이들한테는 필요한지 모르겠으나, 저는 별로 필요성을 느끼지 못하겠습니다. 가만히 앉아서 하지도 않는 공부를 하는 척하고 있는 것이 성장기에도 별 도움이 되지 않고, 이게 스트레스가 되면 오히려 애들 공부에 방해가 되는 결과를 초래할지도 모르겠습니다."

조용히 교탁 위에 올려 놓았는데, 잠깐 나갔다 오신 선생님께서 그 편지를 다 읽으신 뒤에 박장대소를 하십니다.

"김진혁! 따라 나와."

그대로 교실 밖으로 나가 운동장 쪽 창문 앞에 자리 하시더니 저를 한참 동안 바라보십니다.

"싫으냐?"
"아니, 싫은 건 아니고요. 다른 애들도 방학 때 나와서 좋다고 공부하는 애들 없을 것 같은데요. 저는 그중에 좀 더 심한 거고요."
"그래? 너는 집에서 특별히 다른 학원을 다니고 있는 것으로 해라. 그래야 임마 다른 애들한테서 말이 없을 거 아녀~!"

그대로 가방을 싸서 선생님께서 정해 주신 특별 학원을 간다며 학교를 나왔습니다. 정말 학교생활이 힘들었습니다. 다행히 당시 담임 선생님이신 이석목 선생님께서는 저를 굉장히 예뻐해 주셨습니다. 괜히 교무실로 부르셔서 책상 위의 간식을 주신다든가, 반장에게 시킬 일을 저에게 대신 시키시기도 하셨습니다. 그러다가 영수에게 전화를 한 통 받았습니다.

"야, 나 성악하기로 했다."
"뭔 소리여~ 니가? 니가 뭘 한다고? 니가 성악을 하면 나는 연기를 하겠다."
"음악 실기 시간에 노래를 불렀는데, 선생님이 소리가 좋다고 성악을 해보라고 하시네. 그래서 다음 주부터 레슨받기로 했어~!"
"진짜?"

나는 아직도 방황 중인데, 영수가 먼저 적응을 해서 진로를 정했다고 하니 마음이 이상했습니다. '저러다가 저 자식 정신 차리고 나중에 대학교 들어간다고 하는 거 아닌가 모르겠네.'라는 생각이 자꾸만 들어 괜히 불안했습니다. '만약 정말 그렇게 되면 나는 뭐 할까?' 하고 생각해 보니 도저히 할 것이 없었습니다. '영수는 대학교 들어가서 성악을 열심히 하다가 어디 성악가나 음악 선생님이 될지도 모르는데, 나는 뭐 할까?' 하는 게 최대의 고민이 되었습니다.

그러다가 문득 1학년 초에 갔었던 극기 훈련이 생각났습니다. 청소년들을 대상으로 하는 캠프였는데, 중고등학교 시절 통틀어 그 시간이 제일 즐거웠습니다. 아무리 불량한 학생들이라도 억누르거나 혼내려 하지 않고, 이야기를 들어 주고 자유 시간에는 장난도 치는 교관들을 보면서 '아! 내가 청소년 관련된 일을 하면 되겠다.'라는 결심을 하게 되었습니다. 그리고 '그렇다면 대학은 어디를 갈까?'를 고민하다가 고른 곳이 신학교였습니다. 교회에서도 가만히 보면 학교와는 달리 저희들을 대하시는 전도사님이나 목사님이 고상하고 멋있어 보였기 때문이었습니다. 제가 살고 있는 사당동에 총신대학교가 있어서 그곳을 목표로 준비해 보자 했으나, 아버지는 형이 공부하고 있는 침례신학대학교에 가기를 강력히 원하셨습니다.

마음속에는 '불량 청소년 교화 사업' 같은 것을 그리고 있었습니다. 그런데 신학교에 들어가서 실제로 그런 캠프를 2년 정도 다니다 보니 그게 다가 아니었습니다. 그렇게 마주하고 대하던 녀석들을 오랜만에라도 만나 보려고 주최했던 기관을 통해 알아보면, 남의 집 담을 넘다가 소년원에 들어가 있다든지, 사람을 해하려다가 잡혔다든지 하는 이야기를 들어야 했습니다. 자기 하고 싶은 대로, 자기 마음대로 살고 있는 아이들을 공기 좋은 곳에 데려가

수련회 몇 번 한다고 변하지 않는다는 것을 알게 되었습니다.

어느 날, 광염회 1기 형들이 우리 2기들을 집합시켰습니다. 91학번이었던 형들이 97학번인 우리 2기들을 쭉 세워 놓고 막 혼내기 시작했습니다.

"마, 니들 우얄라고 그리 돌아만 댕기노? 목회 안 할끼가? 공부 안 하나? 책은?
다 엎드리라!"

일종의 의식 같은 거였습니다. 마음을 다잡는 데 필요한 새 옷 같은…. 그렇게 1기 형들에게 엉덩이를 한 대씩 얻어맞고 선물로 받은 책이 박영선 목사님의 《하나님의ㄷ 열심》이었습니다. 다시 한번 우리를 유일하게 때리면서 가르친 그 멤버의 이름을 밝힙니다. 울산 낮은담침례교회 김관성 목사, 은혜드림교회 최인선 목사, 주하나교회 임진만 목사, 강남중앙침례교회 최병락 목사.

당장에 읽고 보고하라던 형들의 말에 바로 읽기 시작했는데, 성경과 함께 읽으면 읽을수록 제가 놓쳤던 그 청소년들이 생각이 나는 겁니다. 아니 그 청소년들과 똑같았던 제가 보이는 겁니다. 그렇게 마음대로 살고, 하고 싶은 대로 하고 살았으면서도 어디 어두운 곳에서 구르지 않고 이렇게 신학교에서 공부를 하고 있다니…. 《하나님의 열심》이 그렇게 내 인생을 이끌어 오셨다는 결론을 맺을 무렵이었습니다. 이제는 신학교에 들어온 목적 자체도 뒤바뀌게 되었습니다. 학교 강당으로 뛰어가 불쌍한 그 청소년 녀석들을 위해 울기 시작했습니다. 정말 아무렇게나 살다가 지금쯤 어디서 뭐하고 살지도 모를 인생인 나를 붙잡아 주신 하나님께 감사하여 감격의 눈물을 흘리기 시작했고, 나 같은 것도 아들이라고 부모님께서 하나님께 얼마나 부르짖었을까 하는 생각들 때문에 눈물을 멈출 수가 없었습니다. 그러면서 하나님께 "저의 질풍노도의 청소년 때와 같은 신앙의 방황기를 겪는 이들에게 이 '하나님의 열심'을 전하는 설교자가 되게 해주세요."라고 부르짖었습니다.

결국 녀석들뿐만 아니라 그런 시기를 보낸 어른들까지도 근본적인 변화가 있으려면 하나님을 믿어야 된다는 생각이 확고해지기 시작했습니다. 개인적인 비전에 대한 동기 부여가 새롭게 되기 시작한 것입니다. 이후로 청소년 캠프에 다시는 나가지 않았습니다. 나가 봐야 녀석들과 노닥거리며 놀기나 하고 "나는 다른 어른들과 달리 너희들과 잘 놀아 주는 어른, 잘 이해해 주는 어른이다 그래서 내가 이 자리에 있다."라는 것을 보다 강력하게 보여 주는 것 그 이상도 이하도 아니게 느껴졌습니다. (아직도 여기저기서 청소년들을 위해 수고하시는 분들과는 다른 철저히 제 개인적인 경험과 의견입니다.)

새로운 동기가 부여되고 새로운 비전을 설정하여 재시작하지 않았다면, 나는 지금쯤 무얼 하고 있을까 가만히 생각해 보았습니다. 아마도 청소년 전문가인 척 온갖 폼을 잡으며 실상은 녀석들을 이용해 돈 버는 데 혈안이 되어 있을지도 모를 일입니다. 나를 놓지 않으시고 이끌어 오신 '하나님의 열심'이 감사하고, 이 사실을 깨닫도록 엉덩이에 몽둥이 찜질을 해준 광염회 1기 형들이 고맙기만 합니다.

첫사랑

　대학교 때 좋아하던 여학생이 있었습니다. 저보다 한 살 어린데, 누나 같은 포근함이 있는 자매였습니다. 물론 제 눈에는 외모도 지금의 김태희가 울고 갈 정도였습니다. 그러나 이 감정은 제게만 있는 것이 아니었습니다. 시간이 갈수록 이 형제 저 형제들의 가슴을 두드렸습니다. 그래도 그중에 가장 가까운 사람은 저라고 자부하였습니다. 오리엔테이션을 통해 보통 친해진 것이 아니기 때문입니다.

　그러던 어느 날, 수업을 마치고 여기저기 사람들과 섞여서 기숙사로 향하던 길이었습니다. 물론 그 자매도 함께 있었죠. 중간쯤 이르렀을 때, 제 운동화 끈이 풀려 있는 것을 발견하고는 옆에 있던 그 자매에게 이야기했습니다. '은지야(가명), 책 좀 잠깐 들고 있어봐' 뭐 특별한 액션도 아니고, 누구에게나 부탁할 수 있고 들어줄 수 있는 그 작은 모양새를 못마땅해하는 남자가 하나 있었는데, 4학번 정도 위의 선배였습니다. 그 선배가 저에게 조용히 이야기했습니다.

"얌마, 진혁아! 이런 걸 여자한테 맡기면 어떡하냐?"

　보이지 않던 라이벌이 드러나는 순간이었으나, 저는 사실 그 선배를 의식

하지도 않았습니다. 남들이 보면 깜짝 놀랄 내 외모보다 갑절은 더 놀랍게 생기신 분이라…. 그러다 얼마 되지 않아, 그 자매가 복학생 선배와 사귄다는 소문이 돌기 시작했습니다. 꼴에 직접 물어보기는 쑥스러워 온갖 레이더를 장착해 그 선배를 찾아냈는데, 기숙사 같은 층에 있어 제법 안면이 익숙해 서로 인사를 하고 다니던 사이였습니다.

친구들과 전략을 짰습니다. 옛 현인의 말씀에 '지피지기면 백전백승'이라고 했기에, 그때부터 그 선배 방에 자주 놀러갔습니다. 서로의 이야기를 허물없이 나누는 사이가 되기 위해서였습니다. 제 마음속에는 그런 확신이 있었습니다. '이 자매가 아직 스물이니, 두어 번 정도는 남자를 만나고 깨지고 할 것이다. 그리고 그 이후에 최종적인 승자는 군대를 다녀온 내가 될 것이다.'

대신에 그 전에 이 선배와 그 자매가 어느 정도 깊은 교제를 하는 지가 중요했습니다. 살살 간질이면 손은 잡았는지, 뽀뽀는 했는지 들을 수가 있었을 것 같았습니다. 그런데 전혀 그런 이야기는 들어보지 못하고, 어디를 산책하고 어디 가서 밥을 먹고 그런 이야기만 하는 것입니다. 이런 재미없는 커플을 봤나. 적어도 영화관이나 어디 근사한데 가서 첫키스 정도는 했다는 이야기가 나와야 입 벌리고 모이 달라 달려드는 어린 제비 새끼들의 귀를 즐겁게 해줄 텐데, 그나저나 다행이었습니다. 그 자매의 첫키스 상대는 제가 되어야 했기 때문입니다. 그러던 어느 날, 선전 포고를 해야겠다는 굳은 다짐과 함께 그 선배를 찾아갔습니다.

"형, 그만 힘들게 하고 좀 놔주시죠. 사실 형보다 제가 먼저 좋아했는데, 은지가 형과 맨날 싸우면서도 위태하게 유지되는 그 관계를 도저히 봐줄 수가 없습니다."

하늘이 도운 걸까요? 아니, 하나님께서 제 기도를 들어주셨는지, 둘이 헤어졌다는 이야기를 그 자매로부터 듣게 되었습니다. 이후로, 작전 개념이 있는 네 명의 광염회 2기 친구 녀석들과 함께 쨉과 어퍼컷을 날리는 기가 막힌 작전들로 그 자매에게 다가가기 시작했습니다. 운동장에 돌멩이로 그 자매만 알아볼 수 있는 표식을 해 두는가 하면, 우연히 마주치는 양 동선을 파악해 기다리기도 하고, 1학년 전체가 듣는 계단식 강의실에서는 교수님을 열심히 바라보는 것만으로 그 자매를 볼 수 있는 위치를 미리 점하기도 하고, 녀석들에게는 은지가 나를 의식하고 쳐다보기는 하는지, 몇 번이나 그러는지를 지령을 내리기도 했습니다. (후에는 이 녀석들 전부 이 방법으로 자매들에게 대시를 하고 교제하기도 하고 결혼도 했습니다. 물론 따로따로…)

그렇게 짝사랑에 오래도록 빠지면 눈짓 하나만으로 자신을 좋아하는 것으로 착각하는 게 남자들입니다. 저 역시도 그랬습니다, 괜히 섣불리 고백을 했다가 차이기를 여러 번, 아니, 고백을 해도 이렇다 할 답을 내놓지 않기를 수개월 반복했습니다. 그러다 방학을 하고, 한동안 보지 못한다는 두려움에 마음이 급해졌습니다. 쿨하게 인사만 하고 방학동안 떨어져 지내려니 마음이 불편해 참을 수가 없었습니다. 그 자매가 방학 동안 아르바이트를 한다는 가게의 업종을 알아내어 전화번호부를 통해 찾아보니 그 지역에 약 10개가 있었습니다. 처음 가게부터 전화를 걸어 "아르바이트생 중에 은지라고 있습니까? 좀 바꿔 주실래요?" 그렇게 실패를 거듭하다가 네 번째로 전화를 건 가게에서 결국 성공을 했습니다.

"예. 잠시만요."

엄청 뿌듯했습니다. '이 정도면 멋져 보이겠지' 하지만 역시 착각이었습니다.

"어? 오빠~ 어떻게 알고 전화했어? 무슨 일이야? 조금 바쁘니까 나중에 통화
하자"

방학 동안의 교제는 그것이 끝이었습니다. 2학년 1학기 개강할 때는 보이
지도 않았습니다. 휴학을 하고 학비를 벌어야 한다는 친구들의 말을 들었습
니다. 그렇게 허무한 시간을 보내고 군대를 갔습니다. 그 자매의 사진 한 장
만 들고, '제대하고 나면 찾아갈 것'이라는 다짐과 함께…. 훈련소에서 조교
를 꼬드겨 했던 통화 한 번을 끝으로 일병이 되기 전까지 아무런 연락을 하지
못했습니다. 아니 정확히는 어느 정도 편지를 주고 받았는지 기억이 나지 않
았습니다. 단지 같이 입대한 친구 녀석을 통해 휴가 때 '은지가 원희형(가명)과
사귄다'는 소문을 듣고 편지를 보내온 것이 소식의 마지막이었습니다.

그 소식은 가슴이 좀 많이 아팠습니다. 아니, 모든 것을 포기하게 만들었습
니다. 그 자매를 좋아하는 나의 마음을 가장 잘 아는 형이었기 때문이었습니
다. 군대에 간다는 이야기를 했을 때도, 그 형은 "군대 가서도 잘해 봐라. 잘
어울린다."라고 이야기를 해주었었는데…. 그날 밤 친한 고참 한 명이 저를
부릅니다.

"진혁아, 힘내라. 내가 볼 땐 니 여자 아니다. 분명 더 좋은 여자 만날 거다."

그리고 라이터를 건네줍니다. 당장에 지갑에서 그 자매의 사진을 꺼내 불

태워 버리고 훌훌 털어 버리기로 했습니다. 그리고 얼마 후 있는 대대 ATT 훈련에서 표창을 받고 상병 조기 진급을 하고 휴가를 나왔습니다. 정상적이 었으면 찾아가 만났을 터인데, 생각이 나질 않았습니다. 남자로 봐주지도 않 는 여자에게 정신을 빼앗겨 허망하게 시간을 흘려보냈나 싶어 억지로 기억 을 하지 않으려 노력을 했었습니다. 억울했던 마음도 없진 않았습니다.

많은 시간이 흘러 저는 지금 목사가 되었습니다. 아이러니하게도 제가 소 속되어 있는 지방회에서 가장 친한 목사님이 은지의 큰형부입니다. 목사님 께서는 제 과거를 아시고 저를 얼마나 놀리시는지 모릅니다.

"김 목사, 처제 귀국했는데 전화번호 알려 줄까? 처제 이번에 우리 집 오는데...
뭐, 그렇다고..."

그렇다고 기분이 나쁘지 않습니다. 충분히 있을 법한 순수한 첫사랑 이야 기 주인공이 '절친한 후배 목사와 처제'라는 것이 누구에게나 있을 법한 재미 가 아니기 때문입니다. 그래서 저도 응수를 합니다.

"목사님, 이번에 내려오면 꼭 귀뜸 좀 해주십시오. 복수를 좀 해야겠습니다."

지금은 저만 목사가 되어 있지 않고, 은지도 장로교 목사님의 사모님이 되 어 있습니다. 최근에도 안부를 묻는 전화 통화를 했었고 서로의 삶이 어떤 지 도 공유했습니다. 차라리 그게 낫겠다 싶습니다. 교제를 하고 헤어졌더라면 서로의 안부는커녕 어디서 무얼 하는지조차 관심없이 풋풋한 추억을 통째로 날려 버렸을지도 모를 일이니 말입니다.

인생은 성공으로 만들어가기 위해 열심이지만, 추억으로 간직하기 위해 작은 실패나 아픔을 경험하는 것도 괜찮겠다는 생각이 듭니다. 물론, 이 모든 것이 좋은 추억이 되려면 세상에서 제일 괜찮은 아내를 만나야 된다는 사실도 아주 중요합니다.

조영관

　대학교에 입학하는 날 아버지의 표정을 잊지 못합니다. 고등학교도 제때 못 들어간 놈이 이리저리 헤매다가 겨우 고등학교에 입학을 했고, 졸업이라도 끝까지 해낼지 의문이었던 녀석이 대학생이라니, 저도 제가 좀 신기했습니다. 역시 신학교는 좀 달랐습니다. 처음 오리엔테이션 때부터 이게 무슨 교회 수련회를 온 건지 진짜 대학교를 들어 온 건지 구분이 가지 않았습니다. 첫 시간부터 신나게 찬양을 하고, 말씀을 듣고, 레크리에이션도 하고, 공동체 훈련에, 새벽 예배까지…. 하지만 처음에는 다소 어색해도 첫날 저녁만 되면 모두들 친해져서 벌써 형 동생이 됩니다.

　신학교에 처음 들어오는 사람들이 착각하는 사실 중에 가장 대표적인 것은 신학교에 들어오는 사람들은 다 예수님 같고 사도 바울 같을 거라 여기는 것입니다. 그리고 그 다음은 교수님들의 수업이 교회 목사님 설교하듯 해서 늘 은혜가 넘칠 것 같다고 생각하는 것입니다. 실제로 그렇게 여기고 들어왔다가 학생들의 모습에 실망해서 학교를 그만둔다거나, 수업 시간에 교수님과 "어떻게 그런 말씀을 하실 수가 있습니까?"라고 하며 싸우고 나가는 사람들도 더러 있습니다. 저도 그런 사람들 중에 하나였습니다.

　신학교에는 그냥 사람이 아닌 예수님 같은 사람이 넘쳐날 것이고, 그 표정들은 전부 천사와 같아서 마치 수도원 같은 모습을 하고 있을 거라 생각했는데, 오리엔테이션 첫날부터 제 환상은 깨지고 말았습니다. 정상적인 나이에 들어온 친구들이야 이해하지만, 나이가 좀 있으신 분들의 살아온 이야기를 들으면 깜짝 놀랄 때가 한두 번이 아니었습니다. 지방 도시 잘 나가는 건달에, 라이브 까페 가수에, 군인, 교수, 다른 교단 전도사님까지 말로 다 할 수 없을 정도입니다.

제 생각에 그중에서도 가장 강력했던 것은 목회자의 자녀였던 것 같습니다. 그들의 표정은 아주 극명하게 갈립니다. 밝은 미소가 잘 어울리는 기쁜 얼굴과 여유는 있으나 얼굴에 근심이 가득해 보이는 어두운 얼굴···. 교회의 규모를 불문하고 어떤 가정 환경에서 자랐는지가 분명하게 그 얼굴에 드러나는데, 좀 더 깊이 친해져서 가정사를 들어 보면 목회자 가정이라고 해서 다 평안하고 즐거운 것은 아니라는 것을 그때 깨달았습니다.

거룩한 환상을 가지고 오리엔테이션에 참석한 당일, 어디서 많이 본 듯한 사람이 어슬렁거리면서 돌아다닙니다. 이는 신학교 면접 날 저와 같은 곳에 대기했던 입학 동기생이 분명했습니다. 그날 저는 이 인간을 보면서 '현역이면 나보다 나이도 한 살 어릴 텐데, 이런 인간도 신학교를 오나?' 싶을 정도로 인상이 정말 험악한 사내였습니다. '아무리 그래도 이런 애가 이 학교에 붙어서 나랑 같이 다니지는 않겠지?' 생각했는데, 웬걸, 오리엔테이션 때 저와 같은 조가 되었습니다. 아무리 봐도 신학교에 올 인상도 아니고 사투리도 걸쭉하니 전라도 쪽인데, 통성명을 하고 보니 실제로도 전라도 목포가 고향인 녀석이었습니다. 고등학교 초반까지 유도를 하다가 심하게 다쳐서 운동을 그만두고 신학교에 들어왔는데, 녀석과 함께 운동했던 선수가 그 유명한 황희태 선수라고 하니 제법 실력은 좋았던 것 같습니다. 그렇게 오리엔테이션을 마치고 입학식 이후 기숙사에 들어왔는데, 녀석이 너무 자주 보입니다. "난 4

층인데 너는 몇 층이냐?"라고 물어보니, 반가운 듯 "3층!"이라고 대답을 합니다. 근데 정말 그 인상 하나만큼은 기가 막힙니다. 제가 고등학교 때 만났으면 정말 형님이라고 부르고 싶을 정도였습니다. 180cm정도의 키에 유도로 다져진 큰 덩치, 시커먼 얼굴에 눈은 양쪽으로 쭉 찢어지고 한쪽 귀의 주름은 거의 사라진 만두귀입니다. 운동하다가 할 것이 없어 동네 불량배를 하고 있을 것만 같은 그런 인상입니다.

그런데 이것도 인연이라고 수업이 여럿 겹치고 기숙사에서도 자주 마주치다 보니 제법 친해지기 시작했습니다. 그때부터는 아예 함께 다니기 시작했는데, 이때는 왜 자매들이 우리 곁에 오지 않는지 저희들은 정말 잘 몰랐습니다. 그러다 기숙사 제 방에 함께 있으면서 녀석에게 첫인상에 대해 말을 꺼낸 적이 있습니다.

"나 사실, 면접날 어떻게 저런 인간이 신학교에 들어올까 하면서 니 인상 참 더럽다고 생각했었다."

"진짜? 나돈데? 나도 면접 날 학교에 딱 왔는데, 웬 깡패 하나가 왔다갔다 하길래 '설마 저 인간은 신학생 아니겠지?' 했는데, 오리엔테이션 때 같은 조가 되어 버렸더구만!"

"진짜? 와하하하하하!"

면접 날부터 오리엔테이션까지 서로를 보면서 동일한 생각을 하고 있었던 겁니다. 그때 저희를 처음 보았던 신학교 동기들이나 선배들은 지금의 저희를 보면서 인상이 정말 달라졌다고들 하지만, 저희는 아직도 그 인상이 변하지 않고 여전히 더럽다며 서로를 향해 목소리를 높입니다. 얼마 전, 비교적

팔로워 수가 많은 제 페이스북을 통해 신학교 들어오기 전 사진을 공개해 투표를 한 적이 있는데, 제 인상이 훨씬 좋다는 결과가 나왔습니다. 그러나 저는 그 투표 자체가 맘에 들지 않았습니다. 왜냐하면 아무리 봐도 저를 그 녀석과 동일 선상에 놓는다는 것을 인정할 수가 없었기 때문입니다.

지금은 광염회 2기로 평생지기가 되었고, 저는 계속해서 사역을 하며 목사가 되었지만, 그 녀석은 가정과 경제적인 문제로 중간에 신학교를 그만두고 중고등학교 유도 감독 생활을 하다가 최근에서야 모든 것을 정리하고 다시 광염회 형 중 한 명인 최인선 목사(은혜드림교회)에게로 가 사역 중입니다. 이름을 밝힐 수는 없으나, 그가 키워 낸 국가 대표나 도(道) 대표 선수가 여럿 됩니다.

녀석이 목포에서 공익 근무 요원으로 생활하고 있을 때에는 얼마 전 세상을 떠난 제 동생이 목포해양대학교를 다니고 있었습니다. 워낙 거리가 멀다 보니 서울 집으로 자주 올라오지 못했는데, 녀석은 제 동생을 친동생 챙기듯 졸업할 때까지 집에 데려다가 재우기도 하고 용돈까지 챙겨 주며 아껴 주었습니다. 녀석의 부모님은 어려운 살림에도 불구하고 항상 오랜만에 찾아온 아들 대하듯 하며 한 번도 그냥 보내지 않고 식사를 챙겨 주셨습니다.

이때가 제 동생이 진로에 대한 고민을 하며 사역자가 되겠다는 결심을 할 때쯤이었습니다. 정작에 친형은 사역한답시고 신경도 못 써줬는데 영관이가 대신 따뜻하게 챙겨 준 것입니다. 동생이 이집트로 떠나기 얼마 전 저희 집에 온 적이 있습니다. 옷장에 걸려 있는 패딩 점퍼를 보면서 다 안다는 듯 웃습니다.

"어? 이거 못 보던 건데? 영관이 형이 준 거지?"

영관이가 가르치는 운동부 아이들 옷 중에 가끔씩 여벌이 생기거나, 가르친 제자 중에 국가 대표 선수가 있어 그 선수들이 보내 준 옷을 제게 주곤 했었는데, 진규도 그걸 알고 있었던 겁니다. 동생은 그 자리에서 바로 영관이에게 전화를 걸었습니다.

"뭐야~! 나도 좀 보내 달랬더니, 우리 작은 형만 입혀 맨날... 나도 한 벌 보내 줘~!"
"알았어~! 지금 없으니까 너 이집트 갔다오면 하나 찾아서 보내 줄게."

그러나 진규는 이집트에서 영영 돌아오지 않았습니다. 두 형님들 손에 들린 관 속에 누워 들어오던 그날, 영관이는 저를 붙잡고 미안하다고 대성통곡을 하였습니다.

"내가 이 새끼 패딩 입혀 준다고 했는데, 괜히 택배 붙이기 귀찮아서 이집트 갔다가 들어오면 준다고 시간 끈 건데, 내가 이제 패딩을 어떻게 입어~! 어떻게~!"

진규가 떠난 지 2년이 다 되어 갑니다. 그런데도 영관이 녀석은 아직도 패딩점퍼에 대한 미안함을 버리지 못하고, 진규 대신에 조카 아영이한테 꼭 패딩 점퍼를 사 주겠다고 이야기합니다.

"미안해하고만 있을 게 아니었어. 아영이 있잖아. 아영이한테 점퍼를 사줘야겠어 아영이한테... 그래야 내가 나중에 진규 봐도 할 말은 있을 거 아니야."

아영이에게 줄 그 점퍼만큼은 가만히 있어도 나오는 월급이 아니라 피땀 흘린 돈으로 사 입히겠다고 야간 아르바이트까지 하면서 번 돈을 조금씩 빼서 모았다고 합니다. 친형보다 더 나은 놈이라는 생각을 지울 수가 없습니다.

영관이를 비롯한 광염회 다른 식구들 전부, 우리는 자주 연락을 하고 만납니다. 특히 우리 부모님께서는 제가 목사가 되고 온전한 사역을 하게 된 것은, 옆에서 붙잡아 준 광염회 식구들의 공이라고 말씀하십니다. 가끔씩 부모님 댁에 가면 어김없이 광염회 식구들 이름 하나하나 불러 가며 안부를 물으시는데, 그중에서도 유독 영관이 이름만큼은 발음이 어려운지 다른 사람들과는 좀 다르게 안부를 묻습니다.

"야, 야! 그 너보다 인상 더러운 놈. 그놈은 잘 있냐?"

어메이징 그레이스

복학을 하고 3학년 2학기가 되었습니다. 침례신학대학교 기숙사에서는 2학기가 되면 임원 교체식이 있습니다. 거의 한 학번씩 아래로 대물림되며 이어지는데, 저는 교양부장이 되었습니다. 고등학교로 따지면 일종의 '선도부장'인데, 엄격한 규율을 바탕으로 기숙사 생활 전반에 걸쳐 상벌점 등으로 학생들을 관리하는 일을 합니다. 1,000명에 가까운 학생들을 관리하려면 학교 바깥 출입도 잦은데, 차가 없으니 여간 불편한 것이 아니었습니다.

때맞춰 선배 전도사님이 타고 다니던 차를 처분하고 바꾸려는 모습이 제게 포착되었습니다. 당장에 형을 찾아갔습니다.

"형, 차 처분한다며?"
"그런데, 왜? 너 줄까?"
"당연하지~!"

친한 동생이 눈독을 들이니 돈 한 푼 달라는 소리도 못하고 그냥 줬습니다. 이후에 차량 등록을 하면서 미처 처분하지 못한 벌금까지도 다 물어 주는, 의리를 가장한 막대한 피해를 당하면서까지 깔끔하게 전달식을 마쳤습니다. 지금은 주하나침례교회 담임 목사님이신 91학번 진만이 형(낮은담침례교회 김관성 목사, 은혜드림교회 최인선 목사, 강남중앙침례교회 최병락 목사와 함께 광염회 1기로, 광염회는 97년 내가 입학했을 당시, 김진혁, 조영관, 이현승, 김성우, 김한국까지 5명의 후배를 2기로 받아들이는 것을 마지막으로 거의 25년째 후배를 받지 않고 있는 자칭 침례신학대학교 최대 목회자 사조직이다.)에게 이야기해서 그 명의로 보험에 가입을 하고, 아직 학교를 졸업하고 있지 않은 광염회 잔존 인원의 공식 차량으로 운용하게 되었습니다. 광염회 인원이 저마다 사역을 하러 부산으로 서울로 울산으로 갈 때면, 짐이 많거나 더 급한 사람 쪽으로 차가 배정되어 참 많은 곳을 다니게 되었습니다. 6개월 가까이 타고 다녔을까요, 아버지로부터 전화가 옵니다.

"진혁이냐? 이번 주에 차 가지고 오냐?"
"아뇨. 이번 주에는 진만이 형인데, 왜요? 뭐 쓸 일 있어요?"
"아니. 차가 한 대 생길 것 같은데, 너 탈래?"

당시, 기존의 승합차와는 전혀 다른 디자인으로 '스타렉스'가 등장하면서 수년간 대한민국 도로 곳곳을 누비다가 퇴물 취급을 받고 역사의 뒤안길로 사라지고 있던 그레이스를 거저 얻듯이 구입할 수 있을 것 같다는 아버지의 말씀이었습니다.

"오~ 좋죠~!"

형이나 동생에게 줄 만도 한데, 결정적으로 그 둘은 면허증이 없었습니다. 주말이 되어 서울로 올라갔습니다. 사역지로 가기 전에 아버지가 관리집사로 계신 교회 사택에 들러 저녁을 먹고 나오니, 교회 마당에 초록색 그레이스가 그 위용을 뽐내며 서있었습니다. "덩치는 산만한 녀석이 장난감을 타고 다니는 것 같았는데, 잘 끌고 다녀라." 하시며 아버지가 키를 건네주십니다.

그렇게 그레이스는 신대원 2학년 때부터 결혼을 하고 나서도 한참을 우리와 함께 했습니다. 주말 파트타임 사역을 할 때는 외국어 교육원 통원 차량 아르바이트를 하면서 저희 가정의 경제를 책임지기도 했었습니다. 그때는 수업이 끝난 초등학생들이 차에 오르자마자 오디오에 테이프를 삽입하면, 당시에 가장 인기 있던 만화영화 K캅스의 노래가 흘러나오는 최고의 인기 차량이기도 했습니다.

매 학기 초가 되면, 동료 사역자들 엠티나 단합 대회 등 침례신학대학교 학생이라면 누구나 다 타보는 국민 승합차가 되기도 하고, 가난한 사역자들 이사 차량으로도 그 역할을 톡톡히 해냈습니다. 그러던 어느 날 침례신학대학교 홈페이지에 개척 교회 목사님의 글이 올라왔습니다. 시골에 있는 교회인데, 거동이 불편하신데도 멀리서부터 오시는 어르신들을 태우고 다닐 승합차를 구하고 있다는 글이었습니다. 차량이야 중고로라도 구입을 하면 되지만, 오죽했으면 이곳에 글을 올리셨을까 안타까운 마음이 들어 아버지한테 전화를 했습니다.

"아빠! 학교 홈페이지에 어떤 개척 교회 목사님께서 승합차를 구하고 있다고
글이 올라왔는데, 아주 어려운 교회인가 봐요."
"뭐라고 올라왔디?"
"뭐, 거동이 불편하셔서 교회를 나오고 싶으셔도 그분들을 태울 차량이 없어
서 예배도 못 드린다고..."
"그려? 그럼, 그레이스 주지 그러냐."

"그래도 돼요? 근데, 돈 준다고 그러면 어떻게 하지? 어차피 중고차로 팔아도 이거는 200만 원도 받기 힘들텐데..."

"개척 교회 목사님이라고 안 허디! 그냥 드려라. 돈 받지 말고. 엔진오일도 갈아서..."

"그렇지~! 그럴 줄 알았어~!"

전화를 끊고 홈페이지에 올라온 그 목사님의 번호로 전화를 걸었습니다.

"목사님, 홈페이지에 올리신 글 보고 전화 드립니다. 좋은 차는 아니고요, 단지 잘 나가는 것 하나인데 드려도 될까 싶어서요."

그렇게 지난 몇 년간 저와 함께했었던 그레이스는 그 목사님을 태우고 영영 떠나버렸습니다. 그것도 정이라고 얼마나 애틋하던지, 고장 나서 목사님 속 썩이지 말고 할머니 할아버지들 잘 모시고 다니라고 마음속으로 응원을

해주었습니다. 이후로 약 10년의 시간이 흘렀습니다. 소식을 알 길이 없습니다. 괜히 고장이 잦아 목사님을 더 힘들게 한 것은 아닌지, 할머니들 태우고 다니다가 사고는 나지 않았는지 알 수는 없으나, 초등학교 꼬마들부터 침신대 사역자들, 그리고 거동이 불편하신 어르신들까지 태우고 다니느라 수고한 이 '어메이징 그레이스'의 마지막은 그 어떤 자동차보다 화려했을 것이 분명합니다.

명절

파트타임 전도사를 하고 있을 때입니다. 신학 대학원을 다니면서 파트타임으로 전도사 사역을 하면서 결혼했는데, 교회에서 받는 사례비로는 생활이 어려웠습니다. 하지만 다행스럽게도 교회 성도들을 통해 부어 주시는 사랑이 있었습니다. 쌀이 떨어질 때쯤 그리 부유하지도 않은 집사님이 쌀이 들어왔다며 주신다던가, 첫 열매라고 농사 지으신 호박이며 과일을 한아름씩 가져다 주시기도 했습니다. 그렇게 먹이시고 입히시는 특별한 사랑이 사역자의 전부라고 해도 과언이 아닙니다. 그러나 양쪽 부모님을 뵙고 결혼한 자녀 노릇을 하고 싶은 명절 때는 힘이 좀 듭니다. 명절 음식이라도 하려면 준비할 수 있는 경비를 좀 드린다든가 용돈이라도 좀 쥐어 주고 싶은데 그러지를 못하기 때문입니다.

첫 딸 수아를 낳고 맞이하는 추석 때였습니다. 양쪽 집안을 다 들러야 되는데, 과일 한 쪽 사갈 돈이 없었습니다. 힘들 때마다 여기저기 전화를 해서 돈을 빌리는 것도 염치없었습니다. 그래서 이번에는 몸이 좋지 않다고 하고서 가지 말까 하다가 인근에 있는 처갓집은 가야 될 것 같아 빈손으로 찾아 갔습니다. 하루를 자고 일어났는데, 문제는 우리 부모님이었습니다. 당장에 올라갈 차비도 없는데 어떻게 하나 고민을 하고 있을 때, 아내가 3만 원을 들고 왔습니다.

"여보, 엄마한테 차비 없다고 좀 빌려달라고 했어."

용돈도 못 드리고, 선물 하나 사온 것도 없는데 못난 남편에 못난 사위까지 홈런을 터뜨리고야 말았습니다.

"여보, 그냥 수아랑 당신 아프다고 할 테니까 여기 있어. 나만 올라갔다 올께."
"어떻게 그렇게 해."
"아니, 그냥 내 말 들어."

남들은 고향 찾아 귀향하는 추석 당일, 저는 반대로 서울 부모님께 올라갔습니다. 명절이라고 찾아왔는데, 며느리랑 손주는 어디 가고 아들 녀석만 불편한 행색으로 들어오니 무슨 큰 일이 있나 놀라는 눈으로 바라보십니다.

"애미하고 수아는?"
"갑자기 애가 심하게 열이 나고 아프네... 병원에 갔다가 그냥 집에 있으라고
   하고 나만 왔어요. 상태가 좀 안 좋네요."

당장에 아내에게 전화를 걸어 몸은 괜찮은지, 애 상태는 어떤지 걱정스레 물으시는 아버지의 모습에 많이 죄송스러웠습니다. 그날 저녁, 내가 제일 좋아하는 삼겹살을 구워 먹으면서도 어찌나 속이 불편한지 한 젓가락 집기가 너무 어려웠습니다. 눈치를 챈 형이 밥을 먹다 말고 한마디 합니다.

"야, 너는 애하고 마누라가 심하게 아픈데 여기가 어디라고 오냐! 내일 아침에

일어나자마자 바로 내려가라. 우리 있으니까 걱정 말고. 제수씨하고 수아나 간
호 잘해라."

아침 일찍, 어머니가 밥을 차려 주시고는 얼른 내려가 보라고 등을 떠밉니
다. 이것저것 반찬이랑 먹을 것을 챙겨 주시면서 아무도 모르게 제 주머니에
봉투를 하나를 찔러 주시는데, 형이나 동생이 준 용돈 중에 하나를 열어 보지
도 않고 그대로 주신 게 분명합니다. 손가락을 입술에 대고 '쉿' 하시면서 눈
을 깜빡거리십니다.

"돈 없는 게 얼마나 서러운 지 엄마는 안다. 그래서 가장이 힘든 것이여. 그냥
전화나 하고 올라오지 말지, 마누라랑 애를 팽개치고 왜 올라왔어, 올라오기
는. 어여 내려가서 은숙이랑 수아 챙겨라."

영등포역에서 기차를 기다리는데 한없이 흐르는 눈물을 제 힘으로 멈출 수
가 없었습니다. 제 자신이 초라하다기보다 이런 녀석을 아들이라고, 남편이
라고, 사위라고 바라보고 계시는 집안의 어른들이나 아내의 마음이 얼마나
아플지 생각하니 억장이 무너져 내릴 것만 같았습니다. '아, 이래서 사람들이
은행을 털고 물건을 훔치다 붙잡히면, 아들 분유 값에 홀어머니 병원비 때문
에 그랬다고 하는구나.' 싶었습니다.

영등포는 제가 중학교 때까지 살았던 동네인데, 겨우 눈물을 멈추고 아직
까지 그곳을 떠나지 않고 살고 있는 친구 창용이에게 전화를 걸었습니다. 아
직 결혼을 하지 않았지만, 특유의 착한 심성 때문에 녀석과 통화를 하면 기분
이 좋아질까 해서였습니다. 녀석은 유도를 해서 훈련을 한다고 다른 친구들

보다 일찍 경기도에 있는 한 고등학교에 입학했었는데, 제가 고등학교에 들어가지 않고 전주에서 방황하고 있을 때, 제가 보고 싶다고 훈련 중 이탈을 해서 저도 없는 집에 세 번이나 찾아왔던 녀석입니다.

악몽 같은 중학교 시절을 통째로 지우고 싶어 창용이를 포함해 그때의 친구들은 한 명도 만나거나 연락하지 않았었는데, 제가 있지도 않은 집까지 세 번이나 찾아와 끝까지 저를 찾아낸 녀석 때문에 그 소중한 우정이 이어져 오고 있는 평생지기입니다.

"집에 왔냐? 제수씨하고 수아도 왔어?"

"어, 나 영등포역이다. 이번에도 얼굴도 못 보고 그냥 간다. 원철이 형도 왔어?"

"그렇지."

"이번에도 음식 하신다고 바쁘셨겠네."

"그럼, 차례 지내니까."

"알았다. 잘 지내고 또 전화할게."

"그래, 조심히 내려가라."

기차를 타고 대전으로 내려오는 내내 어머니가 주신 주머니 속에 돈 봉투가 행여 빠지기라도 할까 싶어 손으로 꼭 누르고는 눈을 한 번도 뜨지 않았습니다. 사람들이 다 흘깃거리며 쳐다보면서 저를 보고 '바보 등신'이라고 수근대는 것 같았기 때문입니다. 먼저 집으로 와 있는 아내에게 전화를 해서 금방 도착한다고 전화를 했습니다. 양손 가득히 들려 있는 먹거리들이 왜 이렇게 무거운지 온갖 불편한 마음으로 집에 들어서는데, 수고했다며 아내와 딸이 저를 맞아 줍니다. 그래도 나를 제법 알아보고 "아빠, 아빠!" 하며 안아 달라는 딸을 번쩍 들어 올려 볼에다 실컷 뽀뽀를 하고 나니 위로가 됩니다.

딸을 안은 채로 어머니가 싸주신 것을 정리하고 있는 아내의 뒷모습을 보니 무엇이 문제인가 싶습니다. 이렇게 내 가족을 품을 수 있고, 어머니가 싸주신 반찬으로 배불릴 수 있는데 말이죠. 젊은 날의 가난과 힘겨움은 충분히 이겨 낼 수 있는 것 같습니다. 힘겨운 기억은 금방 잊어버릴 수 있습니다. 제자리를 찾을 수 있는 힘의 원천인 가족만 이렇게 곁에 있다면 내 삶에 무엇이 문제가 되겠습니까. 잘 도착했다고 양쪽 어르신들한테 전화를 드렸습니다. 그리고 그날 저녁은 어머니와 장모님께서 싸주신 반찬들로 세상에서 제일 풍성한 밥상을 마주할 수 있었습니다.

06

역 대 기 4

아버지와 나 2

"목사님, 안녕히 가십시오."

회생

일곱 살 즈음이었습니다. 집을 나간 아버지가 한참 동안 들어오지 않으셨습니다. 그때는 세상에서 제일 무서운 사람이 아버지였기 때문에, '아빠가 왜 안들어오시지? 왜 안 보이지?' 하는 생각보다, 당분간은 혼나지 않을 거라는 안도감에 집안 공기가 한층 부드러워졌다고 생각했습니다. 아버지는 삼 형제를 제법 엄하게 키우셨습니다. 가장 대표적인 예 두 가지는, 칭찬을 하면 긴장이 풀려 버릇이 나빠진다고 말씀하신 것과 어른들에 대한 예의가 흐트러지는 것을 방지하기 위해 인사는 철저히 시키신 것이었습니다.

시험을 잘 본다거나 상을 받아 왔다고 안아 주신다거나 머리를 쓰다듬어 주신 적이 한 번도 없었으며, 등교할 때 "다녀오겠습니다."라는 인사를 하지 않았다고 학교를 보내지 않은 경우도 있었습니다. 학교에 가지 않는 것보다 더 좋은 것은 없을 것이라 생각할 수도 있지만, 오전 내내 "안녕하세요, 다녀오겠습니다."라는 인사를 연습하고 나서야 제대로 쉴 수가 있었습니다. 그러니 아버지가 집에 계시지 않다는 것은 삼 형제에게 더없이 좋은 시간이었던 것입니다.

하루는, 어머니께서 학교에 가 있는 형을 제외하고 동생과 저를 데리고 집을 나서셨습니다. 어머니와 외출한다는 것 자체가 너무 즐거운 시간이었습니다. 머릿속에는 온통 뭐 사먹으러 가는지, 어디 놀러 가는지만 궁금했던 것 같습니다. 들떠 있는 동생과 저의 손을 잡고 한참을 걸어 도착한 곳은 제법 큰 병원이었습니다. 어머니의 손에 이끌려 들어간 병실 침상에는 아버지가 누워 계셨는데, 아버지는 저희를 보자마자 환하게 웃으시면서도 편치 않은 모습이셨습니다.

"힘들게 뭐더러 데리고 왔어~"

그때만 해도 한참을 집에 들어오지 않는 아버지가 왜 병원에 계셨던 것인지 잘 몰랐습니다. 시간이 흘러, 어린아이들에게 아버지가 병원에 계신 이유를 설명해도 이해할 수 없을뿐더러, 이해한들, 괜히 아이들이 놀랄 수도 있겠다 싶어 굳이 밝히지 않으셨다는 것을 어머니를 통해 들을 수 있을 뿐이었습니다. 아버지가 원래의 모습을 하지 않으시고 왜 몸에 얼룩이 져 있는지, 왜 야위어 있는지, 평소와는 다른 모습에 많이 어색해했던 기억은 있습니다. 이후로도 아버지는 집에 한참을 들어오지 않으셨고, 언제인지 모르게 집에서 다시 살을 부빌 수 있을 때쯤에 저희는 이 때 일을 거의 기억하지 못하고 있었습니다.

저희 집에는 손님이 참 많이 오셨습니다. 그 중에서도 가장 눈에 띄는 분이 계셨는데, 한 팔이 없는 무서운 인상의 아저씨였습니다. 저희 집에 제일 오래 머무시는 분 중 한 분이기도 했습니다. 한참을 웃기도 하시고, 분위기가 갑자기 엄숙해지기도 하는데, 그렇게 많은 시간을 보내고 나서야 그 분이 아버지와 해병대 동기이자 목사라는 것을 알게 되었습니다.

아마 훨씬 이전부터 아버지와 왕래를 하셨을 터인데, 저희가 기억하지 못하는 것일 수도 있습니다. 저희 삼 형제와도 많이 친해진 목사님은 가끔씩 그

집 아이들도 데려와 놀게 해주셨는데, 저보다는 한 살, 두 살, 네 살이 어린 동생들이었습니다. 제법 성격도 좋은 친구들이라 저희 형제하고도 잘 맞았습니다. 그래서 한 번도 얼굴 붉히지 않고 잘 어울려 지냈는데 저희 부모님께서 영등포로 사역지를 옮기신 뒤로 자주 만나지 못했습니다. 7~8년 정도 흐른 뒤에 우리 가족이 다시 사당동으로 거처를 옮기게 되었고 그제서야 목사님을 다시 뵐 수 있었습니다. 그리고 그제서야 아버지가 왜 오랜 병원 생활을 하셔야 했는지 알게 되었습니다. 사실 전에도 이야기했는지 모르겠으나 너무 어려 이해하지 못했을 수도 있습니다.

아버지는 관리집사로 속해 있는 교회 일 외에도 다른 교회들의 일을 봐주시곤 하셨는데, 한번은 아버지와 그 목사님 그리고 모 집사님까지 세 분이 함께 어느 개척 교회 십자가를 다는 작업을 하셨답니다. 종탑에 십자가를 매다는 작업이 쉬운 일이 아닌데 전문가 없이 위태롭게 작업을 진행했는지 그만 길게 드리워진 전선을 잘못 건드려 35,000볼트에 모두 감전되는 사고가 발생한 것입니다. 이 사고로 한 집사님은 돌아가시고, 그 목사님은 온몸이 익어 돌아가시는 줄 알았으나 살이 재생되지 않은 한쪽 팔을 절단하고서야 살 수 있었고, 저희 아버지만 온몸에 새살이 돋아 제일 멀쩡하게 병원을 걸어 나올 수 있었다고 합니다.

아버지는 아직도 이때를 회상하시며 "데려가시는 이도 하나님이시요, 살려 주시는 이도 하나님"이라는 고백을 하십니다. 그때 운명을 달리하셨어도 마땅한 이치라는 고백이라는 것을 사역자가 되어서야 깨달았으나, 지금도 저희 곁에 건강히 살아 계신 것이 얼마나 기쁜지 모릅니다. 여담이지만, 그 목사님의 자녀들과는 한참을 만나지 못했습니다. 그러다가 가장 친했던 바로 한 살 아래의 친구와는 침례신학대학교에서 다시 재회할 수 있었습니다.

지금은 미국 휴스턴에서 담임 목회를 하고 있으며, 그 아래 여동생은 미국에 있다가 한국으로 건너와 찬양 사역자로, 막내는 한국에서 유명한 기타리스트로 활동하다 가족을 따라 미국으로 건너갔다고 합니다. 해병대 동기로 만나 하나님의 귀한 일을 함께 감당한 아버지들과, 사역자가 되어 동일한 일을 감당하고 있는 그 자녀들까지 모두 얼마나 귀한 인연인지 모릅니다. 당시에는 고통스러운 경험이었으나, 공유할 수 있는 아픔과 삶의 내용이 존재한다는 것은 어쩌면 큰 복일 수 있겠다 싶습니다.

허세

아버지의 형제는 부산에 계신 큰아버지 한 분이십니다. 저희들한테는 매우 인자하시고 형님들과 누님들 또한 얼마나 저희들을 예뻐해 주셨는지 모릅니다. 사촌과 육촌 형제들 포함하여 여기저기 많이 계시는데, 관리집사 특성상 교회를 자주 비우지 못해서 아버지가 서울에 오신 40년 전부터 왕래가 잦지 않아 관계가 많이 소원해지긴 했습니다. 친할아버지는 일찍 돌아가셔서 아버지 자신도 얼굴을 한 번도 본 적이 없으시다고 했습니다.

할머니는 큰아버지 댁이 아니라 저희 집에서 모셨는데, 할머니를 잘 따르던 저희 삼 형제를 얼마나 예뻐하셨는지 모릅니다. 저는 할머니가 너무 좋아 조금 과격하게 장난을 쳤습니다. 할머니께서 신발을 신기 위해 엎드려 계시면 그 뒤로 몰래 달려가서 엉덩이로 힘껏 밀어 넘어뜨리곤 했는데, 그러다가 아버지께 맞기도 많이 맞았습니다. 그런데도 할머니는 괜찮다며 저를 아버지에게서 빼앗아 품에 안고는 하셨었죠.

아버지 고향에 몇 번 간 적이 있습니다. 어머니 고향에서 30분 정도를 더 들어가는 깊숙한 골짜기였는데, 과연 시골을 묘사하기에 가장 본연의 모습을 갖추고 있는 곳이었습니다. 들어가는 입구는 오로지 한 곳뿐이고, 길 양쪽으로는 논이 펼쳐져 있으며 민가가 시작되는 곳에 들어서자마자 돼지와 소 울음소리가 그 냄새와 함께 오감을 자극하고, 가끔씩 맞닥뜨리는 어르신들의 얼굴은 하나같이 검게 그을려 있습니다. 그렇게 만나는 어르신마다 아버지는 저희들을 인사시키셨습니다. 아주 어렸을 때부터, 인사는 곧 목숨과도 같은 것이었습니다.

"안녕하세요!"
"어르신, 저 윤기예요. 기억하시겠어요? 이놈들은 제 자식들입니다."
"뭐, 니가 참말로 윤기냐? 참말로?"

그러면 여기저기서 사람들이 몰려와 신기한 듯 쳐다보고 인사를 하시는데….

"아따 윤기가 출세해 부렀구만~! 자석도 셋이나 낳고 말이여!"
"글씨, 윤기 각시가 도망도 않고 여적 저렇게 버텨 주니 안 그런가 말이여~!"

그러면 어머니는 키득키득 웃으시고 우리는 무슨 소리인가 갸우뚱거립니다. 동네 어르신들은 아버지가 평생 건달 짓이나 하면서 살 줄 알았다고들 하십니다. 저희와 나이 차이가 많이 나는 큰집 형님들도 저희 어머니한테는 늘 격려와 응원을 잊지 않았다고 하는데, 저희가 장성하고 나서는 그 내용이 달라졌다고 합니다.

"작은 어머니, 작은 아버지 성격 받아 주고 사시느라 참 고생이 많으셨어요."

저희 큰집 형님들도 사실은 세상에서 제일 무서운 어른이 저희 아버지였다고 했습니다. 그런 분이 온전한 가정을 이루고 예의 바른 서울 사람이 되어 나타나니 동네에서 놀랄 수밖에요. 아버지 자신도 약간은 그런 마음이 있으신 것 같습니다. 어른들 기억 속에 좀 부족하게 자리 잡은 자신의 모습을 바로잡고 싶으신 것인지, 고향에 가시면 이집 저집에 우리 삼 형제를 데리고 인사를 시키십니다. 이 모습은 지금도 여전하십니다.

서울 관리집사님들 모임인 청지기회가 있는데, 그 회원 수가 제법 되어 행사가 제법 큽니다. 그럴 때마다 조심스럽게 저희 삼 형제를 동원하시는데,

"혹시, 시간 되냐? 아니, 바쁘면 할 수 없고. 아버지가 나이가 많아 조금 있으면 은퇴허니까~!"

안 오면 가만 안 둔다는 협박보다 더 강한 말씀에 손주들까지 다 동원이 됩니다. 그렇게 다들 도착하면 아버지는 친한 관리집사님들께 인사를 시키십니다.

"어이, 박 집사! 우리 아들들이여. 여기는 며느리고. 김 집사! 최 집사! 여기, 이 집사님! 공 집사님!"

세상에 존재하는 모든 관리집사님들을 다 불러 인사를 시키는데, 끝에는 꼭 이 말씀을 잊지 않으십니다.

"응~ 목사여~ 큰놈은 지구촌교회고, 작은놈은 천안침례교회, 막둥이는 봉천동 있제? 거기 시냇가푸른나무교회라고 거기서 목사여, 알제?"

그럼, 제가 아버지한테 말씀을 드립니다.

"김 집사, 그만하고 목사들 밥이나 먹읍시다."

그러면 당장에 크게 웃으며 답을 하십니다.

"예, 목사님."

어디든 동원되어 드릴 테니 건강만 하십시오. 아버지.

장로

40년 가까이 관리집사를 해 오신 아버지의 교회 직분은 말 그대로 '집사'입니다. 침례교회에서 그 직분을 시작하셨다가 거의 대부분을 장로교회에서 계셨는데, 그 연수가 차며 연세도 드시니 교회의 장로님들과 연배가 비슷해지기 시작하셨습니다. 그런데 어린 제가 보기에도 연세는 자꾸 들어가시는데, 교회에서 장로 직분을 받지 않으시는 게 이상했습니다. 평생 교회를 한 번도 빠지지 않으시고 누구보다 더 강력한 주인 의식으로 교회를 돌보신 분인데, 왜 장로가 되지 못하실까. 그러나 그 이유를 깨닫는 데는 얼마 걸리지 않았습니다.

교회마다 다르겠지만, 제가 처음 이 마음이 들었던 교회는 유급자에게 장로직분을 주는 것에 거부감을 가지고 있는 곳이었습니다. 선례도 없을뿐더러 '관리집사'라는 자리가 '관리장로'가 되는 것에 불편한 마음을 가지고 있었습니다. 많은 교회들을 보면 젊은 사람의 힘이 필요해 '관리간사'라는 직책은 만들어 냈어도, '관리장로'라 하면 왠지 어울리지 않는 계급인 양, 불편한 심기를 드러냅니다. 이 사실을 알게 되면서, 우리 아버지에 대한 교회의 처사에 굉장한 불만을 품게 되었습니다. '월급 받고 생활하는 못 배운 관리집사에게 장로 직분은 과분한 것이구나' 하는 생각이 교회를 바라보는 제 시선의 기준이 되었습니다.

아버지보다 나이도 어린 장로님이 아랫사람 부리듯 하대를 하거나, 당회라고 해서 장로님들 모인 사무실에서 급히 호출을 해 아버지를 따라 들어가면 이것 좀 치우라며 자신들이 먹다 남은 탁자 위의 쓰레기들을 가리킵니다. 그러면 제 마음속에 '관리집사가 아니어도 저렇게 했을까' 하는 생각이 들었습니다. '차라리 아버지가 관리집사를 때려치우고 다른 교회 다니면서 장로님이라도 되시면 적어도 이런 수모는 당하지 않으실 텐데.' 하며 그들을 향한 분노를 누르고 참습니다. 이것은 저만의 감정이 아닙니다. 형님과 동생 또한 각자의 모양대로 겪어 낸 일들이 몇 가지씩은 됩니다. 사춘기를 지나고 청소년기 막바지에 이르러서는 저희들도 노골적으로 그 감정을 드러냅니다.

> "아빠, 강 장로님 그 분 너무하시는 거 아니에요? 무슨 자기 종이야? 자기 집까
> 지 쌀 좀 옮겨다 달라는 게 말이 돼요? 그게 장로에요?"
> "에잇! 그러는 거 아니야. 힘들어서 도와 달라는 건데, 왜 그래~~, 그러니까 너
> 희들도 나중에 아빠같이 안 살려면 큰 사람 되면 되는 거야~~"

아버지는 흥분하는 저희들을 달랠 때, 꼭 공부 열심히 해서 큰 사람 되라는 말씀으로 마무리하셨습니다. 아버지의 마음으로는 한 교회에서 평생 계실 것이라며 다짐을 하고 계시지만 그 연한이 한 교회에서 10년 가까이 되면 대우도 달라져야 하니, 교회는 아버지가 나가 주었으면 하며 무언의 압력을 넣기도 합니다. 그렇게 해서 교회를 옮기신 횟수가 4~5차례 정도 되는데, 그 교회들 전부 아무리 시간을 보내도 아버지에게 장로 직분을 주는 교회가 한 군데도 없었습니다. 저희 삼 형제가 사역을 시작하고, 목사 안수를 받아야 하는 시기쯤 되었을 때 계시던 교회도 마찬가지였습니다.

> "이 교회도 아빠 장로 직분 안 주겠죠?"

'그렇다'라는 대답이 나올 것을 알면서도 물었습니다. 그런데 그동안 한 번도 말씀하시지 않던 대답을 하셨습니다.

> "모든 교회가 다 그랬던 것은 아니야. 유급자에게도 '장로 직분'이 관대한 교회도 있었어. 근데, 내가 다 마다했다. 앞으로도 그럴 것이고... 엄마는 권사 할 수 있으면 좋지, 그런데 아버지는 생각 없다. '관리장로' 그거 어울리는 게 아니더라고... 내가 과연 장로가 돼서도 음식 쓰레기 손으로 훔치고, 사람들 다 떠난 교회에 남아 청소나 하면서 기뻐할 수 있을까 생각을 해봤는데, 그게 안 되겠더라... 나는 그냥 평생 관리집사가 좋다."

관리집사는 보는 시각에 따라 직분이 되고, 직업이 되기도 합니다. 작게나마 돈이라도 벌 요량이면 직업이지만, 그것은 차치하고라도 신앙생활과 함께 교회를 내 것처럼 정리하고 돌보는 것이 기쁨이 된다면 직분이 됩니다. 호칭이 주는 이 애매함은 저희 삼 형제에게 많은 혼란을 가져다 주었습니다. 그래서 장로에 대한 아쉬움이 늘 남아 있어 교회를 못마땅하게 생각했었는데, 정작 아버지는 그게 아니었던 겁니다. 어떻게 하면 남들이 낮게 여기는 이 자리를 기쁘게 고수할 수 있을지가 평생의 고민이셨습니다.

얼마 전 동생 사건과 관련해 천안 저희 집에 머무실 때 다니셨던 은혜교회에서 어머니는 권사님이 되셨습니다. 어쩌면 마지막이 될지 모르는 이때에도, 아버지는 장로가 되지 못했습니다. 그 이유는 중요하지 않습니다. 분명한 것은 아버지에게 그 자리가 들어왔을지라도, 무덤 속에까지 불리다 가고 싶은 그 이름, '관리집사'를 포기하시지 않을 테니까요. 아니, 관리집사를 완전히 은퇴하시고 나면 가능할 수도 있지 않을까 하는 생각을 몇 번 해봤습니다.

과도기

아버지의 믿음이 처음부터 좋으셨던 것은 아닙니다. 결혼 주례를 해주셨던 목사님을 따라 서울 북가좌동의 한 교회에서 관리집사를 시작하셨는데 '우리 자식들은 나같이 시골에서 썩게 해서는 안 되겠다.'라는 것이 첫 목표였다고 합니다. 우선은 아버지에게 믿음이 없었고, 그 마음의 목표가 교회와는 전혀 어울리는 것이 아니었기에 관리집사 초기 때는 교회 일을 거의 어머니 혼자서 감당하셨습니다.

교회 사택에 살면서 교회를 나가긴 나가되, 교회 일과 관련해서는 어머니가 신경을 쓰시고, 아버지는 밖에 나가 다른 일을 하셨습니다. 교회를 나가시기 전까지는 행실이 방정하지 못해 동네 어르신들이 혀를 내두를 정도였다고 하는데, 어쩌다가 아버지 고향에 내려가 동네 분들을 만나면 깜짝깜짝 놀라실 정도였으니까요.

아침에 일어나면 아버지는 꼭 출근을 하십니다. 관리집사의 특성상, 별도의 사무실이 있는 것이 아니라서 출퇴근 시간이 정해져 있다기보다 그 시간을 잘 활용하여 교회를 잘 관리하면 되었습니다. 그런데 아버지는 아침만 되면 이상한 점퍼를 입고 교회를 나가셨습니다. 그렇게 한참 동안을 어머니 혼자서 교회당을 청소하시고, 아버지는 무슨 수금을 하러 다니셨습니다. 아버지는 지금도 이때를 회상하시면 그냥 수금만 하러 다니셨다고만 하시고 무슨 일인지에 대해서는 자세히 말씀해 주시지 않습니다. 언젠가 부산 큰 아버지가 서울에 오셨을 때, 농담 삼아 하신 말씀이 있습니다.

"윤기가 월남을 갔다와서 내하고 버스를 같이 탈 일이 있었는데, '아저씨, 내가 형님하고 함께니까 버스비 내는 거요.' 하는데, 보통내기가 아니었다 카이."

해병대를 나와 월남전까지 다녀온 사람이 정작 자신의 나라에서는 적응을 못해, 전쟁터 휘젓고 다니듯 마음대로 사셨다고 합니다. "내가 죽고 싶어서 해병대 특수수색대를 들어갔는데, 월남에 들어갈 일이 생기지 뭐냐. 그래서 그거면 더 확실히 죽을 수 있겠다 싶었다."라고 하시던 아버지의 회고가 기억납니다. 배운 것도 없고, 일찍부터 망나니로 살다가 인간 되기는 글렀으니, '이렇게 살면 뭐 하나' 싶으셨다고 합니다. 이 모든 상황들을 종합해 볼 때, 그때 이상한 점퍼를 입고 수금을 하러 가신 것은, 어느 정도 완력을 사용해 받아 내는 일을 하셨던 것으로 예상됩니다. 고향이 전라도이면서 해병대 특수수색대에 들어가 월남전까지 다녀온 사람이면, 당시에는 피해야 할 인물이기도 했습니다.

당시의 정치적 상황은 지금보다 지역색이 더 뚜렷했던 시절이라, 교회 집사님이나 동네 분들 사이에서 '전라도'나 '월남전' 이야기가 나오다가 조금이라도 부정적인 분위기가 흐르면 가만히 계시질 않았습니다. 소리를 지르고 무언가 하나를 부수거나 던지거나 뒤엎는 것을 자주 보았습니다. 그럴 때마다 어머니는 따로 그 분들을 찾아가 머리를 조아리고 대신 사과를 하셨는데, 그중에도 교회 분들에게는 정말 죽을 죄를 진 사람처럼 거의 무릎을 꿇다시피 해야 했습니다. 그래야 교회에서 쫓겨나지 않고 관리집사 일을 계속 하실 수 있었기 때문입니다.

"모 집사! 김 집사! 왜 그래?'"

"집사님 조금만 이해해 주세요. 저 사람이 아직 정신을 못 차려서 그래요. 많이
변하고 있으니까 저를 봐서 한 번만 용서해 주세요."

어머니는, 안에서는 아버지 눈치를 보셨고 밖에서는 사람들 눈치를 봐야
했습니다. 왜 아버지 고향 어르신들이 놀란 눈으로 "니가 윤기 아들이냐?" 하
셨는지 누가 설명을 해주지 않아도 알 것 같았습니다. 시간이 지나도 아버지
의 성격은 쉽게 변하지 않았습니다. 어느 순간 돌변하실지 몰라 늘 불안한 마
음이 있었습니다. 새벽에 이상한 소리가 들려 깨어 보면 부모님은 싸우고 계
셨고, 아버지의 눈빛은 또 변해 있습니다. 다 자라서 보니, 그 때 아버지는 전
쟁 후유증 같은 것을 겪고 계셨다는 것을 알게 되었으나, 새벽녘에도 어머니
를 때리고 식구들 잠도 안 재우고 성질을 부리시는 통에 늘 공포로 하루하루
를 보내야 했습니다.

그러던 아버지가 언제부터인가 이상한 점퍼도 걸치지 않으시고 출근도 하
시지 않았습니다. 이전과는 다르게 아버지를 교회에서만 보게 되었습니다.
이때부터입니다. 부모님께서 청소하실 때마다 본당, 식당, 교육관 할 것 없이
교회당을 저희들의 놀이터 삼아 놀던 때 말입니다. 삼 형제는 부모님께서 미
처 신경 쓰지 못할 때 본당 계단에서 굴러 머리를 다치기도 하고, 교회당 창
문을 통해 동네 집에 쓰레기나 구슬 같은 것을 던지다 걸려서 머리를 쥐어 박
히거나 '앉았다 일어났다' 하는 기합을 받기도 했습니다. 혼나고 맞더라도 부
모님과 한 공간 안에서 마음대로 뛰어놀던 그 시간이 저희 삼 형제에겐 제일

좋은 시간이었습니다.

그런데 아버지에게 좀 이상한 모습이 발견되기 시작했습니다. 청소를 한다고 교회 건물 안으로 들어가실 때, 이때다 하고 뛰어놀 생각에 삼 형제가 따라 들어가 보면 자리에 앉아 기도부터 하시는 겁니다. 자주는 아니더라도, 손가락으로 입술을 가리키면서 "쉿!" 하시고 나면 언제 또 무서운 아빠로 변할지 모르니 우리는 조용히 해야 했고, 적막이 흐르는 중에 조용히 읊조리는 아버지의 기도 소리가 들려왔습니다. 아버지는 그렇게 조금씩 진짜 관리집사가 되어 가고 있었습니다. 여전히 폭력성은 남았고, 전쟁 후유증에 시달리고 있긴 해도 오랜 시간 반복되어 온 '통제 못할 행실'에 기도와 찬양이라는 '신앙'이 섞이기 시작했습니다.

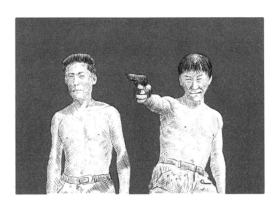

아버지의 PTSD, 우신남... (동료입니다. 쉬는시간의 한 장면)

항명

해병대 특수수색대로 월남전에 참전하신 아버지가 가장 부담스러운 순간 중에 하나는 대화가 잘되지 않는 것이었습니다. 평상시에는 괜찮으나 아버지 마음이 좀 상하셨거나 저희를 혼내야겠다고 생각을 하시면, 옳고 그른 것은 상관없이 "아버지가 그렇다면 그런 줄 알아라."라는 말씀이 대화의 결론이 되어 버립니다. 어렸을 때는 무얼 잘못했는지, 무엇이 옳고 그른 것인지를 따져 물어 이기고 싶었으나, 나이가 들어서는 그렇게 강인하고 고집 있으신 분이 부드러워지기 시작하니 좀 불안해지기까지 했습니다.

그 시작은 어머니가 쓰러지시고 간 이식 수술을 받으신 뒤부터였습니다. 요즘 말로 상남자의 표본이셨던 아버지는 식사하시다가 물 한 잔 떠드시는 것도 함께 밥을 먹고 있는 어머니가 떠드려야 드실 정도였는데, 어머니가 병원에 계시던 순간부터 세탁기에 돌려진 빨래를 전담해서 널기 시작하더니 어머니가 시키시는 일은 늦게 수행하는 일은 있어도 한 번도 싫다는 소리를 하지 않으셨습니다. 아버지가 빨래를 너는 모습을 보니 어머니를 도와주시고 좀 부드러워진 모습이 보기 좋기는 하나 개인적으로는 좀 불안하기도 했습니다. 남성다운 면모가 꼭 성격으로 드러나시는 분인데 그것을 억지로 억누르고 있는 모습에 혹시 건강에 좋지 않을까 싶어서였습니다.

어렸을 적 아버지께 혼이 날 때는 우리 삼 형제의 입에서 꼭 "잘못했습니다."라는 말이 나와야 했습니다. 맞기 싫어서 무조건 그렇게 말을 했습니다. 월남전 참전 후유증이 폭력으로 드러나던 시기였기 때문입니다. 화가 나시거나 일이 잘못되었다 싶으면 그 눈빛부터 달라지셨습니다. 그러면 어김없이 삼 형제가 나란히 집합되고, 그 정도가 심할 때는 전기줄이나 후라이팬, 주먹, 손바닥 할 것 없이 여기저기로 날아오기 시작합니다.

제법 그 매를 감당할 수 있는 청소년기가 되어서는, 결론이야 '잘못했다'는 것이어도 내가 왜 그랬는지를 계속 이야기를 할 수가 있었습니다. 그러면 어김없이 매타작의 정도가 더 강해지긴 했으나, 저희도 나름대로 그 상황을 버텨 나가기 위해 항변을 계속했습니다. 그러다 언젠가 아버지께 하지 말아야 할 말을 전화로 한 적이 있습니다. 자식들이 다 장성해서 성인이 되었기에, 매는 들지 않더라도 가끔씩 이해가 가지 않도록 화를 내실 때가 있었기 때문입니다.

> "관리집사라는 분이 왜 그래요? 관리집사는 집사 아니에요? 성도 아니냐고요. 왜 아닌 것처럼 맨날 성질나는 대로 다 부리고 다른 사람 불편하게 하는 거예요?"

혼날 때 혼나더라도 비수라도 꽂아서 아버지가 흥분하실 일이 아님을 설명하고 싶었습니다. 아버지도 적잖이 충격을 받으셨는지, 흠칫 하시더니 "니들 오랜만에 집합 한번 할까?"라고 하시더군요. 중고등학교 때 이후로 한 번도 하시지 않은 말씀이었는데, 많이 놀라신 게 분명했습니다. 기회다 싶어 하고 싶은 이야기를 길게 늘어놓았습니다.

"집합이요? 한번 해보세요. 내가 뭘 잘못했는지도 모르겠으니까 해보세요. 내가 아버지 앞으로 가 있나 한번 보세요. 자식이 성인이 되어서도 아버지 앞에서 옳고 그른 것을 이야기하지 못할 것 같으면 그건 아버지 아들 사이 아니에요. 우리 어렸을 때 생각해 보세요. 무얼 잘못했는지 철저하게 아버지 기준으로 설명하고 때리기만 했지, 정작에 우리가 생각하는 옳고 그름이 무엇인지 들어준 적이 한 번이라도 있어요? 삼 형제가 성격이 좋아서 잘 버티고 산지 아세요. 전부 다 어디 가서 아버지한테 눌리고 산 것 때문에 말도 못하고 할 소리도 못하고 병신같이 살아야 되는 놈들인데, 이렇게 잘 자란 것을 고맙게 생각하시란 말이에요. 왜 전후 사정 이야기도 안 듣고 아버지 성질부터 받아 주라고 하는지 내 평생 아직도 이해가 가지 않아요. 내가 왜 등신같이 할 소리도 못하고 입을 다문 채 얻어맞아야만 하는지 말이에요. 내가 왜 가출을 했는지, 내가 왜! 고등학교를 1년을 꿇었는지, 고등학교를 들어가서도 왜 또 가출을 했는지, 그게 아버지한테 하고 싶은 이야기를 못하고 맞기만 하니까 나온 행동들 아니냐구요. 집합이요? 해보세요! 형이랑 동생은 올라가도 나는 절대 안 올라갈 테니까 마음대로 하세요!"

그렇게 하고 전화를 끊었습니다. 끓어오르는 화를 누를 수가 없었으나 한참을 심호흡을 하며 안정을 시킨 뒤에 형에게 전화를 했습니다.

"나야. 나 아버지한테 하고 싶은 얘기 다 했어. 우리 어렸을 때부터 뭘 잘못했는지도 모르고 아버지한테 맞은 거 너무 억울하고, 성인이 될 때까지 옳고 그른 것에 대한 대화를 한 번도 해보지 못한 등신을 만들어 놓고도 우리 잘 큰 거 고마워하시라고 말이야. 오랜만에 집합을 한번 하자고 하셔서 형이랑 동생이

나 불러올리라고 그랬어. 난 절대 안 올라갈 테니…"

"… …"

"아이 씨 진짜. 우리가 무슨 애도 아니고, 우리 삼 형제 말고 여자 형제라도 한 명 끼어 있었으면 진짜 큰일 날 뻔했어. 그게 사람 구실이라도 했겠어?"

"정말 그렇게 얘기했냐?"

"응."

"그래. 근데 아버지 지금 놀라셨겠는데…"

그걸 몰랐던 것은 아닙니다. 맞고 자란 환경에 대한 아픔이나 회한은 누구 하나 다를 것 없이 삼 형제가 전부 똑같았기 때문에 이해 좀 해달라고 전화를 한 것인데, 누가 장남 아니랄까 봐 아버지 걱정부터 합니다. 그 순간 저는 아버지 걱정도 않고 성질대로 사는 나쁜 아들이 되었습니다. 함께 동조해 주고 잘했다고 하면 아버지를 나쁜 사람 만드는 것이지만, 특별히 내 행동을 꼬집지 않더라도 아버지를 걱정하는 순간, 나는 아버지를 그렇게 만든 사람이 되어 버린 것입니다. 그러니 더 성질이 납니다.

"내가 그걸 모르는 것은 아닌데, 너무 억울하잖아~! 우리가 크면서 나눈 이야기가 뭐야. 우리는 자식들 절대 때리지 말고 대화도 나누면서 잘 놀아 주자는 거였잖아."

"그래…"

형의 대답이 시원찮습니다. 전화를 끊었는데 마음이 복잡했습니다. 내가 잘못한 것이 무언지 잘 알겠는데 억울한 것은 싫고, 억울한 생각을 하니 맞고

자란 어린 시절이 자꾸 안타까운데 형의 말이 자꾸 생각나 눈물이 날 지경이
었습니다. 갑자기 전화벨이 울렸습니다. 아버지입니다.

"그래. 아버지는 무식해서 너희들을 그렇게밖에 못 키운 것 같다. 어떤 방법이
좋은 교육 방법인지, 어떤 것이 자식들을 이롭게 하는 것인지도 잘 몰라 때리
기나 하고 말이다. 그렇다고 미안해하지 않은 것은 아니었다. 그렇게라도 안
하면 혹시나 그르칠까 싶어 그랬던 것이었는데... 그런데도 잘 커줬으니 미안
하고 고맙다. 너희들은 너희 자식들한테 그러지 말고 잘 놀아 주고 잘 키워야
된다. 나도 그렇게 지나온 세월이 아쉽고 안타까운데 벌써 이 나이가 되었으
니... 그러니 우리가 너희들한테 무얼 바라겠냐. 그냥 아버지 어머니 외롭지 않
게만 자주 찾아오기나 해줘라. 그거면 된다. 미안하다."
"... ..."

그렇게 저는 아무 말도 못하고 전화를 끊었습니다. 내가 하고 싶은 이야기
를 해서 아버지가 아무 말씀도 못하고 잘못을 인정하면 시원할 줄 알았는데,
그게 아니었습니다. 삼 형제를 키우신 방법이야 어떻든, 내가 죽도록 싫었다
고 말씀드린 그 양육 방법이 어찌 됐든 우리를 위한 것이었다는 것을 몰랐던
것은 아닙니다. 그런데 아버지가 그것을 인정하고 나니까 지나온 몇십 년의
매가 아버지께 되돌려지는 듯 마음이 아파왔습니다. 평생 동안 이런 기회가
찾아올까 손꼽아 기다리면서 하고 싶은 이야기를 다 쏟아 낸 것인데, 마음이
왜 그런지 잘 몰랐습니다. 며칠이 지나 어머니와 통화를 했습니다.

"아버지가 많이 미안한가 보다. 엄마도 아버지 그런 성격을 좋아한 것은 아닌

데, 이제 아버지도 늙었어~ 니 아버지가 언제 미안하다고 허디?"

　아버지는 미안하다고 해도 되는 줄 알았는데, 삼 형제한테 한 번이라도 미안하다고 해주셨으면 하는 게 평생의 소원이었는데, 그 소리가 그렇게 마음 아픈 이야기인 줄 정말 몰랐습니다. 정말 바보같이 그제서야 저희 어렸을 때가 생각이 납니다. 여기저기 몽둥이나 효자손 같은 것으로 때리시고는 티를 위로 올리거나 바지를 벗겨 몸 여기저기에 바세린이나 안티푸라민 같은 것을 발라 주시던 어렸을 때, 혼내신 뒤로는 저희 눈을 똑바로 쳐다보시지 않았던 때 말입니다.

　어쩌면 그게 미안하다는 말씀이셨는데, 그렇게 우리에게 '잘못했다'고 '미안하다'고 하신 아버지만의 표현으로 평생을 그렇게 키워 오신 것일지도 모르는데, 그것도 모르고 직접 말씀으로 하시라고 억지로 몰아세운 못난 짓을 하고 말았으니, 그제서야 형과의 통화에서 나눈 대화도 뒤늦게 이해가 되었

습니다. 차라리 지금의 제 아이들같이 한품에 들어오는 작은 몸이라 실컷 때려 주고 약이라도 발라 주면 마음이라도 편하겠지만, 만져지지도 않는 멀리에 있는 자식한테 '미안하다'고 말씀하시고 힘없이 앉아 계실 아버지가 보고 싶어졌습니다. 그래서 그 주에 바로 아버지를 뵈러 올라갔습니다.

처음 보자마자 무슨 이야기를 할까, 어떻게 행동을 취할까, 올라가는 중에 많은 생각을 하고 갔지만, 저를 맞이한 아버지는 아무 일 없었던 듯, "왔냐? 밥 먹었냐?"라고 하시는 게 전부였습니다. 그런데 그게 왜 이렇게 기쁜지, 아버지를 한 번 안아 드릴 수밖에 없었습니다. "왔냐?"라는 한마디 속에 담겼을 세상에서 제일 반가워하는 마음의 무게가 상당했기 때문입니다. 아버지와 식탁을 마주하고 앉아 있는 것이 이렇게나 크고 기쁜 일인지 몰랐습니다. 제 곁에 계신 것이 얼마나 다행인지 모릅니다. 갑자기 아버지의 매운 손맛이 그립습니다. 안티푸라민이든 바세린이든 실컷 사드릴 수 있는데….

장례

아버지께서 입버릇처럼 하시는 말씀이 있습니다.

"앞으로 이 교회에서 딱 10년만 일하고 은퇴하면 될 것 같다. 그때쯤이면 힘도
빠지고 죽을 때가 될 거야."

사실 이 말씀을 처음 하시던 때가 20년도 훨씬 지났습니다. 이 말씀을 하시
기 시작한 게 제 기억으로는 외할머니가 돌아가시던 때부터였던 것 같습니
다. 아버지는 친할아버지의 얼굴도 모른 채 자라셨습니다. 그리고 옛날 분들
특성상 늘 큰 아들에게 모든 시각이 집중되어 있다 보니, 친할머니는 그나마
얼마 있지도 않던 시골 재산을 큰아버지에게만 다 주셔서, 아버지는 상대적
으로 관심을 덜 받고 자라셨다고 합니다. 그럼에도 그 할머니를 우리 집에서
모셨는데, 친할머니 또한 저희가 어렸을 때 돌아가셔서 아버지는 부모님의
사랑에 많이 목말라하셨습니다.

이 마음 상태는 우리 삼 형제를 대할 때에 고스란히 드러납니다. 어렸을 때
부터 필요한 것은 꼭 똑같이 배분해서 주셨고, 결혼을 해서 음식이나 손주들
용돈 주실 때도 꼭 정확히 나누어서 주십니다.

"내가 제일 서러웠던 것이 부모님의 관심이 형님에게만 집중되는 것이었다. 한 번도 동일한 사랑을 받아 보지 못했는데, 다 돌아가시고 나니까 내 앞에 너희들이 있지 뭐냐. 그래서 나는 우리 새끼들이 차별이나 박탈감 같은 것은 느끼지 않게 똑같이 대해 줘야겠다고 다짐했었다."

이런 마음은 우리 삼 형제를 향한 것이기도 하지만, 반대로 보면 관심과 기대에 동일하게 부응해야 한다는 뜻도 되었습니다. 저는 삼 형제 중에 유독 가출도 잦고, 고등학교도 안 들어가고 사고만 쳤기에 부모님의 마음이 얼마나 힘드셨을지 충분히 짐작하고도 남음이 있습니다.

제가 전주에 있을 때입니다. 외할머니는 몇 년째 췌장암으로 투병중이셨는데, 암 덩어리가 배 밖으로 튀어나올 정도로 커져 하루하루 힘겹게 연명을 하고 계셨습니다. 남들 다 들어가는 고등학교에 들어가지 않고 마음대로 살고 있으니, 암투병 중이신 외할머니께도 저는 늘 골칫거리였습니다. 오랫동안 이것저것 치료를 하기도 했지만, 이제는 더 이상 의학적 치료로는 연명이 어려워, 마지막을 준비하러 외갓집에 오셨다는 소식을 들었습니다. 언제 돌아가실지 모를 외할머니를 찾아뵈었어야 했는데, 못난 외손주는 늘 하던 대로 자취방에서 친구들과 어울려 놀고 있었습니다. 그러던 어느 날 자취방 밖에서 웅성웅성 대는 소리가 들립니다.

"여긴가? 진혁아! 진혁이 여기 있냐?"

문을 열어 보니 둘째 외삼촌이 찾아오셨습니다.

"할머니 돌아가셨단다. 얼른 짐 챙겨라 삼촌이랑 가자."

다른 지방에 계시다가 소식을 듣고 할머니께 가시다가 부모님 부탁으로 제 자취방에 찾아 오신 겁니다. 그렇게 삼촌을 따라 임실로 갔습니다. 외갓집에 도착해 보니, 누워 계신 할머니 주변에서 우리 부모님을 포함해 많은 어른들이 울고 계셨습니다. 멀찍감치 저를 발견하신 아버지께서 이리 들어오라며 저에게 손짓 하셨습니다. 이미 할머니의 시신은 싸늘하게 식은 듯했습니다. 얼굴이 하얗게 변한 채로 아무 말씀이 없으셨습니다. 아버지는 저의 머리를 손으로 감싸 안으시더니 흐느끼며 말씀하셨습니다.

"할머니가 니 얘기 하시더라. '진혁이 공부 열심히 하라고 해'라고 말이다."

집안에 손주가 6~7명인데, 제일 골칫거리인 제 이름만 한 번 부르시고 그렇게 눈을 감으셨습니다. 3일간 장례를 마치고 매장을 하기 위해 오수로 향했습니다. 장지에 도착해서 운구를 할 때 할머니의 영정 사진을 제가 들고 앞장섰는데, 할머니의 관이 들어갈 장소에 도착을 하고 보니 이미 깊게 파여서 흙이 좌우로 높이 쌓여 있었습니다. 드디어 어르신들의 손에 들린 할머니의 관이 땅속으로 들어간 순간, 아버지가 앞으로 나오셔서 할아버지께 귓속말을 하시더니 일하시는 아저씨들더러 전부 비켜 달라고 말씀을 하셨습니다.

"죄송하지만, 저 혼자 다 할 테니 좀 나와 주시겠습니까?"

그렇게 할머니 관 자리도 다시 잡으시더니 기억나지도 않는 복잡한 절차를 혼자 다 실행하셨습니다. 삽을 들고 관 좌우에 흙을 매울 때는 몇 번이고 흐르는 눈물을 훔치셨는데, 그곳에 있는 그 어느 자녀들보다 더 많이 우시는 것을 보았습니다.

제법 많은 시간이 흐르고 나서 아버지가 저에게 손을 뻗어 당겨 달라는 신호를 보내셨고, 힘껏 아버지를 당겨 올리는 순간, 그간 교회에서 행해졌던 수많은 장례식들이 생각났습니다. 고인이 되신 분들 대부분이 교회 친구 할아버지, 할머니, 아버지, 어머니 등이다 보니, 다른 친구들은 평생에 한두 번 경험해 봄 직한 장례식을 우리 삼 형제는 수도 없이 겪어 봤습니다. 관리집사는 일의 범위나 성격이 정해져 있지 않습니다. 어떤 분야이건, 일이 수월하게끔 준비하는 일부터 깨끗하게 마무리 하는 일까지 신경 써야 했으며, 중간중간 원활하게 일이 진행될 수 있도록 세부적인 것을 체크하는 일도 잊어서는 안 되었습니다. 아니, 이것은 아버지의 성격 때문이기도 했습니다. 어머니의 표현으로는 '신경 쓰지 않아도 될 부분'까지 다 챙기느라 몸이 상한다고 하실 정도였습니다.

그중에서도 장례식 때 매장을 하는 의식은 좀 특수한 부분이기도 한데, 유가족과 고인을 매장하는 일을 하시는 어르신들을 제외하면 예배를 집도하시는 목사님만 관여를 하시는 분야였습니다. 그런데 언젠가부터 아버지가 나서서 직접 삽을 들고 일을 하시는 모습을 볼 수 있었습니다. 일을 하시는 어르신들께 '이것은 꼭 이렇게 해야 되느냐, 혹시 이것은 다른 것을 사용해도 되느냐, 발로 이렇게 밟고 서도 되는 것이냐' 하는 등의 질문을 귀찮으리만치 하시는 것을 목격하기도 했습니다. 그럴 때마다 어린 마음에 '아빠는 왜 이렇게 나서는지 모르겠네.' 하며 창피해 하기도 했으나, 할머니를 매장하는 자리에서 아버지를 끌어올리는 순간, 지난 몇 년간 아버지가 왜 장례식장에서 더 분주했었는지 깨닫게 되었습니다.

　자신이 사랑받고 보호받지 못하고 자란 아쉬움이 뒤섞여, 친할머니조차 엉겁결에 보낸 아쉬움을 장인 장모님을 통하여 치유받고 계셨던 아버지는, 외할머니의 죽음을 일찍부터 준비해 오신 듯합니다. 오히려 어머니가 다독일 정도로 슬퍼하셨던 아버지께 이제는 외할아버지 한 분밖에 남지 않으셨습니다. 아버지는 관리집사를 천직으로 여기기 시작하시던 순간부터 한 번도 빠뜨리지 않고 정해진 날짜에 외할아버지께 용돈을 드리고 있습니다. 90세가 훌쩍 넘으신 노부에게 빼먹지 않고 매 달 용돈을 드리는 70세의 아버지⋯. 아무리 들여다봐도 외할머니 때처럼 할아버지의 마지막을 준비하는 것 같아 보이지는 않습니다. 제발 80세, 90세 할아버지가 되어서도 오랫동안 외할아버지의 용돈을 챙기며 건강하게만 사셨으면 좋겠습니다.

천직

부모님께서 관리집사를 하시는 중, 1년여를 쉬신 적이 있습니다. 사실 연세도 있고, 수술 후 회복을 하시긴 했어도 병세로 인해 많이 약해진 어머니 때문이었습니다. 다시 양평의 수양관 관리로 들어가시기 전, 그 기간 동안 저희 집에 잠깐 머무셨는데, 은퇴를 결심하시고 고향으로 내려가시려고 했다가, 부모님 두 분 다 한두 달에 한 번씩 정기 검진을 받으셔야 하는 문제로 고민을 하셨습니다. 사실 집을 얻는다거나 경제적 활동이 거의 불가능한 것이 더 큰 문제이긴 했으나, 사역자인 자녀들에게 부담을 주지 않으시려고 애써 병원 가는 문제만 부각시키셨습니다.

다행히도 저희가 이사한 지 두 달 된 단독 주택 1층이 비어 들어오시게 되었지만, 노후를 편안히 모실 수 없다는 것이 삼 형제의 가장 큰 미안함이었고, 제 개인적으로는 기대도 되고 걱정도 되었습니다. 고등학교를 가야 하는 열일곱 살의 나이부터 집을 나가 생활하고, 고3 때는 고시원 생활에 대학은 대전으로 다니게 되었으니 부모님과는 일찍부터 헤어져 지냈기 때문입니다. 당시에는 완벽주의자인 아버지의 그늘에서 벗어날 수 있다는 기쁨이 앞으로는 모든 것을 홀로 헤쳐 가야 한다는 기대 내지는 두려움보다 훨씬 컸습니다.

우리 집 아이들은 신났습니다. 1층에 내려가면 할머니 할아버지가 심심하실 때마다 드시는 사탕 같은 것들이 늘 있고, 엄마 아빠와는 달리 아이스크림에 과자까지 사달라는 대로 잘 사주시니 말입니다. 대신에 저는 좀 힘들어지기 시작했습니다. 원래 이 집의 가장은 난데, 무엇을 하든 내가 하고 싶을 때 내가 원하는 방향으로 움직이면 되는데, 부모님이 오신 뒤로부터는 그 구조가 완전히 깨진 겁니다.

"진혁아! 어디 철물점 없냐? 못 좀 사와야겠다."

"진혁아, 이것 좀 만져 봐라."

"진혁아, 전화 좀 받아 봐라. 뭔 소리 하는지 모르겠다."

"진혁아, 이것 좀 내주고 와라."

"진혁아, 나 허고 시장 좀 가자. 진혁아, 진혁아!'

온갖 자잘한 심부름을 도맡아 하는 처지가 되어 버린 것입니다. 아무리 살펴봐도 지금하지 않아도 된다거나, 굳이 만지지 않아도 되는 것까지 손을 대시면서 꼭 저를 조수처럼 옆에 끼고 계셨습니다. 그렇게 만지고 조이고 건드려 놓은 것들을 보면 '이건 그냥 놔둬도 될 것 같은데…' 하는 것이 좀 많아서 속으로는 짜증이 날 정도였습니다.

1년여의 시간이 흐르고, 부모님은 다시 양평으로 가셨습니다. 그러고 나니 왜 그렇게 부지런히 사셨는지 이유를 알 것 같았습니다. 저는 다시 집안의 제일 어른이 되어 있는데, 우리 집 상태는 말이 아닙니다. 부모님이 함께 계실 때는 정말 문이 이렇게 많이 삐걱거리는 줄 몰랐습니다. 감나무의 감이 자주 떨어져 여름 내내 썩는 냄새가 나는 줄도 몰랐습니다. 단독 주택이라 쥐한 마리쯤 볼 만도 한데, 저희 집만 그렇게 안 나타나는 줄 알았고, 단독 주택으로 이사 온 뒤로 아내가 더 부지런해져서 집이 깨끗해진 줄만 알았습니다.

그러나 역시 관리집사는 못 말립니다. 함께 있을 때는 몰랐는데, 잘 가보지도 않던 1층 구석 보일러실 같은 곳에, 바닥이 다 일어나 비가 들이치면 지저분해진다고 은박 돗자리까지 깔아 놓은 것입니다. 그리고 집 주변에 잡초는 왜 그리 잘 자라는지, 분명 작년까지는 보지 못했던 것들이었는데 말이죠.

이뿐만이 아닙니다. 청소부로 잠시 나가셨던 병원 출근 시간이 7시 30분인데, 15분이면 갈 거리를 6시가 되기도 전에 집을 나가셨습니다. 함께 일하는 분들이 쓰레기를 모아 오면 재활용 수거장에서 전부 다시 분리해 치우는 일을 하셨는데, 지난 저녁 분명 다 마치고 오셨음에도 그 사이 개인적으로라도 꼭 버려 두고 가는 사람들이 있다며 그것을 다 치워 놓고 일을 시작하셔야 출근하는 직원들 기분이 좋을 것이라며 하루도 그 일을 거르지 않으셨다는 겁니다.

제가 새벽 예배를 다녀오면 아버지는 이미 나가시고 대문은 굳게 잠겨 있습니다. 우리 집 대문은 안에서 잠글 때와 밖에서 잠글 때 그 모양이 달라 사람이 들거나 나서는 것을 다 알 수가 있습니다. 그래서 제가 새벽 예배를 나가고 나서 조금 후에 출근하시는 아버지는 아들 놈이 오늘 새벽 예배에 갔는지 가지 않았는지를 꼭 체크하셨습니다. 우리 교회 새벽 예배 설교는 담임 목사님 포함하여 부사역자들도 돌아가며 합니다. 여기에 일주일씩 격주로 새벽 운행도 하니, 운행이 없을 때는 모자란 잠을 보충한다고 빼먹기 일쑤인데, 그런 날은 꼭 퇴근하실 때 '진혁아'도 아닌 '김 목사'라고 부르십니다.

"김 목사, 오늘 새벽 기도 안 갔던데?"

"예? 아, 그게... 너무 피곤해서..."

"아니 이 사람아, 부목사라는 사람이 새벽 예배를 빼먹으면 되겠는가? 매일 새벽 교회 문 열고 사람 맞는 관리집사님도 거기 계시지 않던가? 그분이 그거 빼

먹은 적 있는가?"

그러면, 이내 부끄러워, "알았어요. 잘못했어요." 하고 자리를 피했습니다. 한번은 운행이 없을 때 너무 피곤하여 지난 밤 부모님 방에 불이 꺼진 것을 확인하고, 몰래 밖으로 나와 대문을 마치 밖에서 잠근 것처럼 해놓고서 새벽 예배를 나가지 않은 적도 있었습니다. 야음을 틈타 완벽하게 처리했다고 생각한 이 작전은 절대 들킬 리가 없다며 자신하고 있었습니다. 그런데 이게 웬일입니까. 40여 년 가까이 교회의 안녕을 위해 훈련된 아버지의 눈썰미에는 소용이 없었습니다.

"김 목사, 이리 내려와 봐라."
"왜 새벽 예배를 안 간 거여~ 아무리 피곤해도 자꾸 빠지기 시작하면 그것이
  습관이 되는 거여, 이 사람아~!"

그때 어머니가 제 편을 들어 주셨습니다.

"아니, 아버지라는 사람이 자식이 피곤한 갑다 하고 좀 봐주지, 새벽 예배 안
  갈 때마다 뭐라고 했사면 그거 어떻게 살으라고 그래요, 당신은~!"
"아니, 이 사람아. 아버지니까 그런 거여~ 아버지가 아들 잘못하는 거 지적해
  주고 혼내는 거지. 그걸 누가하나! 진혁이는 목사여 목사. 목사가 잘못하면 누
  가 혼내느냐 말이여! 아버지니까 그러는 것이여!"

그 다음부터는 좀 더 철저해져야 함을 느꼈습니다. 그래서 한 달에 두 번,

아버지가 비번이어서 새벽 출근을 하시지 않을 때를 골라서 쉬었습니다. 다소 그 기회는 별로 없더라도 어쩌다 한 번 쉬는 맛이 굉장히 꿀맛 같았습니다. 그러나 아버지의 칼 같은 레이더에는 소용이 없었습니다. 새벽 예배를 가려고 거실에 불을 켜면 아버지가 계시는 1층 안방 창으로 어렴풋이 비추게 되는데, 제 습관으로는 새벽 예배를 다녀올 때까지 그 불은 켜져 있어야 마땅하나, 그러지 않다면 필시 제가 새벽 예배를 땡땡이 친 것이 되는 겁니다.

> "김 목사, 교회에서도 마지막에 나올 때는 꼭 불을 끄고 뒷정리를 하고 나와 줘야 되는 것이여. 관리집사를 위해서가 아니라, 내 집이라고 생각하라는 것이여. 항시 내 집처럼! 다음 사람이 이용할 때도 내 집 이용하는 것 마냥 기분 좋게 이용할 수 있도록 말이여~!"

혹시 어디에 관리집사 훈련소 같은 게 있는 것이 아닌가 의심스러웠습니다. 도저히 빠져나갈 구멍이 없었습니다. 그래서 제가 언젠가 아버지께 이런 말씀을 드린 적이 있습니다.

> "나는요, 무슨 민족 복음화고 열방이고 하는 거창한 것하고는 상관이 없고, 하나님께서 '아~ 이놈을 목사라도 만들어 놔야 그 책임으로라도 교회를 안 떠나겠구나.' 하시고 목사를 만들어 놓은 것 같애요."

정말 그렇습니다. 한 가지 일을 10년 이상 하면 나름 '프로'가 된다던데, 사역을 한 지 15년이 넘었는데도 혼날 짓만 골라서 하니 '목사'가 아니었으면 어땠을지 눈에 훤합니다.

라면

"김 집사님!!"

"예!"

식사 중에도 사택을 향해 아버지를 부르는 소리가 들리면, 아버지는 수저를 그대로 팽개치고 밖으로 뛰어 나가십니다. 그래서 우리 집 저녁 식사는 교회 문단속이 다 끝난 뒤에나 가능합니다. 교회에 사람이 아무도 없어야 식사 중 문단속을 하거나 부지중 발생하는 문제 때문에 밥맛을 잃어 식사가 중단되는 것을 막을 수 있어 그렇습니다. 이런 현상들은 아버지가 식사를 빨리 하게끔 만드는 주 요인이 되었습니다. 식탁에 밥이 먼저 올려지면, 반찬이 상위에 전부 차려지기도 전에 이미 오른 몇 가지 찬들로 식사를 끝내 버리십니다.

이 빠른 식사 습관 때문에 아버지 혼자 늘 일찍 끝낸 뒤 멀찌감치 떨어져 앉아 함께하지 못하게 됩니다. 그래서 아버지는 간편한 라면 같은 것을 좋아하십니다. 오후 늦게까지 문단속을 하시지 않는 수요일 금요일 토요일 주일 저녁 같은 경우는, 늦게 교회를 빠져나가는 사람들이 또 언제 찾을지 모르기 때문에 그냥 간편하게 라면을 신속히 끓여 드시는 것을 주로 선호하십니다.

이 모습을 어머니가 유쾌해하실 리 없습니다. 건강도 해칠뿐더러, 라면을 먹을수록 그 간편함 때문에 정상적인 식사를 점점 더 멀리하는 부작용이 생기기 때문입니다. 본래 밀가루 음식을 좋아하시긴 하지만, 간편한 입맛에 길들여진 습관이라는 것이 무섭긴 합니다. 남몰래 무엇을 한다거나, 했으면서 안 했다고 한다거나 하는 것은 아버지의 모습과는 전혀 어울리지 않는데, 라면을 끓여 먹는 것에 대해서는 언제나 예외입니다. 그래서 어머니가 집에 계시지 않을 때면…

"라면 먹을 사람!"

무조건 라면입니다. 아버지 입맛대로 김치도 넣고 계란도 넣는데, 냉장고를 열어 먹다 남은 반찬이 있으면 그것들도 넣습니다. 마치 그동안 아껴 온 실력이라도 발휘하듯 요리 삼매경에 빠집니다. 아버지가 끓여 준 라면을 먹

후~ 후~

고 나면 어린 삼 형제는 밥도 말아 먹고 국물을 싹싹 비웁니다. 그러고 나면 아버지의 손길이 더 바쁩니다. 아내에게 걸리면 혼나기 때문에, 라면 봉지 하나에 다른 봉지들을 구겨 넣고 개봉된 입구를 가스렌지 불에 그을려 녹인 뒤, 철저히 붙여 버립니다. 그렇게 부피가 작아진 라면 쓰레기는 검은 비닐봉지에 쌓여 쓰레기통으로 들어가고, 상위의 그릇들은 금세 싱크대에서 깨끗하게 닦여집니다. 어머니가 들어오셔서 저희들에게 "밥 먹었어? 뭐하고 먹었어? 맛있게 먹었어?" 하고 물으시면 아버지가 그 질문을 낚아챕니다.

"뭐 대충 먹었어, 남아 있는 반찬하고 뭐 대충 이것저것 넣어서 끓여 가지고..."

저희들도 더 이상 이야기하지 않습니다. 왜냐하면 괜히 이야기했다가 다음번부터 라면을 먹지 못하는 불상사가 일어나면 안 되기 때문입니다. 라면에 대한 습관이나 입맛은 고스란히 저에게 물려졌습니다. 그리고 더 주목해야할 것은 이것이 제 딸에게도 물려졌다는 것입니다.

"라면 먹을 사람?"

하고 물으면, 아들 녀석은 주는 대로 뭐든지 먹는 식성이라 이번 메뉴는 라면이겠거니 하고 손을 들지만, 딸은 아주 이 기회를 놓칠까 적극적으로 손을 번쩍 들며 "저요!"라고 외칩니다. 좋아하는 것도 아주 구체적입니다.

"아빠, 참깨라면!"

'신라면'에서 갈아탄 지도 오래 되었습니다. 이것은 마치 뽀로로를 보던 눈이 나이를 먹으면서 '리틀 프린세스 소피아'나 '또봇'으로 향하는 것과 그 궤를 같이합니다. 일종의 성장입니다. 단순하게 매운맛으로만 승부하는 것과는 차별된 참깨라면에는 고소함과 깔끔함이 추가되어, 매운 라면도 거뜬히 소화하는 8세 여아에게는 일종의 선택의 묘미였던 것이었습니다.

아버지가 천안에서 함께 사실 때입니다. 딸 수아의 손에 들려 할아버지께 전달된 참깨라면의 맛은, 수십 년 함께해 온 안성탕면과 신라면의 입맛을 흔들어놓기에 충분했습니다. 언젠가부터 부모님 댁 찬장 신라면의 자리에는 참깨라면이 대신하게 되었고, 어머니가 집을 비우시는 날은 어김없이 참깨라면의 고소함이 코를 진동합니다. 그런데 이 녀석은 고소한 냄새가 쉬이 사라지지 않는 게 문제였습니다. 완벽히 흔적을 지우는 아버지의 실력이 무용지물이었습니다.

"또 라면 먹었네, 또!"

어머니의 레이더에 그렇게 걸려 버리면, 남은 라면은 쥐도 새도 모르게 어디로 감추어져 버립니다. 이렇게 라면 하나도 마음대로 끓여 드시지 못하는 아버지는, 이제 어느 정도 건강을 위해서라도 끊으실 법도 한데 그 미련을 버리지 못하셨습니다. 그래서 궁여지책으로 내놓은 나름의 방법이 식사 시간은 온전히 밥으로 때우시고, 라면은 저희를 이용해 야식으로 챙겨 드시는 겁니다. 가끔씩 1층으로 내려가 시간을 때우는 날이면 어김없이 눈치를 주십니다.

"라면 안 먹냐?"

저에게 먹고 싶냐고 묻는 게 아니고, '라면 먹고 싶은데, 엄마가 뭐라고 하니까 너 먹는다고 하면서 내 것도 같이 끓이면 안 되냐?' 하시는 식입니다. 아버지를 철저히 닮은 저이니 가르쳐 주신 대로 해야죠.

"라면 먹을 사람?"

그러면 어김없이 우리 딸이 "저요!"하고 떠나가라 외칩니다. 그럼 할머니는 "왜 잘 밤에 또 라면이냐?" 하면서 저를 쏘아 보십니다. 그런데 어떡합니까, 손녀딸이 먹고 싶다고 눈을 똘망똘망 뜨고 있으니 끓여 주시는 수밖에요. 그렇게 라면이 상 위에 올려지면 작전대로 제가 아버지를 부릅니다.

"아빠! 어차피 밤이라 수아도 많이 먹으면 안 되니까 같이 조금 드세요."
"그래? 그럴까?"

그렇게 아버지는 손녀딸 옆에 딱 붙어서 적당히 라면을 덜어 주고, 남은 것을 저와 양분하여 국물까지 싹 비우십니다. 작전은 오늘도 성공한 것입니다. 다시 양평 수양관으로 들어가신 뒤에는 작전 같은 것이 필요 없어져 버렸습니다. 라면도 우리끼리 먹는 것보다 아버지와 함께 먹는 것이 더 맛있었는데, 아버지가 안 계신 뒤로는 저희도 라면을 그리 자주 먹지 않고, 먹고 싶다고 한들 눈치 주는 사람이 없기 때문입니다.

이제는 식사 자리 한 번 마련하는 것도 어려운 먼 거리에 계시니, 한 번씩 찾아 뵙는 것 자체가 얼마나 소중한지 모릅니다. 아이들도 어린이집이다 학교다 하며 예전같지 않은 것이 양평은 실제 거리보다 더 멀게만 느껴집니다.

다행히 아이들도 좋아하는 시골이라 학교에 현장 체험 학습 신청을 하고 찾아가기도 하는데, 거기서 보는 각종 곤충들이나 할머니 할아버지가 심어 놓으신 채소들을 얼마나 신기해하는지 모릅니다.

그렇게 오랜만에 찾아오는 손주들을 얼싸안으시며 입맞춤하기 바쁜 아버지 어머니의 모습을 보면 입가에 미소가 절로 생깁니다. 아내까지 부모님과 포옹하며 인사를 나누면 제일 마지막은 저와 아버지 차례입니다.

"잘 왔다. 피곤하지?"
"뭘 피곤해요~ 괜찮아요."
"그래... 들어가자."

안으로 들어가 짐을 내려놓고 손발을 다 씻고 자리에 앉아 도란도란 이야기를 하다 보면 여독이 풀립니다. 그렇게 분위기가 무르익을 무렵, 아버지는 사전 예고도 없이 저에게 이상한 눈치를 주십니다. 익숙한 눈빛이죠.

"엄마! 피곤하니까 그냥 간단히 라면이나 끓여 먹죠."

그럼 기특한 손녀딸이 옆에서 거듭니다.

"참깨라면!"

그렇게 양평에서의 첫날 저녁은 훈훈하게 마무리 됩니다.

눈

"진혁아, 얼른 나와 봐라."

아직 일어날 시간도 아닌데, 어머니께서 전화로 저를 깨우십니다.

"어딜 나와요?"

지난 밤 부모님은 새벽녘에 시골 좀 다녀오겠다고 차 키를 미리 챙겨 놓고 일찍 주무셨었습니다. 당시는 한참 시골로 내려가고 계실 시간인데 전화를 해서 나와 보랍니다. 아직 잠결이라 내가 이해를 못하는 건지, 어머니가 말씀을 잘 못하신 건지 몰랐습니다.

"시골 안 가셨어요?"
"아녀, 빨리 집 앞으로 나와 봐."

옷을 주섬주섬 챙겨 입고 밖으로 나갔습니다. 벽 쪽에 붙어 있어야 할 제 차가 길 한가운데로 비뚤어진 채 다른 차의 꽁무니를 건들고 서 있었습니다.

"엥? 이게 왜 그러지? 내가 이렇게 세워 놨나?"

"아니여, 니 아버지가 그랬어~ 평생 한 번을 안 그러더니 요즘 왜 그런가 모르
겄다~~"

며칠 전에도 밤늦게 서울에 가실 일이 있어 제 차를 끌고 나가셨는데, 꽉
막히는 고속도로에서 가다 서다를 반복하다가 그만 앞차를 추돌한 전력이
있었습니다. 살짝 부딪힌 단순 사고라 피해자 측과 보험 처리하기로 잘 이야
기되었는데, 어머니는 그렇지 않았나 봅니다.

"야, 니 아버지 밤만 되면 왜 그러냐? 무서워서 차를 같이 못 타겄어~! 늙었는
게벼~!"

"이 사람은 무슨 툭하면 늙었다고 난리여?"

"아니, 우선 새벽이니까 차주 깨우지 마시고 메모지에다가 보험 처리 한다고
죄송하다고 내 전화번호 남겨 놓을 테니까 얼른 가세요."

"거봐~! 새벽이니까 괜히 깨우지 말고 전화번호만 남겨 놓자니까, 기어코 니
아빠가 벌써 전화했어~!"

조금 후에 머리가 산발이 된 차주가 터벅터벅 걸어오는데, 괜히 일을 크게
만들었나 싶어 내심 불안했습니다.

"선생님, 죄송합니다. 저희 아버지께서 너무 어두워서 그러셨던 것 같습니다."

"아뇨. 괜찮아요. 그냥 차 상태만 잠깐 볼게요."

"예."

한참을 훑어보던 차주가 "전화번호만 하나 주고 가세요. 날 밝으면 전화 드
릴께요."라고 하십니다. 관리집사 시작하면서부터 대형 면허까지 소지하고
계시던 아버지는 작은 승용차부터 대형 버스까지 운전을 못하는 게 없으신
무사고 베테랑 운전자입니다. 교회 차도 많고, 인근 주변에 사는 성도들이 많
아 넓은 마당에 상주 차량이 가득했던 교회에서는 그 많은 차들을 발레파킹
하듯 빼고 넣기를 수년간 혼자 하신 적도 있으십니다. 그러던 아버지가 두 번
이나 사고를 내셨으니 어머니의 심기가 불편하셨는지 많이 속상한 표정이시
고, 아버지는 애꿎은 안경만 괜히 이리 만지고 저리 만지고 계셨습니다. 그러
던 어느 날 아버지가 저를 부르셨습니다.

"김 목사."

뭔가 심각한 일이 발생하셨거나 진지한 부탁을 하실 때 호칭입니다.

"예."
"여기 어디 안과 없냐? 눈이 시다. 약국에서 사다 놓은 안약이 다 떨어졌는데,
혹시나 해서 안과 가서 검사 좀 받아 볼까 하고."
"있죠. 오늘은 늦었으니까 내일 저 퇴근하고 같이 가요."
"그려."

다음 날, 아버지를 모시고 제법 이름난 안과에 들렀습니다. 아버지 검사하
시는 김에 저도 한번 받아 볼 요량으로 함께 접수를 하고 기다렸습니다.

"김진혁 님~"

"예~!"

"1번 진료실 앞으로 오실게요."

"아니, 아버지부터 하시면 안 될까요?"

"아버님은 2번 진료실 앞으로 가실게요."

"예."

제가 먼저 검사를 받았는데, 안구를 찌르는 속눈썹 한두 개를 제거하고, 안구가 건조하니 인공 누액을 한 번씩 주입해 주라는 다소 간단한 처방을 받고 아버지가 계시는 2진료실로 바로 들어갔습니다.

"아드님이세요?"

"예. 맞습니다."

"여기 보세요. 이것이 정상적인 눈이고요. 이 정상적인 눈이 사물을 바라볼 때 나타나는 장면이 바로 이것인데, 아버지의 상태는 이것이 아니라 바로 이것입니다. 이게 갑자기 진행되셨으면 많이 불편하셨을 텐데..."

아버지의 상태라고 보여 준 자료를 보니, 정상적인 사람의 시야와는 현저히 달랐습니다.

"안구가 조금 건조하신데요. 그것보다 녹내장이 있으셔서..."

"예? 많이 심각한가요? 수술해야 되나요? 그러면 나을 수 있어요?"

"아뇨. 많이 심각한 것은 아니지만, 이건 수술을 해서 나을 수 있는 게 아니고요. 더 이상 발전하지 않게 억제하는 방법밖에 없습니다."

그래도 더 이상 발전하지 않게 억제할 수는 있다는 소리에 좀 안심이 되기는 했습니다. 의사 선생님께 약을 어떻게 넣어야 되는지 자세히 설명을 들은 뒤, 병원을 나왔습니다. 귀가 길에 애꿎은 안경만 자꾸 닦고 계시는 아버지를 가만히 쳐다보았습니다.

"아빠, 앞이 잘 안 보여요?"
"아니, 나는 잘 모르겠다. 그냥 밤에는 좀..."

오랫동안 천천히 진행된 것이라 수년간 그 불편함을 감수하며 적응을 하셨던 터입니다. 밤에 운전을 하시다가 사고를 내신 이유는 분명했습니다. 그것도 모르고 어머니한테 타박을 당하시고, 괜히 제 차로 사고를 냈다고 한동안 불편해 하시기도 했는데, 이유를 알고 보니 오히려 제가 죄송해서 더 이상 말씀을 드릴 수가 없었습니다.

예전에 사다리에서 떨어져 못에 가슴이 찢겨지는 큰 사고를 당했을 때도, 괜히 병원 가서 입원하면 큰 돈 들고, 엄마 혼자 교회 청소하고 문단속하다가 큰일이라도 생기면 안 된다고 기어코 스스로 소독하고 치료하면서 제법 오랜 시간을 고통스러워 하신 적도 있었습니다. 아버지한테는 어지럼증을 느끼거나, 손이 칼에 베이고, 일을 하다가 발을 헛디뎌 낙상하는 사고 정도는 병원 신세를 질 일이 아니었습니다. 괜히 그런 일로 교회를 비웠다가는 오히려 다른 일이 터질까 봐 불안해서 절대로 교회를 비우시지 못했습니다.

한번은 교회 차로 신호 대기를 하고 있다가 차량이 너무 막혀 창을 열고 앞쪽을 내다보시는데, 불법 유턴하던 견인 차량이 아버지 머리를 친 적도 있었습니다. 아버지는 밤마다 찜질에 부항으로 다스리고 통증에 괴로워하면서도 입원은 거부 하셨습니다. 교회 일이 어머니 혼자 감당할 만한 것이 아니었기 때문입니다. 그것에 비하면 특별히 이상 증세가 쉽게 나타나지 않는 눈은 오죽했을까 싶습니다. 아무리 천천히 진행된다 쳐도 자꾸만 그 시야가 좁혀지는 것 때문에 꽤나 불편하셨을 텐데, 조금씩 나빠지는 눈에 고집스럽게 적응하면서 버텨 오신 아버지의 의지가 참 대단합니다. 그것 하나 신경 못써 줘서 눈이 망가졌다는 소리를 들으니 얼마나 속상하던지, 정말 제 자신이 너무 초라하고 나쁜 놈 같아 견딜 수가 없었습니다.

그 다음 날 우리 교회 집사님께서 운영하시는 안경점으로 가 새 안경을 맞춰 드렸습니다. 낡은 안경 하나 교체해 드리는 것, 지난 40여 년간 삼 형제를 키워 오신 노고로 조금씩 시력이 나빠지시는 아버지의 눈에 안경 하나 걸쳐 드리는 것, 지금은 그것밖에 할 수가 없었습니다. 그렇게라도 나빠진 눈을 보호해 드리고 싶었습니다.

마음 같아서는 운전하실 때, 일하실 때, 성경책 보실 때 쓰시라고 종류별로 다 해드리고 싶지만, 그게 무슨 소용이겠습니까. 그저 하나님께 기도하는 수밖에요. "하나님, 평생을 헌신해 온 아버지의 신체 일부 하나하나를 어루만져 주셔서, 더 이상은 고통스럽지 않게 해주옵소서. 특히 녹내장이 발전되지 않아 세상을 밝히 볼 수 있도록 하시고, 운전으로 다니시는 길마다 눈동자와 같이 지켜 주시기를 바라옵나이다."

매일 아침마다 1번, 2번, 3번이 쓰여 있는 안약을 차례대로 눈에 넣으시는 아버지의 손이 자꾸만 떨립니다.

자부심

아버지는 삼 형제를 낳았다는 것을 엄청 자부심으로 여기십니다. 믿음은 크지 않아도 하나님께 아들 삼 형제를 달라고 떼를 썼고, 목사님께 부탁해 아들 삼 형제 이름을 족보에 맞게 돌림자로 미리 지어 놓았다고 하셨습니다. 그 옛날에 무당이나 철학관에 가서 이름을 짓지 않은 것이 신기할 따름입니다. 그런 아버지께서 아들 낳은 것을 후회한다고 말씀하신 적이 딱 한 번 있습니다.

어머니가 병원에 계실 때입니다. 동생 녀석이 휴학을 하고 시종일관 붙어 있었지만, 같은 병실에 다른 환자들 곁에 딸들이 찾아와 수발하는 것을 보면 그게 그렇게 부러웠다고 하셨습니다. 그러나 그 생각도 어머니가 퇴원을 하시면서 언제 그랬냐는 듯이 싹 사라졌고, 아들들이 나서서 어머니에게 필요한 간을 내놓겠다고 했던 일로, 다시 한번 아들에 대한 확고한 자부심으로 남게 되었습니다.

형이 결혼을 했습니다. 참 신기했습니다. 우리 집에 엄마 말고 다른 여자가 들어와 있다니요. 아들만 있는 집에 며느리가 들어와 분위기가 순화되는 것을 보시더니, 아버지께서는 "손주로는 딸이 있었으면 좋겠구나."라고 하셨습니다. 아버지의 바람대로 우리 집 첫 손녀로 '사랑이'가 태어났습니다. 녀석은 어렸을 때부터 할아버지의 사랑을 독차지했습니다. 서울에 계시다가도 갑자기 대전까지 소리 소문 없이 내려와 사랑이를 안아 보고 올라가십니다. 무슨 일이 있어도 교회를 비우시는 일이 없던 분이 손녀 딸 앞에서는 아무것도 아닙니다. 볼에다가 뽀뽀를 하고 안고 춤을 추시는가 하면 도대체가 눈에서 떼어 놓지를 않으십니다.

명절이 되면, 이제 우리 집에도 제법 사람 사는 맛이 났습니다. 삼 형제만 있을 때와는 너무 다른 분위기입니다. 우리끼리 있을 때는, 명절 첫날 오랜만에 모였으니 단합 대회 겸 인격도야의 시간으로 부모님과 함께 교회 청소를 하고 칼국수나 삼겹살을 구워 먹습니다. 다음 날 명절 당일은 느지막이 일어나 아침 겸 점심으로 김치찌개를 먹고, 아버지가 좋아하시는 전쟁 영화를 비디오 가게에서 빌려다가 함께 시청을 합니다. 그리고 오후가 되면, 삼 형제는 각자의 친구를 만나러 잠시 나갔다가 밤 늦게 들어옵니다.

마지막 날이 되면 또 느지막이 일어나 아침 겸 점심을 먹고, 성룡 주연 영화 한 편을 함께 시청하고 각자의 사역지나 학교로 흩어지는 겁니다. 이것이 그 전에 우리 집 명절 풍경이었는데, 형수님과 조카가 생기니 서울대공원도 가고, 에버랜드도 갑니다. 참 간지럽고 어색하지만 아주 신선합니다. 이 신선함은 형이 둘째 단비를 낳았을 때 극에 달했습니다. 이제는 집안에 남녀 비율이 같아지니 아버지나 어머니 입술이 귀에 걸리셨습니다. 두 손녀딸의 재롱이 특히 할아버지를 춤추게 합니다.

단비가 아직 걸음마를 채 떼기도 전에 제가 결혼을 했습니다. 이건 더 신선하더군요. 한 집안에서 여자와 함께 지낸다는 것을 뭐라고 표현해야 할지, 세탁기에 남자 옷 말고 여자 속옷이 함께 돌아가고 있는 것이나, 방 한쪽에 여자 화장품이 올려져 있는 협탁이 있는 것 하며, 신발장에 남자 신발 외에 작고 요상한 여자 신발들이 즐비한 것이 마치 이상한 나라의 남자 앨리스가 된 기분이었습니다. 그러다가 첫 아이 수아를 낳았습니다.

수아가 세상에 나오던 날, 그 작고 통통한 아이의 울음소리에 저도 그만 울음을 터뜨리고 말았습니다. 옆에서 장모님이 지켜보시는데 바보같이 눈물 콧물을 질질 흘리며 서있기만 했습니다. 큰 처형에게도 축하한다고 전화가 왔는데, 대답은 않고 엉엉 울기만 했습니다. 지금도 그때의 그 감격을 잊을 수가 없습니다. 우리 딸 수아를 보면 우리 아버지가 얼마나 기뻐하실까 생각되었습니다. 그런데 아버지의 반응이 좀 시큰둥했습니다. 축하하고 예뻐하시는 거야 당연하지만, 사랑이나 단비가 태어났을 때 만큼의 감격은 아니신 것이 분명했습니다. 기뻐 춤추고 입 맞추고 한걸음에 달려오시던 그런 아버지의 모습을 볼 수가 없는 겁니다.

"아빠, 둘째 놈 자식이라고 별로 안 이쁜 거여 뭐여? 섭섭하게~!"
"아니여. 그럴 리가 있냐~?"

이 대화를 듣고 계시던 어머니가 저에게 귀띔을 해주십니다.

"니 아버지, 말은 안 해도 나한테는 자식들이 아들도 못 낳는다고 얼마나 섭섭해허는지 모른다."

그렇습니다. 아들만 있는 집에 딸은 사랑이와 단비만 있으면 충분했고, 이제는 손주가 좀 보고 싶으셨던 겁니다. 하나님께서 관리집사의 기도는 잘 들어주시는지, 그렇게 태어난 녀석이 경주 김씨 계림군파 24대손 '김은수'입니다. 녀석이 태어나니 아버지는 물론이요, 옆에서 괜히 아들 타령이라고 타박하시던 어머니가 더 좋아하십니다. 아버지는 전화만 하면 은수 바꿔 달라고 하시고, 말도 못하는 녀석에게 "할아버지 해봐. 할아버지, 할아버지" 하십니다.

이후로 동생이 결혼을 해서 손녀 아영이를 낳았고, 우리 은수를 자신의 아들인 양, 다른 조카들보다 특별히 챙기던 형이 '아들을 낳고 싶다'고 형수님을 꼬셔서 낳은 우리 집안 제일 막둥이 귀염둥이가 손녀딸 '조이'입니다. 현재 우리 집은 아들보다 딸이 월등히 많습니다. 은수는 우리 집안의 유일한 아들로, 할아버지 할머니, 큰집 작은집 할 것 없이 사랑을 독차지하고 있습니다. 언젠가 제가 아버지께 말씀을 드린 적이 있습니다.

"아빠, 우리 집안 장손이 우리한테 있는데, 숨겨 놓은 재산 있으면 우리한테 물려줘요~!"
"그려~ 최고급 기름 걸레허고, 튼튼한 싸리비 있응게 교회 청소허는 데는 아무 문제 없을 것이다."

물려주고 나누어 줄 아무 재산이 없어도 괜찮습니다. 때가 되면 선물로 받는 수아와 은수의 장난감이 쌓여 가는 것으로 충분합니다. 조금 있으면 명절인데, 그때가 되면 저는 또 떼를 쓸 작정입니다. 우리 집안 장손 잘 크는 거 보려면, 용돈 두 배씩 내놓으라고 말입니다. 그리고 은수에게는 큰아빠와 할아버지께 어떻게 하면 용돈을 더 받을 수 있을지 연습을 시킬 작정입니다.

통제

교회라는 공간은 많은 말과 생각이 존재하는 곳입니다. 그래서 그 기준도 다양하고, 시시각각 사람이나 사물, 현상들을 바라보고 반응하는 분위기도 다양합니다. 우리 부모님은 이 다양한 분위기 속에서 삼 형제를 다소 엄히 키우셨습니다. 어른들끼리 모여 계실 때 주변을 맴돌지 못하게 하셨고, 대화를 나누실 때 떼를 쓴다거나 말을 걸면 안 되고, 특히나 학생회 활동에 있어서 너무 앞서는 것 자체를 좀 불편해 하셨습니다.

청소년들이 교회에서 뭉쳐서 할 일이란, 수련회 내지는 문학의 밤, 성탄 행사 등으로 나뉘는데, 당시에는 학생회 임원들이 행사를 다 기획하고 추진하던 시기라 문제가 생기면 담당 전도사님이나 선생님 외에도 꼭 학생들에게 '쥐알통만한 것들이 설친다'는 눈치를 주곤 했습니다. 지금 생각해 보면, 학생회가 부흥하는 교회의 특징은 분명했었던 것 같습니다. 학생들에게 힘을 실어 주어 실패나 실수를 발판 삼을 수 있도록 응원과 함께 계속해서 지원을 해주는 교회는 문학의 밤이나 수련회를 통해 계속해서 부흥을 하는데, '괜히 설친다'는 식의 눈총을 받는 교회는 반드시 침체 내지는 감소를 했습니다.

그렇다고 이것이 교회만의 문제는 아닙니다. 사회 전반에 걸쳐 어른들의 영역을 넘어서는 것은 '건방진' 것이 되기 때문에, 언제나 적당히 해주는 것이 청소년들의 미덕이 되던 시기가 아니었나 싶기도 합니다. 어쩌면 이때의 분위기가 현재의 역동적이지 못한 교회를 양산해 놓았는지도 모르겠습니다. 시대를 반영해 결국 수용은 할지라도 음악이나 예술, 아이들의 생각이 많이 반영된 문화를 바라보는 어른들의 불편함은 아이들로 하여금 '신앙생활을 눈치를 보면서 해야 되나?' 싶은 갈등으로 드러납니다.

이 갈등이 깊어질수록, 교회의 주체인 어른들에 의해 신앙생활은 자꾸만 수동적이 되어 가고, 교사들마저도 이 분위기에 편승해 적당한 헌신으로 신앙생활의 나름의 안식처를 찾게 됩니다. 그리고 이는 모두 사역자들의 '능력'으로 비추어져서, 교회는 일반 기업들과 마찬가지로 사람을 키운다기보다는 알아서 잘 커준 능력자를 골라 '사역자' 대우를 해줍니다. 그래서 저는 그것이 어른들이 생각하는 것처럼 '청소년들의 문제'라기보다는 어쩌면 어른들이 양산해 낸 '어른들의 문제'일지도 모른다는 생각을 합니다.

저희 삼 형제도 이 시대의 산물이었습니다. 어른들 눈에 나지 않아야 성실하고 '착한 아이' 소리를 들었습니다. 괜히 눈 밖에 났다가는 관리집사인 아버지한테까지 불똥이 튀었습니다. 남들보다 구설수에 오를 가능성이 더 많은 존재가 바로 관리집사의 아들들이었습니다. 동일한 실수를 범해도 나오는 말이 '관리집사 아들이~'하는 것이었는데, 특히 문학의 밤이나 수련회 같은 것을 준비하다가 어른들과 마찰을 빚어야 하는 상황이 오면 우리는 무조건 숨죽이고 혼나는 자리에 있어야 했습니다. 그래야 감히 '관리집사 아들이…'라는 반응이 나오지 않았기 때문입니다. 아버지는 특단의 조치로 교회에서 우리 삼 형제가 학생회 임원 같은 것을 못하게 하셨습니다. 그 성정에 문제가 없는 한 교회에 상주하는 관리집사의 아들들이 학생회 활동에 참여하지 않을 확률은 거의 없지만, 아버지는 우리로 인해 나오는 잡음을 애초부터 불식시킬 생각이셨습니다. 이 조치는 당연히 저희의 활동을 제한하게 되었고, 어른들을 대할 때의 예의범절도 철저하게 잘 지켜야 했습니다. 그러나 삼 형제 모두 워낙 활동적이고 사교성이 좋아 아버지의 방침과 늘 대치되어서, 불편한 신앙생활을 이어 가야 했습니다. 그중에서도 저는 좀 더 유별나긴 방황으로 이어졌습니다. 제가 목사가 되어 보니, 목사의 자녀들이라고 다를 게 없었습니다.

"목사님, 애가 인사를 안 해요~"
"목사님, 애 목소리 좀 크게 연습시켜요~!"

이런 것은 당사자에게 예의를 조금 지켜 말씀하시는 것이지, 타 사역자 아이들이면 그 내용은 더 강력합니다.

"그 목사님 애들은 너무 산만해요. 그러니까 가정 교육을 잘 시켜야 돼."
"애가 버릇이 좀 없어~"

상황이 이렇다 보니, 목회자의 자녀는 성도들 앞에서 늘 완벽해야 합니다. 늘 정의롭고 믿음은 좋아야 하며, 공부는 일등, 양보는 기본이요, 언제나 배꼽에 손을 얹어 부동자세로 인사를 해야 하며, 비싼 옷이나 너무 싸구려 옷도 안 되고, 사춘기는 기본으로 뛰어넘어 줘야 됩니다. 목회자인 부모는 어른이기라도 하지, 그 자녀들은 태어나면서부터 부모가 겪는 동일한 감정 노동을 신앙생활의 옵션으로 달고 살아야 하니, 이보다 억울한 것은 없습니다.

애석하게도 저 또한 이런 부분에서는 좀 엄격한 편입니다. 교회에서 인사를 허투루 하면 대번에 혼을 냅니다. 주일학교 친구들과 얼굴을 붉히면 양보하지 못하고 싸운다고 머리를 쥐어박는 겁니다. 제가 그렇게 할 때는 별 생각이 없었습니다. 그런데 삼 형제 식구들이 다 모여 대화를 나누다 보니 좀 달랐습니다. 형과 동생도 그 부분에서는 좀 엄격했는데, 동생네는 아이가 아직 어려 심하지 않더라도, 형네는 오랜만에 만난 형수님이 하소연할 정도로 강력한 걸 보니 아이들이 받을 스트레스가 보통이 아닐 거란 생각이 그제서야 들었던 겁니다. 우리는 별생각 없이 엄하게 하다가도, 이렇게 모여서 서로의 이야기를 듣다 보면 누구랄 것도 없이 어렸을 때를 회상하면서 '그건 좀 심하지 않냐'고 서로에게 핀잔을 주었습니다.

부모님을 모시고 살 때입니다. 교회에서 그렇게 혼이 나고 얼굴이 시무룩해져 집에 들어오는 아이들을 보면 부모님은 단번에 눈치를 채십니다.

"아이고, 우리 수아. 아빠한테 혼났어? 은수야, 괜찮아. 괜찮아~ 할아버지한테 얘기해 봐. 왜 그랬어?"

할아버지 할머니가 자신들 편이라는 것을 잘 알고 있는 녀석들은 하소연을 하려다가 이내 울음을 터뜨리고 맙니다.

"있잖아요. 음~ 음~ 아빠가... 나~ 으앙~!"

교회에 구설수로 오르지 않게 엄격하게 자란 관리집사 아들이 이제는 목사가 되어 똑같이 하고 있으니 마음이 좀 아프셨을까요? 연신 아이들을 끌어안고 놔주질 않으셨습니다. 그리고는 저에게 눈치를 주십니다.

"살살 좀 해라. 애들이 뭘 안다고..."

아버지가 처음 천안에 내려오시면서 출석할 교회를 결정하실 때도 마찬가지였습니다. 그러나 이번에는 저희가 아니라 부모님 자신을 통제하셨습니다. 당연히 아들이 목사인 교회를 출석하실 줄 알았으나, 목사 부모가 괜한 실수로 구설수에 오르면 괜히 목회에 방해가 된다고 다른 교회에 출석하신 것입니다. 주변에서는 아들이 목산데 그 교회를 나가야지 왜 다른 교회를 출석하느냐고 하시는 분들도 제법 계셨습니다. 그러나 관리집사 아버지는 자신의 신앙생활보다는 자신과 관련된 구설수로 행여 교회에 문제가 생길 것을 더 우려하셨습니다. 평생을 그렇게 자신을 치고 또 치며 신앙생활 하셨습니다. 어머니는 가끔씩 이런 말씀을 하십니다.

"애들한테 너무 뭐라고 하지 마라. 니들도 어렸을 때 안 억울허디~ 그런데도 니들이 알아서 잘 커줘서 그렇지 수아허고 은수는 또 다른 것이다. 너무 기죽이지 말어~!"

그러면 제가 바로 대답을 합니다.

"아이고~ 그러면 우리 클 때나 좀 편하게 해주시지. 우리 애들도 애들이지만, 우리가 얼마나 눈치가 보였는데 엄마는~ 내 눈 옆으로 찢어져서 가재미눈 된 것 좀 봐~ 눈치를 얼마나 봤는지~!"

우리 부모님이라고 왜 신경이 쓰이지 않았을까요. 언젠가 한 교회에서 관리집사직을 그만두며 나누신 부모님의 대화를 엿들은 적이 있습니다.

> "여보, 잘됐어. 집은 크지 않아도 애들 편히 누워 있을 공간이라도 있어야 되는
> 데, 허리라도 필라 치면 머리 찧는 곳을 방이라고 넣어 놓고 그동안 얼마나 속
> 쓰렸나 몰라."

엄격하게 가르치시고 호되게 혼내면서도, 언제나 쓰린 마음으로 바라보셨던 부모님의 자리가 위대해 보입니다. 저희를 통제하시고 자신들을 통제하셨지만 결국 그 모든 것은 오히려 당사자인 자신들의 마음이 더 불편하고 쓰렸던 방법이었다는 것을 제가 부모가 되어 보니 알겠습니다. 아이들한테 살살하라고 자꾸 주문하시는 것도, 부모가 된 그 마음을 잘 아시기 때문일 겁니다. 그래서 저는 오래 참고 인내하시는 하나님 아버지를 배움에 있어 저희 부모님께 평생 배우며 살았다고 자부할 수 있습니다. 그런데 왜 꼭 뒤늦게 깨닫기를, 후회와 회한이 남는 짓만 계속 반복하는지, 그것은 아직도 잘 모르겠습니다. 아이를 키우는 것도, 부모님께 잘 하는 것도 어느 것 하나 쉬운 것이 없습니다.

마지막 인사 "목사님, 안녕히 가십시오."

하얀 가루가 된 동생을 작은 상자에 담아 안성의 유토피아로 향했습니다. 형님이 사역하는 지구촌교회의 배려로 그곳에서 수목장을 하기로 결정되었기 때문입니다. 저마다의 사정으로 장례 기간에 찾아오지 못하신 분들이, 화장장으로, 또는 유토피아로 따로 몰려오시기도 했습니다. 지구촌교회 홍수민 목사님의 인도와 말씀, 현 낮은담침례교회 담임 김관성 목사님의 기도, 아버지가 출석하시던 은혜침례교회 오지수 목사님의 축도로 수목장의 모든 순서가 끝나고 이제 진규를 나무 밑에 수장(樹葬)하는 일만 남았습니다.

그때는 정신이 하나도 없어 무엇을 어떻게 해야 할지 아무것도 몰랐습니다. 그래서 아무 생각 없이 넋 놓고 있으니 지금은 미국에 가 있는 상희 형이 정신 차리라며 등을 떠밀었습니다. 대전에서 올라온 상희 형은 이번에도 자기 형제같이 장례 기간을 함께해 주었는데, 장례식장이 서울이라는 것은 그에게 아무 문제가 안 되었습니다. 예전에 대전에서 장인어른 장례를 치를 때도, 매일 저녁 퇴근을 장례식장으로 할 만큼 우리를 챙겨 주었는데, "장상희 목사를 만나려면 침례신학대학교 출신 선후배 경조사가 있는 곳에 가라."라고 하는 말이 있을 정도로 사람을 잘 챙기고 의리가 으뜸인 선배입니다. 전라도 구례, 부산, 일산 할 것 없이 장례식장을 가면 꼭 먼저 도착해서 "어디냐?"라며 전화를 합니다.

그렇게 장례 모든 일정이 친구, 선후배 목사님들의 헌신과 사랑으로 잘 마무리되고 있었습니다. 유토피아 직원 분의 인도로 이제 진규의 유골 가루가 담긴 상자가 개봉되고 절차에 따라 한 명씩 하얀 장갑을 끼고 파여진 땅속에 한 움큼씩 털어 놓기 시작했습니다. 세상을 뜨고 나면 겨우 먼지 몇 주먹 안 되는 인생, 어쩜 그리 빡빡하게 살아 왔는지 동생의 삶이 주마등처럼 지나갔습니다. 초등학교 때 반장이 되었다고 자랑을 하는 동생에게 엄마 아빠 돈도 없으신데 반장이 되면 어떻게 하냐고 타박했던 일, 자기랑 싸운 친구가 자기 형을 데려와 겁을 준다고 해서 그놈 잡는다고 학교 땡땡이치고 동생 학교까지 찾아갔던 일, 아버지 몰래 에로 비디오 빌려 함께 보다가 걸려 반 죽을 뻔했던 일, 영수를 만난다고 방학 때 전주를 내려가는데 기어코 따라온 일, 군 제대를 하고 책으로 만난 목사님을 무작정 찾아갔을 때 대구 자취방까지 쫓아와 지지고 볶으며 함께 살았던 일, 자취방 근처 중국집 배달원들과 친해져 매일 아침 자장 소스를 받아 와 함께 밥을 비벼 먹었던 일 등 정말 소소한 것까지 다 기억이 났습니다.

그때 그 철없이 웃으며 옆에 따라다니던 녀석이 도저히 이 가슴에서 떨어지지가 않았습니다. 그런데 이게 마지막이라니요…. 가족들과 순서를 맡으신 선배 목사님, 생전 함께했던 친한 선후배들까지 조금씩 손에 묻혀 마지막 인사를 하는데, 아버지가 하시고 싶은 말씀이 있는지 자꾸만 속으로 울음을 삼키고 계셨습니다. 다소곳이 무릎을 꿇고 땅속에 들어간 동생의 흔적을 보고 계시는데, 이내 나지막하게 마지막 인사를 하십니다.

"목사님, 안녕히 가십시오…"

제가 잘못 들었나 싶어 아버지를 주시했습니다. 그랬더니 다시 한번 조그맣게 "목사님…" 하시며 흐느끼십니다. 제일 처음 뉴스를 통해 이집트 기사를 듣고, 그 자리에서 바로 동생 소식을 직감한 후 "진규야~ 막둥아~!"하시며 대성통곡하시던 모습과 대조적이었습니다. 평생을 섬긴 각 교회 담임 목사님 대하듯 먼저 떠난 아들 목사에게 하시는 모습이란….

그렇게 아버지는 아들을 보냈다기보다 평생을 가까이서 모셔 온 목사님 한 분을 떠나보내셨습니다. 동생을 남겨 두고 내려오던 길에 아버지의 이 목소리를 들었던 선배 목사님들이 떨리는 목소리로 "한동안 아버지 잘 돌봐드려라." 하고는 한 명씩 떠나갔습니다. 지인들이 하나둘 떠나고, 유토피아의 입구 너른 주차장에 우리 가족만 남았습니다. 항상 떠들썩하게 있던 진규 녀석을 빼고 말입니다.

목사요, 친구요, 아들이요, 동생이요, 남편이요, 아빠로 치면, 적어도 5~6명의 인생을 한꺼번에 이야기하느라 시끌벅적할 텐데 그 바쁜 삶을 일찍 마감했으니, 어찌 조용하지 않을 수 있을까요. 그렇게 진규는 10개월간의 짧은 목사의 삶을 살아 내고, 아버지의 가슴에 평생을 모셔 온 목사님 중에 목사님으로 그 생을 마감하였습니다.

See you soon~

기본

    부모님께서 사당동 모 교회에 계신 기간은 1992~1999년입니다. 저희 삼형제의 기억에 부모님께서 가장 많이 고생을 하신 기간이 아닌가 생각됩니다. 어머니의 연세가 마흔, 아버지는 마흔일곱일 때 시작해서 햇수로 8년을 계셨습니다. 처음 사택에 들어섰을 때, 넓은 거실에 방이 4개나 있고 넓은 주방까지 있는 것이 마치 부잣집에 온 것 같은 느낌이 들어 참 좋았습니다.

    그런데 우리가 쓰는 공간은 부모님께서 머무시는 방 하나에 예배를 드리러 성도들이 교회에 오는 날엔 이 사람 저 사람 들락거리는 주방 뿐, 나머지는 사무실에 부목사님실, 당회장실이었습니다. 거실도, 교회 손님들이나 교회 직분자들이 주로 앉아서 쉬는 공간이지, 우리들은 일반적으로 집에서 편하게 있듯 하지 못했습니다. 삼 형제의 방은 2층 본당을 지나 준 3층 방송실을 지나면 작은 방이 하나 있는데 그곳을 치워 사용하게 되었습니다.

    아버지는 이곳에 오시자마자 관리집사 업무 외에도 6·25 상이용사로 다리 한 쪽이 없으신 데다가 심한 당뇨로 거동이 불편한 담임 목사님을 개인적으로 수행해야 했습니다. 교회 일과 연로하신 담임 목사님을 수행하는 것이 겹치면, 교회보다는 목사님 쪽이었습니다. 교회 주변을 가볍게 산책하는 정도를 제외하고는 아버지의 도움 없이는 움직임이 자유롭지 않으셨기 때문입니다. 그래서 목사님은 일주일에 4~5일은 본인의 사무실에 거주하셨습니다.

사무실 안쪽에는 침실도 있고 샤워 공간도 갖추어져 있어서 생활하시는 데 불편함이 없었기 때문입니다

담임 목사님께서 늘 상주해 계시니, 어머니께서는 그분의 식사를 준비해 드려야 했습니다. 당뇨가 심하셔서 아무거나 드시지 못해, 밥을 비롯해 국 외에도 꼭 5~6가지 반찬을 칼로리를 맞춰 삼시 세끼를 지어 내셔야 했습니다. 그러면 우리 식구들의 밥상은 상대적으로 부실할 수밖에 없었습니다. 목사님께서 교회에 상주해 계실 때는 정말 아무거나 양을 많이 해놓으시면 우리끼리 차려 먹거나 목사님 상을 차려 드리고 남은 반찬들 중 다음 끼니에 다시 내놓지 않을 것을 알아서 해결해야 했습니다.

그때 우리 삼 형제의 가장 큰 소원이, 어머니가 목사님께 밥을 차려 주는 시간만큼 우리 식구를 위해 공을 들이시는 것이었습니다. 그런데 그게 쉽지 않았습니다. 어머니는 거의 매일 목사님께서 식사하시는 시간 말고는 장을 보시거나 까다로운 당뇨식을 만들기 위해 온 신경을 쏟고 계셨으니까요.

그날들 중에 어머니의 스트레스나 가사 노동이 가장 심했던 순간은 목사님의 손님이 교회에 오셨을 때입니다. 목사님은 식사를 아무거나 하실 수 없어서 손님을 만나 식사하실 때도 자신의 사무실에서 어머니의 밥상을 받으셨고, 심지어는 오랜만에 찾아오는 자녀들의 밥까지도 어머니가 직접 지어 드려야 하는 경우가 많았습니다.

아버지는 따로 하실 일이 있었습니다. 목사님께서 출타를 하시면 교회 청소를 하시다가도 모든 것을 중단하고 모시고 다녀야 했는데, 이것은 목사님의 거동이 불편한 것이니 지극히 당연한 것이었습니다. 그러나 6·25때 잃은 한 쪽다리의 통증이 시도 때도 없이 심하게 도지는 바람에 한 시간이고 두 시간이고 목사님께서 잠드실 때까지 계속 주무르셔야 했는데, 이 일에 무슨 특

정한 시간이 있었던 것은 아닙니다.

목사님의 책상과 침상 주변에는 새소리를 내는 벨이 있었는데, 그 벨을 누르면 목사님의 사무실로 뛰어 들어가야 했습니다. 사무실 근무를 하시는 사역자와 사무원 집사님이 계시는 낮에는 번갈아가면서 이 일을 했으나, 다른 이들 퇴근 후의 초저녁부터 그 다음날 아침까지는 늦은 밤이고 새벽이고, 목사님의 다리에 통증이 찾아올 때면 어김없이 그 새소리가 울려 댔고, 아버지는 주무시다 말고도 무조건 목사님께 달려가 다리를 주물러야 했습니다.

한참 사춘기를 지나고 있던 우리 삼 형제는 도저히 이 모습을 이해할 수가 없었습니다. '관리집사'이기보다는 거의 종과 같았기 때문입니다. 실제로 어떤 집사님께서는 우리 어머니가 하시는 일을 '식모살이'에 비유하며 빈정대기도 하셔서 한참을 우시던 일도 있었습니다. 남들은 사춘기에 쌀쌀맞은 자녀들을 어떻게 대해야 할까, 어떻게 하면 더 가까워질 수 있을까를 고민한다는데, 우리 부모님께는 그게 사치였습니다.

그에 대한 우리 삼 형제의 불만은 고스란히 '목사님'을 향하게 되었습니다. 이것은 신앙생활에도 큰 영향을 미쳐 담임 목사님의 설교와 말씀들에 신뢰가 가지 않게 되었습니다. 세상에서 제일 듣기 싫은 것이 담임 목사님의 설교였습니다. 그렇게 목사님에 대한 시선이 삐뚤어지기 시작하니, 아버지 곁에서 있는 저희 삼 형제를 보는 시선 또한 마치 '종의 자식' 보는 듯하는 것이 아닌가 싶기도 했습니다. 왜냐하면 아버지나 어머니가 눈에 띄지 않을 때에는 저희 삼 형제 또한 목사님과 목사님 가족들의 이런저런 심부름이나 일에 동원되었기 때문이었습니다.

삼 형제의 마음속에 가장 큰 불신은 '목사'였습니다. 목사는 계급 사회의 최상위 계급자로 모든 사람들을 발 밑에 두고 부리는 모습으로 가슴속에 각인이 되었습니다. 그래서 목사는 단지 '높은 사람' 그 이상도 그 이하도 아니었습니다. 최고로 높은 사람은 목사요, 최고의 권력자도 목사요, 최고의 결정권자도 목사였습니다. 그런데 친절과는 담을 쌓은 사람이요, 남을 배려하는 데는 빵점이고, 궂은일 하는 사람과는 전혀 어울리지 않는 고결한 사람으로 높은 자리가 아니고서는 전혀 거하지 않는 특별한 사람이었습니다.

우리 형제가 목사가 될 것이라고는 꿈에도 생각해 본 적 없던 당시에는, 그게 당연한 줄 알았습니다. 그렇게 관리집사나 교회 직분자들 위에 군림해서 하고 싶은 대로 다 해도 되는 것인 줄 알았습니다. 왜냐하면, 밤마다 새벽마다 울리는 새소리에 잠자다 말고 불려가 몇 시간씩 다리를 주무르면서도, 8년 동안 당뇨식을 요리하느라 가족들 식사 한 번 잘 챙겨 주지 못한 부모님의 입에서 한탄이나 욕을 들어본 적이 없었기 때문입니다.

그래서 그게 당연한 줄 알았습니다. 그런데 정작에 사역자가 되어 보니 그게 아니었습니다. 그렇게 하시는 목사님도 없고, 그렇게 버티고 있는 관리집사님 부부도 없었습니다. 사역을 하면 할수록 우리의 경험과 기억이 잘못 되었다는 것을 깨닫게 되었고, 목사가 '높은 사람'이 아니라는 사실이 보다 분명해지기 시작했습니다. 그런데 사업하며 큰 돈 버는 김 집사님과는 고급 식당에서 칼질하는 것이 어울려도, 박스 줍는 박 집사님과 중국집에서 자장면을 먹거나, 관리집사 집에 찾아가 함께 라면을 끓여 먹는 목사님은 왜 상상이 잘 안 되는 것인지, 아직도 헛갈려하는 삼 형제에게 아버지가 하시는 말씀은 언제나 생각의 각도를 조정해 주셨습니다.

"관리집사를 동역자로 생각해 주지 않으면 너희들의 목회는 끝이다."

골목길

교회에도 사각지대는 존재합니다. 사람들이 자주 가는 곳이 있는가 하면, 사람들의 발길이 잘 닿지 않는 곳이 있는데, 건물 외곽의 민가들과 구분 지어 놓은 울타리를 따라 형성된 다소 어두운 곳이 그런 곳입니다. 그렇다고 아주 버려진 곳은 아닙니다. 관리집사의 발길은 이곳까지 닿기 때문입니다. 사람들의 눈에 잘 띄지 않는다는 것은 가끔씩 이곳을 휴식처로 이용하는 이들에게는 장점이 됩니다. 하루를 마감하는 시간이 되면, 중학생부터 술에 취한 할아버지에 이르기까지, 그들에게서 나온 담배꽁초와 온갖 음료수나 과자 봉지가 쓰레기로 나부낍니다. 그들의 움직임은 마치 전쟁터를 살피러 간 정탐꾼과 매우 흡사합니다. 아버지가 순찰을 하거나 정리하는 시간을 언제 정확히 간파했는지 꼭 그 시간을 피해 들어옵니다.

삼 형제가 어렸을 때는 마냥 아버지를 따라다녔지만, 고등학생이 되면서부터는 한 번씩 돌아가면서 순찰을 할 때도 있었습니다. 이것도 전술 전략이 필요합니다. 혼자 순찰할 때는 어쩔 수 없으나 두 명 이상이 할 때는 적군이 도망하지 못하도록 입구의 이쪽과 반대쪽을 막고 동시에 돌입을 하는 겁니다. 그렇게 한 쪽 입구로 먼저 들어가면 깜짝 놀라 아무 일 없었던 듯 도망을 치다가 반대쪽에서 들어오는 우리 중 누군가에게 붙들리는 겁니다.

저는 고등학생이 되면서부터 이 순찰 업무를 담당했는데, 어느 순간 여기서 무안을 당하고 나가는 녀석들이 돌변해 아버지께 복수라도 하려고 마음 먹으면 좀 위험해질 수도 있겠다 싶어, 저희가 사택에 상주할 때에는 외부인을 상대하는 순찰은 되도록 저희가 맡아서 하곤 했습니다. 실제로 사역을 하는 중에 주말에 서울 집으로 가다보면 어머니께 다급하게 전화가 걸려오는 경우가 있는데, 술에 취한 사람들이나 무례히 행하는 사람들을 혼내다가 오히려 안하무인 달려드는 사람들이 있어 몸싸움을 벌일 때가 있기도 합니다.

부랴부랴 집으로 와보면, 몸싸움이 제법 심해 아버지 가슴팍이 붉게 달아올랐다거나 넘어지셔서 무릎에 긁힌 자국이 생긴 것을 보게 됩니다. 심할 경우에는 스스로 자해를 하거나 너 죽고 나 살자는 식으로 덤벼드는 사람들도 있어, 어떨 때는 어머니까지 합세한 경우도 있었습니다.

"엄마! 아빠 왜 그래요?"
"아니, 젊은 놈이 술이 취해서 들어와 가지고는 다짜고짜 아버지한테 시비를 걸잖아. 그럼 니 아버지는 경찰을 부르든지. 너 온다고 했으니까 살살 달래서 데리고 있든지 해도 되는데, 꼭 싸운다! 자기가 아직도 이팔청춘인 줄 알아~!"
"그래서 또 싸웠다고?"
"그래~ 근데, 그게 싸움이 되니? 멱살 몇 번 잡히더니 그대로 주저앉더라. 니 아버지도 이제 갔어~ 옛날하고 달라~!"

걱정하신다고 하시는 말씀이긴 해도 아버지의 표정은 별로입니다. '아이고 ~ 이제 내가 나이가 들었구나.' 하시는 표정입니다. 아버지는 어른이나 학생이나 대번에 "어디 교회에서 담배를 피우냐?"라며 혼을 내시지만, 우리 삼 형제에게는 나름의 방법이 있었습니다. 많지는 않으나 어른들일 경우 예의를 갖춰 정중히 말씀을 드리고, 적군 대부분을 차지하는 중고생일 경우에는 혼을 내거나 겁을 주는 방식을 취했습니다.

제가 고등학생일 때는 저만의 방법이 있었습니다. 순찰을 돌다가 걸리는 녀석들이 중고등학생이면, 학교가 어딘지 몇 학년인지 묻습니다. 그러다가 녀석들이 돌변해 좀 불량하게 나오면 때려 줍니다. 이때는 절대로 교회에서 순찰 나온 양 하면 안 됩니다. 가끔씩 녀석들이 오해하는 것 중에 하나가 교회 사람들은 전부 '예수님' 같은 줄 알아서 쉽게 대들기 때문입니다. 그래서 교회에서 순찰 나온 것이 아니라 저 또한 제 아지트로 담배를 피러 들어온 양, 다시 한번 이곳에 숨어 들어왔다가는 목숨을 부지 할 수 없겠다는 인식을 심어주고 담배와 라이터를 다 빼앗아 쫓아내었습니다. 그러면 학교와 이름이 저에게 공개된 녀석들은 다시는 그곳을 찾지 않았습니다.

신림동 모 교회에서 살 때입니다. 그때는 참 많은 일이 있었습니다. 교회 정문과 후문을 통해 지나가면 멀리 돌아가는 길을 지름길로 이용할 수 있어 사람들이 많이 드나드는데, 그곳으로는 꼭 사람들만 다니지는 않았습니다. 담배를 피던 녀석들이 교회 골목에서 갑자기 사라진 적도 있었는데, 나중에 알고 보니 그 곳에 떠돌이 진돗개 한 마리가 들어와 상주하면서 마치 자신의 집인 양 다른 사람들이 들어오면 사납게 짖으면서 쫓아내곤 했었습니다. 때가 되면 이곳에 들어와 잠을 자는 이 비쩍 마른 진돗개에게 밥을 주다 보니 자연스레 그 녀석을 키우게 되었습니다. 그런데 녀석이 애초에 훈련이 잘 된 놈이었는지 '앉아 일어나'는 기본이요, 목욕탕에서 목욕을 시키고 나면 바로 뛰쳐나가 신발장 앞에 앉아서 대기를 하는가 하면, 교회 문을 열고 나갈 때도 아버지가 먼저 나가야 앉아서 대기를 하다가 뒤따라 나오고, 먹이 앞에서도 "엎드려!" 하면 아버지가 "먹어!"라고 할 때까지 요동하지 않았습니다.

그때부터는 순찰을 돌 때 꼭 녀석과 함께합니다. 목줄을 풀어 주면, 그 골목길로 먼저 달려가 입구로부터 으르렁대면서 들어가고 반대쪽에서 아버지나 저희가 들어갑니다. 그러나 아쉽게도 거주지 밀집 지역이라 집 잘 지키는 진돗개를 키운다는 것이 쉽지 않아 시골 수양관을 하시는 지인 목사님께 드릴 때까지 녀석은 그렇게 우리와 순찰을 함께 했었습니다.

한번은 연세가 많이 드신 담임 목사님 댁이 이 후미진 골목길 초입에 있었는데, 순찰을 돌다가 목사님께서 댁으로 막 들어가시면서 담배를 피우고 있는 고등학생들과 마주친 모습을 본 적이 있습니다. 목사님께서는 녀석들과 마주치자마자 고개를 숙여 인사를 하셨습니다.

"담배 피는데, 노인네가 지나가서 죄송합니다."

녀석들도 무안한지 담배를 얼른 끄고 그곳을 빠져나갔습니다. 이 장면은 저만 본 것이 아니라 언젠가 아버지가 먼저 보시고 저희들에게 말씀해 주신 장면이기도 합니다. 저희 가족들에게서는 나올 수 없는 방법일뿐더러, 저 개인적으로는 그렇게 부드러운 방법으로도 아이들을 쫓아낼 수 있다는 것이 더 신기했습니다. 이것은 제가 목사가 된 지금까지도 머릿속에 강하게 각인되어 있는 장면이기도 합니다.

어떤 특정한 상황에서, 마음이 흥분되어 격앙된 목소리로 성질을 부리고 나면 꼭 그 장면이 떠오릅니다. "담배 피시는데 노인네가 지나가서 죄송합니다."라고 하시면서 저를 뚫어져라 쳐다보고 사라지십니다. 지금도 물론 그렇지만 사역을 시작하면서부터 성정대로 살 수 없다는 것이 저에게 가장 큰 숙제였습니다. 그래서 한번은 아버지께 그 마음을 토로한 적이 있습니다.

"아버지, 어떻게 그렇게 참고 살았어요? 나는 이 성격을 눌러 참는 게 사역의 반이여, 그냥~!"

그러면 어머니가 옆에서 말씀하십니다.

"말도 마라. 니 아버지 사당동에서 사역할 때는 교회 봉고차 몰고 나가면서도 꼭 그 앞에 붙어 있는 교회 이름 치우고 운전 안 허디~! 니 아빠는 아직도 멀었어~!"

지금의 저희 교회에도 사각지대가 존재합니다. 교회가 버스 정류장 근처에 있다 보니, 학교에 가는 학생들, 출근하는 회사원들 할 것 없이 때를 가리지 않고 이곳에 들어와 담배를 피고 나갑니다. 그러면 제가 근무하는 사무실에 그 냄새가 진동을 합니다. 참다 참다 그 정도가 심하면 순찰을 나갑니다. 분위기는 아버지와 함께 순찰하던 때와 많이 다릅니다. 예전에는 도망을 치는 녀석들이 대부분이었는데, 이제는 그냥 피던 담배를 숨기기만 합니다.

그래서 한쪽으로 모아 녀석들의 학교와 이름을 묻고 혼내고 보내곤 하는데, 워낙 그런 녀석들이 많다보니, 무작정 한쪽으로 불러 모아 이름과 학교를 묻다 보면 대학생들도 있고 휴가 나온 군인들도 있어 서로 민망할 때가 한두 번이 아닙니다. 저녁 예배 후에는 잘 식별이 안 되어 무작정 담배 끄라고 하며 다가가 자세히 살펴보면 잘 차려입은 회사원인 경우도 있습니다.

그런데 꼭 이곳에서 자주 마주치는 녀석들이 있습니다. 그러다가 얼굴이 익으면 제법 장난을 치는 녀석들도 있는데, 녀석들과는 제법 안면이 익다고 혼내지만은 않습니다. 5~6명 정도 되는 녀석들을 한 대씩 쥐어박고 피자집으로 데려가 피자도 사주고, 치킨도 사주고, 햄버거도 사주는 겁니다. 현재 사역하는 교회에서는 오랫동안 있다 보니, 중학교 때부터 저에게 걸려서 혼나던 녀석 중에는 군대를 다녀온 녀석도 있고 대학생인 녀석들도 제법 됩니다.

그러면 녀석들도 사람이라고 의리를 지켜, 지나가다가 마주칠 때 인사를 하는 녀석들도 있습니다. 그러다가 가끔씩 교회에 얼굴을 비치는 녀석들도 있는데, 녀석들 말로는 다른 교회 전도사님이나 목사님 같지 않아 좋다고 합니다. 그러면 저는 "너도 요즘 애들 같지 않아서 때리기 좋아."라는 말로 응수합니다.

신림동 교회의 목사님처럼 순하고 겸손하고 정적인 방법은 아니더라도, 저는 제 성격에 맞게 나름의 방법을 찾았습니다. 물론 그 방법에는 달콤한 욕과 새콤한 인상이 노여움을 타지 않는 견고함을 무너뜨리는데 사용되지만, 혹시 모를 사태에 대비해 세상에 모든 목사가 다 이렇지는 않노라고 하는 친절한 설명은 꼭 합니다. 오늘은 글을 쓴 기념으로 순찰을 나가지 않을 겁니다. 녀석들이 방심할 기회를 줘야죠. 대어를 낚기 위해….

경청

아버지는 칭찬에 참으로 인색하셨습니다. 초등학교 때 부반장을 두 번이나 했는데, 그때도 칭찬을 듣지 못했습니다. 혹시 반장이 아니어서 그런가 싶어 다음에는 꼭 반장이 되어야겠다 다짐도 했었습니다. 학교에서 경시대회든 백일장이든 이것저것 상을 들고 와도 끄떡 없으셨습니다. 초등학교를 졸업할 때, 장롱 속에 박혀 있는 학교에서 받은 상을 세어 보니 30개가 넘었습니다. 그런데도 집안 어디에도 한번 진열해 주시지 않았습니다. 얼굴에 미소 한번 띄워 주지 않았습니다.

지금 생각해 보면 아버지의 칭찬도 노력의 동기 부여가 될 법도 했는데, 그 모습이 너무도 한결같아 언젠가부터 상이라는 것이 별 의미가 없어져 버렸습니다. 아니, 의미라기보다 상을 받는다고 해도 아버지께는 말씀을 드리지 않게 되었습니다. 중학교 3학년 이후로, 심한 방황을 하고 나서부터는 우리 기준으로 그나마 칭찬받을 수 있었던 반장 부반장이나 상 같은 것과는 좀 거리가 멀어졌습니다. 기껏해야, 학교 체육대회 때, 무거운 쇠공을 던져 보라고 해서 던졌더니 우승을 해서 동대문 운동장에서 열리는 서울시 고교 대항 대회에 나가 투포환 준우승을 한 것이 전부입니다. 그때도 무슨 큰 상장 같은 것을 주었는데, 집에 가져가서는 그냥 책상에 던져 놓았습니다.

그러다가 양재 시민의 숲에서 열린 서울시 남부 구역 백일장 대회에 국어 선생님을 졸라 참여했다가 시 부문 수상을 했었는데, 이때도 아버지는 좀 시큰둥하셨습니다. 참 섭섭했습니다. 칭찬은 안 해줘도 되니, 그와 비슷한 눈웃음이라도 지어 주면 좋으련만 다 큰 자식들에게 하시는 말씀치고는 좀 지나치다 싶은 말씀을 하셨습니다.

"칭찬을 해주면 버릇 나빠진다."

그리고 나서 부연 설명을 해주셨는데, 칭찬을 해주면 현실에 안주해서 더 이상 발전이 없다는 것이 아버지의 지론이었습니다. 더 노력하라는 것입니다. 형과 동생은 어떤지 모르겠으나, 당시 저의 마음 상태는 아버지의 말씀과 전혀 달랐습니다. 어차피 칭찬도 없는 것, 뭘 잘해서 아버지께 말씀드리나 했습니다. 말씀드려 봐야, 경청을 해주시는 모습에 칭찬을 해주시려나 싶으면 "정신 놓지 말고 더 열심히 해라."라는 말씀만 하셨습니다. 그래서 생긴 저의 버릇이 하나 있는데, 제가 무언가를 잘했는지 꼭 확인을 하는 일입니다. 교회에서 설교를 하고, 해야 할 일을 잘 마무리 짓고 나면 아내에게 묻습니다.

"여보, 나 오늘 잘했어? 얼만큼? 실수한 거 없어?"

사람들을 데리고 내가 아는 식당으로 데리고 갈 때면, 그 사람들 입에서 언제 "맛있다!"라는 소리가 나오나 한참 신경을 씁니다. 설교할 때도 예상한 부분에서 '아멘' 소리가 터져 나오지 않으면, 강대상을 내려와 한참을 자괴감에 빠집니다. 그럴 때면 아내는 되도록 세부적으로 칭찬해 주어야 합니다. 다시 한번 살피고 고쳐야 하는 부분은 맨 뒤로 보내고, 우선은 하나하나 따져서 칭찬을 해주어야 제 마음이 안정이 됩니다. 그래서 저는 우리 아이들에게 칭찬을 최우선 과제로 삼습니다.

"아빠, 이거 봐 봐. 아빠, 나 하는 거 봐 봐~!"

하면서 제 앞에서 이것저것 보여주고 행하고 움직입니다. 그 내용이야 어떻든 저에게 자랑하는 녀석들을 향해 '최고'라고 외치며 엄지손가락을 쭉 내밀어 아이들의 엄지손가락과 마주칩니다. 이때는 아이들의 기분은 최고가되어 자기들끼리도 잘 놉니다. 제가 어렸을 때는 아버지와 그런 관계가 되지 못했습니다. 괜히 "아빠!"하고 불러서 해봐야 시큰둥하시고, 실수하거나 자랑하지 마라는 이야기만 돌아오니 별로 찾고 싶은 생각도 들지 않았습니다.

그런데 우리 아이들의 엄지손가락은 이 견고한 할아버지를 무너뜨립니다. "할아버지! 이거 봐 봐요! 할아버지! 이거 할 줄 알아요?" 하며 잘되지도 않는 발음으로 이것저것 설명을 하고 재롱을 떱니다. 그러면 아버지는 한 번도 한눈을 팔지 않고 그 이야기와 재롱을 끝까지 살피십니다. 이것저것 자랑을 하다가 넘어지고 머리를 찧고 울면 "아이쿠! 그거 하지마. 다치잖아~"라고 하시며 번쩍 들어 안고 뽀뽀를 해주십니다. 그런데 그 모습이 어색하지가 않습니다. 아이들도 그런 할아버지의 모습에 당황해하지 않고 계속합니다. 그러면 또 안아주고 뽀뽀를 합니다.

그렇게 시간이 지나 보니 아버지의 칭찬은 좀 다르다 싶습니다. 엄지손가락을 치켜드는 게 제 칭찬이라면, 아버지는 최대한 어색하지 않게 자신만의 방법으로 칭찬을 하셨던 거죠. 그래서 돌이켜보니, 아버지의 칭찬은 '경청'이었습니다. 나중에서야 "더 잘해라."라는 딱딱한 말이 나온다 해도 어떤 내용인지, 무슨 상인지는 빼놓지 않고 다 들어 주셨습니다. 그렇게 들떠 있는 우리의 자랑을 다 듣고 난 뒤에는 "정신을 바로 하라."라는 말씀을 하셨던 것이죠.

아버지의 판단에 우리가 잘못한 경우에는 변명의 여지가 없었으나, 칭찬받을 만한 일에는 더 할 말이 없을 때까지 경청을 해주신 겁니다. 우리 아이들과 놀아 주시는 것을 보고서야 깨달았습니다. 아버지는 칭찬조차도 말보다 행동이었다는 것을요. 저 같았으면 더 듣기 귀찮으니 '칭찬 한마디'로 일찍 마무리했을 텐데 말이죠. 그래서 우리 아이들에게 자주 엄지손가락을 치켜 세우는 것도 "귀찮게 말고 어서 너희들끼리 놀아라."라는 사인이었는지도 모릅니다. 게으르고 못나고 모난 성격을 감추기 위한 핑계로, 귀찮고 불편하고 어색한 것을 행동하지 않는 아들 목사에게 관리집사 아버지의 독특한 교육법이 경종을 울립니다.

휴가비

교회 안에 사역자, 관리집사, 사무 직원 등의 공통점은 교회로부터 사례비를 받는 것입니다. 사례비의 기준은 교회마다 다르겠으나 출퇴근 시간이 정해져 있고, 그에 따른 노동의 정당한 대가로 책정이 되어 있습니다. 그러나 이 부분에서 항상 잡음이 있는 것은, 자신들의 헌금으로 책정된 사례라는 것에 목소리를 높이는 분들이 계시다는 겁니다.

충분히 그럴 수 있습니다. 그러나 마치 고용주가 되어 "내가 너의 월급을 준다."라는 식의 목소리를 내게 되면 이것은 더 이상 바른 성도의 관계로 유지될 수 없습니다. 마치 자신의 권리를 찾는 양 "내가 당신의 월급을 주는데 나를 이렇게 대할 수 있나?" "내가 부탁한 것을 이렇게 일언지하 거절할 수가 있나?" 하는 식의 목소리로 교회가 시끄러울 때가 있습니다.

사람의 관계가 이렇게 비틀어지기 시작하면, 그때부터 교회 안에서 드리는 모든 예배 또한 일종의 노동의 현장으로 바뀝니다. '내가 이런 대우를 받으면서 계속 이 교회를 다녀야 하나?' 하는 식의 마음이 들기 시작하면, 출퇴근 시간 외에 하는 예배, 심방, 운전, 수련회, 성경공부, 청소 등등의 모든 활동들에 정당한 대우를 받지 못한다는 아쉬움이 생기기 시작합니다. 이때부터는 신앙생활도 완전히 망가지기 시작하는 것이죠. 그래서 함께하는 사람들끼리는 말도 조심하고 서로 배려하는 것이 아주 중요합니다.

침례교 사역자는 타교단 사역자들보다 차량 운행을 많이 하는 편입니다. 대부분의 교회 사역자 구인 조건에 '1종 보통 운전면허'가 필수 조건입니다. 집안에 막내 제부로 사역자를 맞이하면서 자신의 교회 사역자를 보며 '사역자면 새벽에 운행하는 게 당연한 것 아닌가.'라고 했던 것을 반성하게 되었다는 큰 처형의 말이 이것을 대변해 줍니다. 저는 사역을 시작한 지 약 15년 정도 되었습니다. 가는 교회마다 운전을 하지 않은 교회가 없습니다. 운행하는 일로만 고용된 분들이 계셨던 강남의 대형 교회에서의 짧은 사역 기간에만 운전을 하지 않았습니다. 만일, '세계 승합차 운전 대회'가 있으면 그 우승자는 '침례교 사역자들 중 하나가 될 것'이라는 농담이 있을 정도입니다.

그렇게 15년을 침례교 사역자로 살면서 가끔씩 하는 생각이 있습니다. 말씀을 전하는 자로 서있지 않다는 아쉬움이 들 때마다 이런 생각을 합니다. 예배를 포함하여 사역하는 모든 내용을 노동으로 판단해 사례를 받는다면 어느 정도가 될 것이며, 그렇게 해서 '가장 많은 사례를 받아야 할 자는 누구일까?' 하는 것입니다. 그런데 아무리 재고 살펴봐도, 역시 교회 사택에 상주하며 교회를 살피시는 관리집사님보다 담임 목사가 많이 높지는 않아야 하는 것이 제 결론입니다.

아버지께서 관리집사여서가 아닙니다. 제가 사역했던 천안침례교회에도 저희 아버지처럼 교회 사택에 상주하며 청소와 시설 관리 및 주차 등의 사역을 한 번에 하시지는 않지만, 문단속 때문에 새벽에 누구보다 일찍 나와 계시고, 누구보다 제일 늦게 퇴근하시는 집사님이 계십니다. 사역자들이 자신이 속한 모든 사역을 마치고 다 정리하고서 교회를 나서는 순간에도 함께하고, 제일 마지막에 다시, 정리 정돈이며 문단속까지 마무리하십니다.

교회의 모든 활동을 노동의 대가로 환산한다면 교회의 누구보다도 벌써 큰 부자가 되실 분이어야 합니다. 경제적 어려움 앞에 놓인 순간이 오면, 이것저 것 재며 계산하기를 반복하고, 그 생각으로 아쉬운 부분을 달래다가도 결국 그런 분들 앞에 서 있는 것을 발견하면 감히 명함 한 장 내놓을 수 없다는 결 론에 이릅니다. 제 아버지의 경우, 40년 가까이 새벽 예배를 위해 교회 문을 개방하고 새벽 운행까지 하셨습니다. 하루 일과가 마치는 저녁에도 사람들 이 다 나갈 때까지 기다렸다가 문단속을 해야 합니다. "이제 좀 쉬어야 하니 나가 줘야겠습니다."라는 말을 하지는 못합니다. 교회이기 때문입니다.

예배를 포함해 수시로 진행되는 교회 프로그램이나 행사 전후에는 교회 시 설과 관련해서도 촉각을 곤두세우고 살펴야 합니다. 그런데 대부분의 교회 는 관리집사 대우가 가장 형편이 없습니다. 바라보는 시선도 가장 하찮습니 다. 성도들 자신이 하지 못하는 궂은일도 관리집사가 해결하겠거니 떠넘기 는 것이 일종의 '분위기'라서 그렇습니다. 그중에서도 가장 서운할 때가 명절 이나 휴가입니다. 교회에서 사역하는 모든 직분자들과 목회자들에게는 많은 관심이 주어지는 반면에 관리집사에게는 그렇지 않기 때문입니다.

모든 사람이 그렇지는 않습니다. 직접 사택에 찾아와 격려도 해주시고, 선 물을 주시는 분들도 계시고 목회자 중에는 자신이 받은 선물 같은 것을 꼭 나 누어 주러 오시는 분들도 계셨습니다. 어렸을 때는 그게 당연한 줄 알았습니 다. 그런데 제가 성인이 되어 사역자가 되어 보니 당연한 것이 아니었습니다. 자신의 것을 더 챙기지 않고 다른 사람을 먼저 챙긴다는 것이 그리 쉬운 일이 아니라는 것을 깨닫게 되었습니다. 그때는 지금의 사역자들보다 더 어려운 상황이었을 텐데도 꼭 관리집사 가정을 챙기던 당시 목회자 분들이 존경스 럽기까지 합니다.

아버지가 신림동의 한 교회에서 일을 하실 때입니다. 처음 교회에 오실 때,

사례비를 포함해 각종 대우에 대해 듣고 오신 바가 있어 자신의 노동의 대가가 어느 정도인지 머릿속에 기준이 잡혀 있었습니다. 그러다가 여름 휴가 시즌이 되어 교회 직원들 휴가비가 나왔는데, 원래 받기로 한 10만 원이 아닌 20만 원이 주어졌습니다. 그래서 아버지가 재정 장로님을 찾아가셨습니다.

"장로님, 휴가비는 원래 10만 원 받기로 했는데요, 20만 원이 들어왔네요. 그래서 반납하러 왔습니다."
"아~ 김 집사님, 부부가 함께 고생하시니 한 사람당 10만 원씩 해서 20만 원 책정하여 드린 거에요. 그냥 쓰시면 됩니다."

그렇게 그 교회에서 받은 첫 휴가비로 부모님은 기분 좋은 여름을 보냈습니다. 그리고 한 해가 지났습니다. 이번에는 전 직원의 휴가비가 올라 작년에 받은 것보다 많게는 2배가 될 것이라는 말들이 돌았습니다. 내심 부모님도 그렇게 되면 적어도 30만 원 정도는 되겠다 싶은 기대감이 좀 있으셨던 것 같습니다. 그런데 사역자를 포함해 교회 전 직원의 휴가비는 다 올랐는데, 관리집사인 아버지 손에 쥐어진 휴가비는 작년과 동일한 20만 원이었습니다. 이번에도 재정 장로님을 찾아가 조심스럽게 말씀을 드렸습니다. 해가 바뀌어 작년과는 다른 분이셨습니다.

> "장로님, 휴가비가 다 올랐다는 이야기를 들었는데요. 저희만 그대로인 것 같아서요."
> "예~ 원래 10만 원인데, 20만 원 드렸잖아요."
> "아뇨. 원래 10만 원인 거 알고 있었는데요, 작년에는 O 장로님께서 두 사람이 함께 고생하니 한 사람당 10만 원씩 해서 20만 원 주신 거였는데요."
> "아니, 그럼… 관리집사 휴가비를 그렇게 책정하면, 부목사님들하고 전도사님들도 사모님 것까지 해서 더 드려야겠네요? 왜 집사님만 그렇게 받으려고 하는데요?"

아버지는 더 이상 말을 섞으면 안 될 것 같아 자리를 피해 나오셨습니다. 교회 안의 잘못된 생리 중 하나가 그렇습니다. 교회가 주는 대가 만큼 사람을 부리려고는 하지만, 일을 하는 만큼의 정당한 대가를 이야기하면 손가락질을 받습니다. "사역자가 어떻게… 관리집사라는 사람이 어떻게…" 하는 것이죠. 이렇게 아버지의 의도와는 다르게 주어진 휴가비로 기분 좋은 여름을 보내기도 하고, 어느 때보다 찝찝한 여름을 보내기도 했습니다.

직분은 다르지만 저희 삼 형제도 사역자가 되어서 교회로부터 휴가비를 받고 여름을 지냅니다. 그럴 때마다 부모님은 "휴가비 좀 올랐냐?" 하고 물으십니다. 그러면 "예."라고 대답을 하죠. 사실 거의 대부분의 교회가 그렇듯, 휴가비가 잘 오르지는 않습니다. 대신에 힘든 사역자 가정을 섬겨 주신다고 자신의 가정 돌보는 듯해 주시는 성도님들이 계셔서 그 대답이 가능합니다. 그리고 그 휴가비는 그동안 넉넉히 받지 못한 부모님께 그동안의 교회를 대신해 저희가 드립니다. 결국 그것은 저희 자식들을 통해 다시 저희들 손으로 되돌아올 줄 알면서도 그렇게 하는 것이죠.

이번 여름에도 그랬습니다. 한 번도 휴가를 휴가답게 보낸 적 없으신 분들의 휴가란, 기껏해야 삼 형제의 외갓집에 1박 2일 다녀오시는 것인데, 그것도 중간 중간 삼 형제 집을 일일이 들러 저희들이 드린 휴가비를 고스란히 손주들에게 주고 가시는 것으로 시간을 다 보내십니다. 그렇게 밤 늦게서야 어머니의 고향인 외할아버지 댁에 들러 하룻밤을 지내고 점심 때가 되면 바로 지키고 있는 교회 수양관으로 재빠르게 돌아가십니다.

짧은 시간임에도 매우 기쁘게 보내십니다. 차량에 한가득 싣고 오신 각종 채소와 반찬거리 등을 내려놓으시고, 손주들을 껴안고 뽀뽀를 하는 것만으로도 만족하십니다. 자신들의 시간을 보내는 것보다, 그 시간을 기꺼이 활용해 자녀들을 돌아보는 것으로 이 모든 것을 상쇄시키십니다. 예상하기를, 다음 휴가 때도, 그 다음 휴가 때도 그럴 것이 뻔합니다. 다만 바라는 것은 부모님께서 아직 건강하실 때, 교회에 빨리 돌아가야 한다는 부담 없이 우리 후손들과 가족 여행 한번 갈 수 있으면 좋겠습니다.

순종

아버지가 시골 수양관으로 들어가신 후 가장 먼저 하고 싶은 것이 머리를 기르는 것이었습니다. 일평생 머리를 짧은 스포츠 머리로 지내셨는데, 월남전을 다녀오시고 고엽제 후유증으로 이런저런 병을 얻으신 중에 혈압약까지 먹게 되었으니, 산속에 들어간 김에 머리를 길러서 뒷목을 따뜻하게 해야겠다는 생각을 하셨답니다. 한 달에 한 번, 또는 몇 주에 한 번씩 부모님이 계신 양평에 가보면 아버지는 머리카락을 계속 기르고 계셨습니다. 머릿결도 가수 김경호나 김종서 정도는 아니어도 찰랑거리는 생머리였는데, 색깔이 흰색과 검은색이 어우러져 언젠가부터는 누가 봐도 예술가처럼 보였습니다. 우리 아이들도 그런 할아버지를 보면 뒷머리를 자꾸만 건들며 장난을 칩니다.

동생 일과 관련해 부모님이 양평의 수양관 일을 그만두시고 잠깐 천안 저희 집에 계실 때입니다. 우리 아이들이 어린이집에서 귀가할 때쯤 집 앞으로 나가 맞이해야 되는데, 가끔씩 우리 부부가 시간이 맞지 않을 때에는 부모님이 대신해 주셨습니다. 어느 날 제가 아내 대신 아이를 받기로 한 날이었는데, 조금 늦을 것 같아 아버지께 전화를 드렸습니다.

"조금 아슬아슬할 것 같은데, 애들 좀 받아 주세요. 딱 맞게 도착하거나 약간

늦을 것 같네요."

"그려? 알았다. 사고 나지 않게 천천히 와라."

"예."

그래도 혹시 의도와는 다르게 아버지와 아이들 하차 지점이 엇갈릴까 걱정
이 되어 급하게 달려갔는데, 걱정과 달리 은수를 한 손에 안고, 수아는 할아
버지보다 먼저 집으로 달려오고 있었습니다. 그런데 수아의 표정이 많이 일
그러져 있습니다.

"수아야, 왜 그래? 무슨 일 있었어?"

"아니, 할아버지~!"

"할아버지 왜?"

"귀신 같애~!"

고개를 들어 아버지를 바라보니 급한 김에 대충 걸친 점퍼에 빵모자를 쓰
셨는데, 제대로 눌러 쓰신 것이 아니라 그냥 살짝 걸치신 것이 마치 노랗게
익어가는 논밭에 대충 만들어 놓은 허수아비 머리를 보는 듯했습니다. 머리
를 감으신 뒤에 머리 손질도 안 하셔서 산발이 된 머리에 빨간 빵모자를 대충
걸치고 나가신 할아버지를 수아는 '귀신'으로 표현했던 겁니다. 그렇게 한껏
얼굴을 찡그리고 들어오는 손녀를 보시던 어머니가 한마디 하십니다.

"그러게 머리를 좀 자르랬더니 왜 그런지 모르겠네~!"

"아니, 이 사람아. 이 머리를 어떻게 기른 건데 쉽게 자르라고 그려~! 나는 좋

구만!"

젊은 사람들처럼 머릿결을 자주 관리하지 못하니, 산에 계실 때와는 달리 단정해 보이지 않는 게 당연합니다. 그래서 어머니는 머리를 자르시는 게 어떠냐고 몇 번이고 말씀하셨지만 계속 고사하고 계셨습니다. 아끼는 손녀딸에게 '귀신' 소리를 들을지언정 계속 고수하시는 것을 보면, 많이 아까우신 게 분명하긴 한가 봅니다. 그러다가 잠깐 저희 외가에 다녀오신다고 아침 일찍 떠나신 분이 저녁에는 예전처럼 스포츠 스타일로 아주 깔끔해져서 돌아오셨습니다.

"아니, 헤어스타일이 왜 그래요? 머리카락 때문에 무슨 일 있었어요?"
"아녀~"

옆에서 어머니가 말씀을 대신해 주십니다.

"야, 야! 너그 아버지, 할아버지가 머리 자르라고 하니까 한 번에 자르더라."
"예? 무슨 소리에요? 아버지! 이거 무슨 말씀이에요?"
"니 할아버지가 '산에서 내려 왔응게 그만 머리 자르시게.' 하는데, 내가 뭐라고 하겠냐. 자식들 다 있는데. 바로 '예' 허고 나가서 자르고 왔재."

외할아버지가 90세가 훌쩍 넘으신 채로 건강히 잘 계시고, 아직도 집안의 경조사가 있을 때마다 외가 식구들이 다 모이면 학교를 가거나 직장을 다니는 손주들을 제외하고 어른들만 해도 열 명이 훌쩍 넘습니다. 어머니가 이 식구들 중 제일 맏딸이니, 거기서도 아버지는 할아버지 다음으로 제일 어른입니다. 외삼촌들도 세 분 계시긴 하지만 아버지와 어머니가 결혼을 할 때, 초등학생 중학생일 정도로 나이 차이가 있어, 아버지를 큰형님 대하듯 해주십니다.

　그런 식구들 앞에서 할아버지가 머리를 당장에 자르라고 하시니, 거기서까지 거부를 하면 어른 말씀에 순종하지 않는 모습이 본이 되지 못할까봐 바로 자르셨다고 합니다. 나이 70을 넘긴 큰 사위의 순종이 본이 되었음은 물론, 외할아버지 말씀의 권위가 유지되었고, 어머니 또한 아버지의 모습에 감동을 받으신 듯 시종일관 아버지 칭찬을 늘어놓으십니다. 그날 저녁 식탁에 아버지가 좋아하는 반숙 계란 후라이가 다섯 개나 올라왔습니다. 상이 다 차려지기도 전에 다 집어먹는다고 매번 타박하시던 어머니셨는데, 계란 후라이가 올라오자마자 한 젓가락에 하나씩 연거푸 세 개를 해치우시는 아버지를 보고도 어머니는 아무 말씀 없으셨습니다.

의심

어떤 일이든 '책임'이라는 것이 있습니다. 나랏일도 잘되면 제 책임, 안되면 남 책임으로 공방을 벌이는 것이 일반적인 모습인데, 교회 일이라고 해서 다르지 않습니다. 교회 일에는 보다 더 큰 책임이 따릅니다. 일반적으로 사람들의 가치관에 섞여 있는 책임론 외에도 성도로서 요구되는 고상한 무언가가 바로 그것입니다. 그래서 교회 일에서는 "집사라는 사람이~, 목사라는 사람이~"라는 말이 많이 나옵니다.

우리 부모님께서도 이 부분에서는 자유롭지 못했습니다. 오히려 관리집사이기 때문에 당해야 하는 일들이 많았습니다. 사람들이 많이 드나들 때에는 정확히 누구인지는 모르나, 교회에 아무도 남지 않을 때에 일어나는 일은 무조건 관리집사 부부가 책임을 지거나 오해를 받게 되어 있습니다. 의도적으로 관리집사 부부만 남았을 시간만 문제를 키워 책임을 떠넘길 때도 더러 있습니다.

대표적인 경우가 식당 일입니다. 교회를 하나의 거대한 가정이라고 본다면, 아버지는 청소, 주변 정리, 차량 관리 등을 맡아서 하시고, 어머니는 주방 일을 대부분 보셨습니다. 식당 또한 말끔히 정리가 되려면 결국 어머니가 마지막으로 손을 보셔야 했기 때문에, 거의 모든 식당 일에 관여하셨습니다. 교회 입장에서도 그것이 나왔습니다. 식당 물품 관리나 뒷정리까지, 가끔씩 들어오는 사람들보다는 사례를 받고 일하는 관리집사가 더 나은 겁니다. 그런데 문제는 늘 거기서 터집니다. 남들 손이 타지 않는 시간이나 물품에 문제가 생기면 그 책임은 부모님께 전가가 됩니다. 누군가가 책임을 져야 하는 상황이라면 문제가 터진 시기가 언제인지는 중요하지 않습니다. 무조건 관리하는 사람 책임으로 몰고 가게 되어 있습니다.

대방동 모 교회에서 일어난 일입니다. 교회 식당에서 자꾸 참기름이 조금씩 없어지는데, 처음 몇 번은 이상하다 여기기만 했던 사람들이 주는 양이 늘어갈수록 우리 부모님을 의심하기 시작했습니다. 그 의심들은 처음에는 그냥 눈초리로만 느껴지다가 언젠가는 친한 사람을 통해 말로 들려옵니다.

"김 집사님, 이야기 들었어요? 집사님네가 참기름을 조금씩 가져가는 것 같다고들 이야기 하는데..."

만들어진 소문에는 일일이 대응하지 않는 것이 상책이지만, 도둑 취급을 받을 때는 참기가 힘듭니다. 결국 시간이 지나 다른 분이 조금씩 조금씩 가져간다는 사실이 밝혀져서 누명은 벗게 되었으나, 그렇게 소문내고 의심하고 눈총을 보냈던 사람들 중에 '미안하다'는 말 한마디 하는 사람은 단 한 명도 없었습니다.

북가좌동의 교회에서는 쌀 몇 가마 치 떡을 만들어 교회에 가져왔는데, 그것을 저희 부모님께서 받아 쌓아 두었습니다. 그런데, 나중에 떡을 시킨 기관에서 확인을 하고는 일정량의 떡이 없다고 저희 부모님을 대놓고 의심했던 적도 있습니다. 그 의심의 눈초리가 너무 심해 아버지는 성질을 내실 수밖에 없었습니다.

"그 많은 양의 떡을 한 번에 다 먹어 치울 리는 없고, 교회 밖으로 어디 가져다가 팔아 먹을 곳도 없는데, 그러면 우리 집 냉장고에 다 있겠군요. 한번 뒤져서 나오나 보세요!"

결국 사태가 커져서, 그 떡을 맡아서 뽑아 온 방앗간에까지 불똥이 튀었습니다. 그때까지는 조용히 사태만 관조하던 방앗간 주인 집사님께서 실수를 인정하시며 중재에 나섰습니다.

"가만 보니, 우리 직원들이 맡긴 쌀의 양만큼 뽑지 않고 덜 뽑은 것 같은데요. 얼른 다시 뽑아 오라고 할게요."

예전의 비양심적인 방앗간들 중에는 그 양이 많을수록 조금씩 남겨 두고 내어 놓던 때가 있었다고 합니다. 그것 때문인지는 모르겠으나 원래 주문했던 양보다 조금 배달 온 것을 가지고 관리집사를 의심했다는 것에는 문제가 있는 것이 분명합니다. 그래서 아버지는 저희가 어렸을 때 앞에 나서서 무엇하는 것을 불편해하셨습니다. 눈에 띄는 자가 문제의 책임을 떠맡게 되어 있다는 것이 아버지의 경험이었으니까요. 형제가 모두 사역자가 되자 아버지의 걱정이 배가 되었습니다. 절기마다, 여름수련회 시즌마다 전화를 하셔서는 "물가로 가지 마라, 운전은 혼자 하지 마라. 캠프파이어는 너무 크게 하지 마라."라고 매번 체크를 하실 정도였습니다.

이것은 단순히 걱정의 차원을 넘어선 것이 분명했습니다. 어디서든 사람들의 인정을 받는 것이 쉬운 일이 아닐뿐더러, 자칫 조금의 실수로 의심받고 손가락질받을 수 있는 것이 더 쉽다는 것을 아셨기 때문입니다.

부모님께서 대방동 모 교회에 가신 지 얼마 되지 않았을 때가 생각납니다. 김창원 담임 목사님은, 부목사님 시절, 저희 아버지가 관리집사로 처음 얼굴을 비치던 날, 따로 커피 한잔 하시면서 말씀을 하셨습니다.

"집사님, 같은 동역자로 잘 보필하겠습니다. 혹시 부족하거나 문제가 보이면 말씀해 주십시오."

"아이고, 목사님. 동역자라뇨! 당치도 않습니다. 그냥 잘 부탁드리겠습니다."

같은 교회에서 일어나는 일 치고는 정반대의 일이지만, 의심을 받고 누명이 씌워져 상처를 받고 넘어질 만한 일들도 '말 한마디'로 버텨질 수 있는 것입니다. 그러나 대부분의 일에서 무조건 참고 견디는 것이 교회 일하는 사람들의 유일한 방법이라는 것이 좀 속상하긴 합니다. 그럼에도 그 일들을 통해 아버지께서는 얻은 교훈도 분명 있으셨습니다.

"아무리 목사라고 해도, 교회 것을 마음대로 하면 안 되는 것이다. 관리집사는 하지도 않은 것을 가지고 의심받지만, 그 반대로 목회자는 너무 마음대로 해서 상처를 주는 일이 많은 거여~! 하다못해 사무실에 커피 한잔이라도 매번 '먹어도 되느냐?'라고 물어보면서 바보 소리 듣는 것이, 마음대로 하다가 상처 주는 일보다는 백 번 나은 것이다. 김창원 목사님 그때 그 한마디에 '아~ 이런 목사님이 같이 있다면 힘들지 않겠다.' 하는 생각이 대번에 들었었다. 어디 그 목사님이 교회 것 함부로 하고, 사람들 함부로 대하디? 너그들도 목사가 되어서는 어디 소외당하는 사람 없는가, 상처받은 사람 없는가 찾아보고 말 한마디라도 좋게 해주고 그래야 쓴다."

나의 아버지

'집으로 가는 길'

니 주제를 알라

교회 안에서 누리는 것 중에 가장 오해 할 수 있는 부분은 직분에서 느끼는 개인적인 경중의 차를 마치 계급과 같이 생각하는 경향입니다. 어떤 특정한 사람이기보다 오랜 세월 헌신한 정도와 나름의 규정에 따라 직분이 주어지는데, 집사에서 안수집사로, 안수집사에서 장로로 가는 여정이 여간 험난한 게 아닙니다. 직분은 절대로 계급이 아니라는 신앙적 가치는 오랜 신앙생활의 보상으로서 이미 서로의 묵인 하에 적당히 묵혀 둔 지 오래입니다. 그래서 집사보다는 안수집사가, 안수집사보다는 장로가 훨씬 더 큰 헌신의 가치를 지녀 보이고, 교회에서 감당하는 부분 또한 차이가 있는 것 같아 보입니다. 이런 모습의 교회를 제 아버지의 직분인 관리집사까지 포함하여 계급 구조로 설명하면 다음과 같습니다.

목사(장로) ⇨ 안수집사 ⇨ 집사 ⇨ 부사역자 중에서도 전도사(관리집사)

좀 과격한 기준일 수는 있습니다. 그러나 '그렇지 않다'는 외침은 건강한 교회를 표방하고 싶은 바람일 뿐, 대부분의 건강치 못한 교회의 인식 구조가 분명히 이렇다는 것을 부인하지 못할 것입니다. 이러한 구조가 교회 공동체를 덮어버리면, 마치 군대와 같은 명령 체계로 변신을 합니다. 그리고 그 힘의 유지는 세상에서 어느 정도의 명예와 힘과 위치와 경제력을 가지고 있느냐에 따릅니다. 당연히 본 계급 구조의 맨 하부 계급인 파트 전도사님들이나 관리집사의 목소리는 필요하지 않을 수 있습니다. 단순히 맡겨진 부분만 충실히 하면 되는 사람일 뿐입니다. 함께 기다려 주고, 일으켜 주고 발맞추어 가는 대상일 수는 없습니다.

제 아버지의 사나운 성격은 관리집사를 하면서 많이 바뀌셨습니다. 공동체의 생리를 깨달으셔서 스스로 붙잡으신 것인지, 아니면 학습이 된 것인지는 잘 모르겠으나, 제 성장 속도에 맞추어 아버지의 성격도 조금씩 변하는 것을 볼 수 있었습니다. 남들은 "나이가 들어가면서"라고 표현을 하지만, 저희 어머니께서는 "요즘 많이 참는다."라고 표현하셨습니다. 저희가 생각할 때는 둘 다 맞지만, 아무래도 어머니의 표현이 더 정확하다 여깁니다. 그도 그럴 것이, 언젠가 저희 삼 형제 모두에게 전화를 하셔서는 "니 아버지 불쌍해서 더 이상은 안 되겠다."라는 말씀을 하신 적이 있기 때문입니다.

아버지는 손 기술이 제법 좋으셔서 영등포의 영남교회에 계실 때는 사택 앞 너른 마당에 등나무 그늘을 크게 만들어 놓고 평상까지 펼쳐 교인들이 앉아서 쉴 수 있도록 하셨습니다. 그리고 그 기술로 1층 교육관 넓은 발판이나, 화장실 공사를 하실 때도 몇 명의 일을 홀로 감당하면서 인정을 받으셨습니다. 그래서 그런지 교회의 시설일과 관련해서는 한눈에 보더라도 어떻게 해야 하는지 아버지의 머릿속에서 다 그려지는 듯했습니다.

어느 교회에 계시든지 청소 외에도 아버지의 손길이 가지 않는 부분이 없었습니다. 고치고 붙이고 떼우고 살리는 기술만큼은 타의 추종을 불허했습니다. 그래서 개척교회 십자가 다는 일까지도 감당하시다가 35,000볼트에 감전되어 다 죽었다가 살아난 일도 있으시죠. 교회의 크고 작은 일들을 40여

년간 해낸 그 연륜에는 보이지 않는 것이 없고, 그것이 가능한 것인지 가능하지 않은 것인지를 한 눈에 알 수 있는 것이 당연했습니다.

아버지가 유치원을 함께 운영하는 큰 교회에서 사역하실 때입니다. 교회의 규모나 유치원 시설 수준과 비교했을 때, 실외에 있는 놀이 시설의 수준이 규모에 어울리지 않게 열악했었습니다. 교회를 둘러싼 입구 쪽 주택을 사들여 교회에서 사용을 하게 되었습니다. 유치원과 교회 입구쪽에 있는 주택을 사들이니, 아무리 교회 안이라 해도 그동안 눈치가 보이던 공간을 이제는 편히 활용할 수가 있어 놀이 시설을 여유 있는 공간으로 옮겨 개선할 필요성을 느끼기 시작했습니다.

그러나 이 일을 추진하기 위해서는 인력이 필요했고, 예상치도 않던 예산이 들어가야 해서 아버지께서는 이 일을 자신이 참여해서 추진하면, 교회 예산을 들이지 않고 해결할 수 있다는 의견을 피력하셨습니다. 이것은 교회에서나 유치원에서나 환영할 만한 이야기인 것이 분명했습니다. 그러나 아버지께서는 순수하게 교회를 위해 헌신하고자 하는 그 마음을 철저히 짓밟히는 이야기를 듣고 말았습니다. 해당 교회 장로님 아들로 본 교회에서 사역하는 부목사님이셨습니다.

"언제부터 우리 교회가 관리집사 이야기에 좌지우지 당했습니까?"

이 이야기에는 제법 힘이 실렸습니다. 교회의 터줏대감이신 장로님의 아들, 그것도 고집 있는 부목사님의 말씀이었기 때문입니다. 원래부터 본 교회 출신이라 교회에 대한 애착 때문에 그러셨을 수도 있습니다. 교회의 정서나 문화를 이해하지 못한 아버지의 등장에 다소 불편한 마음이 들어 그랬다 싶어 마음속에 드는 반감을 애써 눌러 참아야 했습니다. 결론적으로는 예산을 적잖이 들여서 옮기게 되었지만, 아버지 말씀대로 했다면 그러지 않아도 될 일을 했다 싶어 안타까운 마음이 들었습니다. 교회에서는 이렇게 직분이나 위치에 따라 목소리에 힘이 다르게 실리는 모습을 종종 보게 됩니다.

2014년은 제가 몸담았던 천안침례교회에게 참으로 힘든 한 해였습니다. 전임 담임 목사님께서 사임을 하시고, 새로운 담임 목사님을 청빙하기까지 거의 1년 동안 비상 체제였기 때문입니다. 우리 교회가 그동안 유지하던 예배 분위기, 여러 행사, 사람들과의 관계까지 담임 목사님의 부재로 인한 부작용이 나오지 않도록 온 정신을 집중해야 했습니다. 그런데 그게 마음 같지 않았습니다.

리더 한 사람의 부재에서 오는 수많은 목소리를 적절히 융화시키는 일은 참으로 어려웠습니다. 많은 사람들의 목소리가 여기저기서 나오기 시작하는데, 그 모습을 가만히 관찰해 보면 목소리의 크기는 이 글의 서두에서 밝힌 구조 그대로였습니다. 타교단의 '성도 총회'라고 하는 '사무 처리회' 같은 데서도 그 모습은 여전했습니다. 그러니, 융화라기보다는 그 불완전한 구조에서 오는 불신만이 사람들 사이에서 계속해서 쌓이게 됩니다.

공교롭게도 이 기간은 저희 부모님께서 40여 년간의 관리집사직을 잠시 쉬시고 저희 집에 머무실 때와 겹치는 기간입니다. 2014년 초에 동생이 세상을 떠나고, 시골 수양관에 계속 계셨더라면, 눈물로 시간을 보내시다가 몸과 마음이 축날지도 모를 일이었습니다. 그러나 "우리가 너희들 아니었으면 어떻게 이겨냈겠냐." 하시는 부모님의 말씀대로, 그 기간이 두 분의 아픔을 이겨 내고 회복하신 기간인 동시에 저에게는 교회의 어려움 가운데 중심을 지켜야 할 목회자의 자리를 부모님을 통해 계속해서 채찍질하고 재단련하는 기간이었습니다.

언젠가 밤 기도회를 마치고 돌아오는데, 대문 앞에서 아버지와 짧은 대화를 나눈 적이 있습니다.

"이제 오냐?"

"예. 아직 안 주무셨어요?"

"아직 늦은 시간도 아닌데 뭐. 그나저나 천안침례교회 대단하구나."

"왜요?"

"내가 있었던 교회들을 경험 삼아 비추어 보면, 천안침례교회 성도들은 벌써 반은 떨어져 나갔어야 하는데, 그러지 않은 것을 보면 교회가 저력이 있다는 것을 느낀다. 근데 말이야. 그런데는 분명한 이유가 있어."

"그게 뭔데요?"

"너희 교회도 목소리 큰 사람, 앞에서 일하는 사람, 예배만 드리는 사람이 분명히 다 존재할 거다. 그런데 어떻게 보면 목소리 크고, 집사, 안수집사, 장로라는 직분 있는 사람들이 교회를 이끌고 버티게 하는 것 같은데, 그게 아니야. 자세히 들여다봐 봐. 그중에서 교회를 버티게 하는 진짜 중심은 목소리 큰 사람도, 앞에서 일한다는 사람도 아니야. 어떤 상황에서도 흔들리지 않고 그동안 해오던 대로 자기 자리에서 예배 빠지지 않고 기도만 하는 사람들, 그 사람들이 진짜 중심이다. 장로도 안수집사도, 너 같은 부목사도, 저 밖에서 어느 정도 위치가 좀 되는 사람도 아니란 말이다. 그동안 교회에서 신경도 못 쓰던, 있는지도 잘 몰랐던 할머니, 헌금도 천 원, 이천 원이 전부인 가난한 동네 아줌마 같은 집사님, 분내고 성내고 싸우는 중에도 끄떡없이 자기 자리 지켜 낸 그 사람들 말이다."

대화가 끝나자마자, 교회가 어떤 결정을 하든, 묵묵히 따라 주고, 어디에 계신지도 모를 정도로 저 뒤에서 버텨주시는 분들이 계시다는 것을 그제서야 깨닫고 떠올리기 시작했습니다. 특정한 때에 고성이 오가며 제법 험한 모습들이 연출될 때에도, 조용히 눈을 감고 기도만 하시던 집사님, 옳은 말씀 한마디 했다고 집중 포화 당하며 눈총을 받아도 아랑곳 않고 자신의 자리를 꿋꿋이 지켰던 집사님 등, 위치나 직분의 차이 없이 하나님께서는 그런 분들을 통해 교회를 지키고 운영하고 계셨던 것입니다.

사회적 위치도 좀 되고 그와 동시에 교회 오래 다니면 주어지는 직분 따위 (이것은 분명히 교회의 역기능입니다.)가 주는 권위나 힘이 교회를 움직이는 것이 아니라는 말입니다. 세상이 가진 자와 권력 있는 자, 명예와 힘이 충분히 있는 자를 찾고 의식하기에 교회는 그렇지 않노라는 기지를 가져 본들, 결국 그들도 세상에 섞여 사는 자들인 것을 생각해 보면, 오늘날 교회가 보이는 역기능의 부작용은 어쩔 수 없는 현상일지도 모릅니다. 그러나 "교회가 그러면 되겠냐?"라고 비아냥 거리고 손가락질하는 세상 사람들의 목소리는 '그래도 교회는 달랐으면' 하는 바람이 묻어난 속상함이라고 이해하는 것이 우리 자신이나 공동체가 이루고 있는 '교회'의 주제를 깨닫고 희망을 품을 수 있는 길이 아닐까 생각합니다.

아버지와의 짧은 대화 속에서 나는 과연 '목회자'인가, 혹시나 종교 단체 '사장'을 꿈꾸는 자는 아닐까 자문하게 되었습니다. 행여 말씀 안에서 자유한 성도들의 관계는 집어치우고, 되도록 경제력이 보장된 자리를 꿈꾸며 달려가고 있는 것은 아닌지, 그래서 교회의 중심이 누구인지도 모른 채 힘 없는 자, 아픈 자, 가난 때문에 웅크린 자는 보지도 못하고, 밖에서도 힘 있고, 제법 누리고 있는 자를 내 사람으로 만들어 '안수집사와 장로'라는 이름으로 임원진을 만들어 자신을 보좌케 하는 삯꾼 담임 목사를 지향하고 있는 것은 아닌지 말입니다. 아… 정말 내가 그런 인간이라면, "교회가 언제 그런 사람들에 의해 좌지우지 당했습니까?"라고 헛소리를 하는 목사가 되었을 것이 뻔합니다. 아버지의 말씀은 어쩌면 '니 주제를 알라'고 하시는 쓴소리였는지도 모르겠습니다.

부전자전

다시 태어나도 지금의 남편(부인)과 다시 결혼하겠습니까?

"아이고 미쳤어요~?"
"다시 태어나고 싶지 않아요."
"나는... 하겠는데, 우리 마누라가 어떨지 모르지 뭐..."
"저희는 다시 결혼할 거예요."

기독교인에게 '다시 태어난다'는 것의 의미는 다른 데 있지만, 위와 같은 질문으로 부부간의 사랑을 확인하려고 하면 거의 대부분의 사람들은, 아니 어머니 세대 여자들 대부분은 콧방귀부터 끼곤 합니다. 제 아내는 여기에 한 술 더 뜹니다.

"정말 그럴 수 있다면, 내가 남자로 태어나고 당신이 여자가 돼서 다시 만났으면 좋겠어요."

제 맘과 달리, 여자로서 누릴 수 있는 행복을 맘껏 누리게 해보고 싶다는 말투는 분명 아닌 것 같습니다. 제 부모님의 상황도 이와 비슷합니다. 아버지는 어머니를 다시 만나고 싶다고 하지만, 어머니는 이를 완강히 거부하십니다.

> **"아니~ 나더러 그 긴 세월 다시 맞고 속 썩고 그러고 살으라고?"**
> **"에헤이~ 왜 이래 이 사람아, 안 그런지 오래 되지 않았는가~!"**

지난 2009년 어머니께서 간 이식 수술을 받으셨을 때, 주변 사람들의 반응은 거의 같았습니다.

> **"김 집사가 속 썩여서 그려~!"**
> **"윤기 성질 다 받아 주느라 진순이가 얼마나 힘들었을꼬~!"**

2005년 처음 쓰러지셨을 때만 해도 나오지 않은 반응이었는데, 직접 수술대에 오르고 나니 아버지에 대한 원망이 여기저기서 쏟아져 나오기 시작했습니다. 오랫동안 우리 가정의 일을 훤히 알고 있는 분들에게는 당연한 반응이었습니다. 자녀들에 대한 기대와 청운의 꿈을 안고 일찍이 서울로 갔으나, 하루가 멀다하고 아버지의 폭행과 폭언에 시달리는 어머니를 다들 불쌍히 여기셨기 때문입니다.

단순히 가정에서만 벌어지는 일이라면 '견디는 것'이 맞겠으나, 어머니는 집밖에서도 똑같은 수고를 감당해야만 했습니다. 아직 해소되지 않은 전쟁 후유증에, 익숙한 고향을 떠나 처음 관리집사를 시작하시면서 모든 것을 새롭게 적응하고 개척해야 하는 상황들이 아버지의 스트레스를 더욱 배가시켰을지도 모를 일입니다. 사람들끼리 삼삼오오 모인 자리에서 고향 '전라도'에 대한 부정적인 이야기들이 나오면 아버지는 십중팔구 과격한 반응을 보이셨는데, 원래부터 목소리도 크신 분이 그런 분위기 속에서는 정말 싸우자고 덤벼드는 듯한 모습을 하셨습니다.

그렇다고 아버지가 정치색이 그렇게 뚜렷한 분은 아닙니다. 국회의원 선거를 할 때면 그 색을 분명히 드러내긴 하시지만, 대통령 선거 때는 될 사람을 기분 좋게 밀어 주자는 식이었기 때문에, 지금까지 아버지가 찍어 줬던 사람들 중에 대통령이 되지 않은 사람은 한 명도 없을 정도입니다. 그런데 유독 고향 이야기만 나오면 과격한 반응이 나오는 이유는, 아무래도 사람들이 한두 마디씩 하다 보면 조금씩 분위기가 고조되어 하지 않아도 되는 말들을 하는 경우가 있어서 그렇습니다. 그중에서도 '빨갱이'라는 단어를 가장 싫어하셨는데, '전라도'에 대한 부정적인 반응을 보이는 이야기가 슬슬 올라오기 시작하면 꼭 '빨갱이'라는 말로 아버지의 심기를 건드시는 분들이 계셨습니다. 그러면 아버지는 당장에 자리를 박차고 일어나 한바탕 소란을 피우고 나와 버리십니다.

"내가 전라도가 고향인데, 빨갱이랑 싸운다고 월남을 다녀와서 성격이 이 지랄이요!"

아버지가 그렇게 난리를 피우시고 나면, 그 자리에 계시던 분들은 다시는 아버지 앞에서 '전라도'에 대한 이야기는 절대로 하지 않으십니다. 아버지가 무서워서도, 그분들 성격이 다들 온순하셔서도 아닙니다. 이따금씩 아버지가 한바탕하고 집에 들어오시면 어머니는 그 분위기를 읽으시고는 당장에 쫓아 나가서 수습을 하시기 때문이었습니다.

"집사님, 죄송합니다. 저 사람이 아직 성격이 고쳐지지 않아서요. 한 번만 용서해 주세요."

"또 그랬어요? 아이고 죄송합니다. 저를 봐서 이번 한 번만 참아 주세요. 다시는 그러지 않게 잘 타이르겠습니다."

"장로님, 정말 그런지 몰랐습니다. 집에 들어오면 만날 후회하면서도 아직 관리집사로 자격이 부족한 거 같아요. 제가 더 노력할게요. 한 번만 용서해 주세요."

어머니는 그때를 이렇게 회고하십니다.

"내가 정말, 교회에서 쫓겨날까봐 얼마나 겁이 나던가. 니들 아버지 관리집사로 안 살면 밖에서 뭐하고 살지 뻔하잖냐~!"

그래서 '어머니의 간 질환은 아버지가 안겨 준 것이다'라는 게 거의 대부분의 사람들이 가지고 있는 생각이었습니다. 발병 원인 중에 가장 큰 것이 과로와 스트레스인데, 그 모든 것이 아버지 성격 때문이라는 것입니다. 나이 차이가 제법 나는 큰집의 사촌 형이 병문안을 와서 어머니께 "작은어머니, 삼촌 성질 다 받아 주시며 사시느라 고생 많으셨습니다."라고 할 정도였으니까요. 그런데 어머니는 제가 아버지의 성격을 가장 많이 닮았다고 하십니다.

"너 부부 싸움하다가 절대로 은숙이 때리면 안 된다. 여자를 그렇게 해서 울리는 놈이 세상에서 제일 나쁜 놈이여~!"

"에이~ 엄마는! 무슨 말씀을 그렇게 해요. 부부 싸움도 많이 안 하는데 무슨~!

여보, 얘기 좀 해줘! 내가 그럴 놈인가."

"아녀, 니 성질머리가 꼭 니 아버지여. 할 얘기 꼭 해야 허고, 성질부리고. 은 숙아, 쟤가 어떤지 아냐? 가끔씩 교회에 이상한 사람들 찾아와서 아버지랑 싸 우고 있으면, 쟤는 말리는 것이 아니고 꼭 같이 싸워. 그래서 고등학교 때 그 렇게 속을 안 썩였냐~! 가출도 허고 성질대로 산다고... 안 그래요? 당신이 이 야기해 봐~!"

그러면 아버지는 늘 같은 말씀을 하십니다.

"아니, 당신은 왜 가만히 있는 나한테 그려~! 언제 적 이야기를 말이여."

그래 놓고, 아버지는 저를 한번 훑어보시고는 한마디 하십니다.

"아무리 성질나도 성도는 때리면 안 되는 것이다~!"

그러면 저는 그 순간, 충분히 '그러고도 남을 놈'이 되어 버립니다. 아버지 까지 가세해 어머니는 물론 제 아내까지 저를 놀리는 분위기로 마무리가 되 고나면, 언제나 아버지의 무거운 한마디가 저를 집중시킵니다.

"밖에서도 마찬가지여~ 늘 참고 져줘야 되는 게 니가 할 일이여. 성질부리고 싸우고 났더니 다른 교회 집사면 어떡할 거고, 나중에 교회 한번 다녀볼 거라 고 그 사람이 니네 교회 새신자로 나타나면 어떡할 것이여~"

저는 어른이 되어도 부모님의 걱정거리인가 봅니다. 그래도 제게는 분명한 자부심이 있습니다. 아버지의 성질만 닮은 것이 아니라 아내 사랑하는 것도 닮아서 다시 결혼을 한다 해도 끝까지 우리 은숙이를 찾아내 만날 것이니 말입니다.

2005. 11. 12 ♥

완벽주의

아버지는 하셨던 말씀을 몇 번이고 계속해서 하시는 버릇이 있으십니다. 상대방이 느끼기에는 잔소리가 분명하다 느낄 정도로 자주하십니다. 특히 우리 삼 형제에게 훈계하실 일이나 좋은 이야기해 주실 일이 있으면, 마치 처음 하시는 것처럼 시간을 달리해서 몇 번이고 하십니다.

단적인 예로, "서울 시장도 고등학교 1년 늦게 들어갔다더라."라는 말씀 또한 고등학교 3년 내내 들었습니다. 이것에 대해서 아버지는 "내가 완벽주의라서 그런다."라고 표현을 하십니다. 작은 심부름을 시켜 놓고도 중간에 전화를 한 번 더 하시거나, 우리들 입에서 아버지께서 하신 똑같은 말로 그리하겠노라고 말씀을 드려야 조금 덜 하셨습니다. 그중에서도 우리를 혼내실 일이 있으면, 아주 오래전에 혼나면서 들었던 말씀을 몇 시간 동안 계속해서 또 들어야 할 때도 있었습니다. 어머니는 이런 아버지의 모습을 많이 답답해하십니다.

"니 아버지는 꼭 술 먹은 사람 같다. 했던 소리 또 하고 했던 소리 또 하는 것이 다른 사람들한테 얼마나 스트레스인가를 모른다."

아무리 기분 좋은 소리나 격려나 응원하는 이야기라 할지라도 다음번에 또 듣고, 그 횟수가 늘어나면 대화에 집중을 하기가 힘이 드는 법입니다. 그래서 가끔씩 들었던 이야기를 또 들어야 되는 힘겨움을 겉으로 표출하면, 그 반응에 하시는 말씀이 또 있을 정도입니다.

"너 내가 뭐라고 했냐? 그래서 하는 이야기다 이것이~!"

말로는 잔소리처럼 들리는 것이 행동으로 나타날 때면, 이야기가 조금 달라집니다. 다른 사람을 힘들게 한다기보다 아버지 자신의 몸을 혹사시키는 일이 발생합니다. 모든 가족이 이미 잠자리에 누워 있고, 마지막으로 안방 불을 끄고 누웠을 때, '혹시 내가 화장실 불을 껐나' 하고 생각이 들 때가 있습니다. 늘상 그렇지는 않지만, 그날 하루가 참 고단한 하루였다 싶을 때는 '에이, 껐겠지.' 해버리고 마는 것이 저의 일반적인 모습입니다.

일반적인 경우가 다 그렇지 않나 싶습니다. '내가 혹시 그거 했나?' 하는 의문이 들면, 피곤에 지친 몸을 겨우 뉘이고서는 '에이, 몰라 했겠지.' 내지는 다른 사람에게 부탁을 할 수도 있지만, 아버지는 달랐습니다. 다른 사람의 일일지라도 마무리는 꼭 자신의 눈으로 확인을 해보셔야 합니다. 교회 청소를 할 때도 이 모습이 종종 목격이 되는데, 온 가족이 함께 붙어서 청소를 할 때면 괜찮지만, 혹 빨리 끝내고 싶은 마음에 "아빠, 우리 먼저 유치부실 가 있을게요." "아빠, 우리 먼저 지하실 갈게요."라고 하면, 알았다고 분명히 말씀하시면서도 다시 한번 걸레를 들고 우리가 지나온 자리를 한 번씩 더 닦으면서 마무리를 하시니 오히려 더 오랜 시간이 걸렸습니다. 그래서 지금껏 아버지가 지나온 자리가 지저분하거나, 아버지가 단속을 하셨던 문이 실수로라도 개방되어 있는 것을 본 기억이 전혀 없습니다. 단순히 '성실하다'는 말로는 설명이 되지 않습니다. '성실함' 자체는 닮고 싶은데, 우리 가족에게 아버지의 모습은 '걱정거리'였기 때문입니다.

제가 결혼을 할 때였습니다. 아버지는 아들들이 여자 친구라고 집에 데려오면 그렇게 기뻐하실 수가 없었습니다. 대놓고 결혼 이야기를 하실 정도로 기분이 들떠서 얼굴에 웃음꽃이 떠나시지 않았습니다. 그때를 떠올리면, 죄송스러운 이야기지만 신학 대학원을 다니면서 결혼을 했던 우리 형제 모두에게 기꺼이 비용을 대주시면서 무거운 말씀을 하신 적이 있습니다.

> "내가 너희들만큼은 내 돈으로 결혼을 시켜야겠다고 마음을 먹었었다. 워낙 어렵게 살아 부모님께 받은 사랑이 거의 없어서 내 자식들 만큼은 나와 같은 서운함이 없도록 해야겠다는 것이 내 평생의 목표였다. 이런 날을 위해서 '이 것은 첫째놈 결혼 비용, 둘째놈 결혼 비용, 막둥이 결혼 비용'이라고 생각하면서 너희들 해줄 것도 못 해주면서 한 푼 한 푼 모은 것이란 말이다."

그런데 결혼 준비를 하면서 아버지와 마찰이 생겼습니다. 상견례를 할 때부터, 날짜를 잡고 웨딩 촬영과 결혼 장소를 잡는 것, 그리고 신혼여행이나 신혼집 잡는 것까지 하나하나 다 체크를 하시고 귀찮으리만치 전화를 잦게 하시는 겁니다. 도저히 이래서는 안 되겠다 싶어 아버지께 말씀을 한번 드려야겠다고 생각을 했습니다.

> "아빠, 제가 알아서 할께요. 왜 자꾸 사람을 몰아요~! 알아들었다고 분명히 말씀드렸는데, 한 번만 말씀하시면 된 거지. 왜 자꾸 전화를 해서 했던 말씀을 자꾸 또 하세요."

"그려? 알았어~ 걱정이 돼서 그러는 것 아니냐~!"

그렇다고 해결될 일이 아니었습니다. 그때부터는 제가 아니라 아내에게 전화를 해서 확인을 하고 코치를 하셨는데, 그게 여간 스트레스가 아니었습니다. 그래서 이번에는 엄마한테 전화를 드려 아버지 좀 말려달라고 말씀을 드렸습니다.

"엄마, 아빠 좀 말려 줘요~! 무슨 유치원생도 아니고 맨날 전화해서 확인하고, 했던 말 또 하고... 죽겠어 아주~!"
"아이고, 니 아버지 왜 그러냐~ 내가 전화 좀 그만하라고, 아무리 좋은 이야기라도 너무 잦으면 잔소리고 간섭이라고 그렇게 뭐라고 했더만. 이제는 나를 피해서 밖에 나가서 전화를 하는 갑다. 내 이 냥반을 그냥~!"

결혼식 직전, 서울에 올 일이 있어 아내와 함께 집에 들러 식사를 했습니다. 다소 화기애애한 분위기 속에서 담소를 나누며 시간을 보내다가 자리에서 일어나려고 하려는 찰나 아버지께서 조금 전과는 다른 분위기로 잠시 앉아 보라고 말씀하셨습니다.

"아빠가 자꾸 전화하고 확인하고 그러는 게 귀찮을 수도 있다는 거 모르는 거아니다. 근데 조금만 이해해 줘라. 원래 그랬는지는 잘 기억나지 않는데 아빠가 월남전에 참전하고 나서부터 그랬는지는 확실히 안다. 진혁이 너 어렸을 때부터 얘기 안 허디. 아빠가 힘들게 살다가 일찍 죽고 싶어서 해병대 특수수색대에 들어갔고, 월남전 간 것도 내 인생, 차라리 가서 죽어 버리는 것이 낫겠다 싫었다고... (이 말씀도 얼마나 많이 들었는지 모릅니다.) 그런데 가서 보니까 그게 아니여~ 죽으러 갔는데, 죽기 싫어지던 것이 참 이상하더라. 수색대라고 남들보다 먼저 들어가고 남들보다 더 험한 작전을 하는데, 안 죽으려면 머릿속에 몇백 번이고 다시 확인하고 되뇌고 그래야 내가 살 수 있단 말이여~! 니들이 불편해하는 이 아버지 습관이라는 것이, 살기 위해서 들인 버릇잉게 좀 이해해라. 완벽하지 않으면 그냥 죽는 것이었응게~!"

가슴 아픈 이야기이긴 하지만, 사실 이 말씀을 듣고 나서도 지금까지 아버지의 그 모습을 다 받아 줄 수는 없었습니다. 아버지가 경험하신 것들은 감히 제가 헤아릴 수 있는 것들이 아니기 때문입니다. 아니, 정말 못나게도 제 마음속에는 제가 겪고 소화해야 할 것들이 더 우선이었기 때문입니다. 그러나 좀 늦었을지라도 아버지를 마음속 깊이 이해할 수는 있게 되었습니다. 저도 이제 8살 먹은 딸에게 "아빠 잔소리 그만해."라는 소리를 듣고 있기 때문입니다.

자식의 나이가 무엇이 그리 중요하겠습니까. 노심초사 자식을 바라보는 부모의 마음이야 한결같아, 그 삶이 곧 나의 삶인 것을요. 녀석이 아프면 내가 아프고 녀석이 기뻐야 내가 기쁜 것이니 말입니다. 제가 감히 들여다볼 수 없는 아버지의 젊은 날이 제 젊음으로 보상받을 수 있다면 얼마나 다행일까요. 그래서 저를 바라만 보아도 웃음 짓는 이유가 그것일지도 모릅니다.

정의 2

아버지는 불의를 보고 참지 못하십니다. 어린 시절 관리집사인 아버지가 정말 '집사'가 맞나 싶을 정도로 싸우는 모습을 많이 보았습니다. 영등포에 살고 있을 때 노숙자부터 사기꾼에 이르기까지 다양한 사람들이 교회를 찾았는데 이 사람이 단순히 도움을 구하는 것인지, 다른 꼼수가 있는지 늘 촉각을 곤두세우고 그들을 대하셨습니다. 어쩌다 불순한 의도를 들켜 아버지께 호되게 당하고 돌아간 사람이 한두 명이 아닙니다.

그러다 한번은 어떤 이가 설탕이라고 쓰여 있는 커다란 종이 봉투를 들고 아버지를 찾아왔습니다. 그는 반가운 얼굴로 아버지께 허리 숙여 인사를 했는데, 아버지는 도통 모르겠다는 표정으로 말씀을 나누십니다. 신체 건강한 젊은이었던 그가 삶의 의욕을 잃고 노숙을 하면서 이 교회 저 교회를 돌며 구걸로 연명하는 중에 아버지를 만나 처음으로 금전적 도움이 아니라 어떻게 살아가야 하는지에 대한 생생한 조언을 얻었다는 것입니다. 그 길로 마음을 다잡고 취직하여 첫 월급을 타자마자 아버지를 찾은 것입니다.

낯선 사람이 교회를 찾을 때면 곧잘 예민한 표정을 짓는 아버지께서 이런 귀한 인연을 만들기도 하셨다는 것은 처음 알았습니다. 그런데 문제는 제가 아버지를 많이 닮았다는 데 있습니다. 아버지가 연로해지면서부터는 아버지가 감당했던 객들을, 사역을 위해 집을 떠나기 직전까지 제가 맞아야 했습니다. 어려운 사람들이 오면 도와주되 간혹 행색을 달리해 당일에 다시 찾아오는 사람은 돌려보낸다든가, 여럿이 함께 몰려와 험악한 분위기를 조장하며 금전을 요구하는 이들을 제 선에서 처리해야 했습니다.

신학생 시절 파트 전도사로 서울에서 사역을 하게 되면서 주말마다 부모님 댁에서 지내게 되었던 때에 아버지 친구로부터 폐차 시키기엔 아쉬운 봉고차 한 대를 얻어 몰고 다녔습니다. 어느 날 어머니를 모시고 볼일을 마친 후 돌아오던 길, 집에 거의 다다라 신호 대기를 하는 중에 바로 앞차에서 30대 중반의 젊은 청년이 내리더니 자신의 차 앞에 선 택시 운전석으로 달려가 차 문을 열고 기사를 폭행하는 것을 목격하게 되었습니다.

'어? 왜 저러지?' 하는 순간, 청년이 택시 기사의 멱살을 쥐고 끌어내리는데 기사님은 얼핏 보아도 환갑이 넘어 보였습니다. 당연히 쫓아가야지요. 당장에 안전벨트를 풀고 내리려는데 조수석에 앉아 계시던 어머니께서 제 허리춤을 두 손으로 꼭 잡고 그냥 경찰에 신고하라며 연신 "안 된다!" 하시는 것이었습니다. 저는 계속 어머니의 손을 밀치고 차문을 열어 그만두라고 소리쳤습니다. 힘으로야 그 손을 풀어낼 수 있었으나, 와중에 어머니의 손이 부러지거나 크게 다칠 수 있겠다는 생각이 들 정도로 꼭 잡고 계시니 쉬이 뿌리치지 못하면서 말입니다.

그러다 신호가 바뀌고 여기저기서 경적이 울리니 그 청년도 자신의 차로 돌아와 쌩하고 자리를 뜨고 저희도 그 자리를 벗어나게 되었습니다. 저는 그를 혼내지 못했다는 아쉬움에 한숨을 쉬었고 어머니는 그런 저에게 말씀하셨습니다.

"내가 니 아버지 그럴 때마다 무슨 험한 꼴이나 당하지 않을까, 나도 없는 곳에

서 저러다 안 좋은 소식 듣는 것은 아닐까, 얼마나 조마조마 했는데... 아버지가 잠잠하니까 이제는 너냐? 너까지 왜 그러냐? 엄마 쓰러지는 꼴 보고 싶어서 그러냐?"

이렇게까지 말씀을 하시니 딱히 드릴 말씀이 없었습니다. 그래도 속으로 풀리지 않는 화가 있어 집에 도착하자마자 아버지께 조금 전 상황을 말씀을 드렸습니다. 내심 같이 역정을 내시며 그 젊은 운전자를 함께 욕하면 마음이 조금이라도 풀릴까 싶어서였습니다. 그런데 웬걸요. 아버지께서 어머니의 눈치를 살피며 소심하게 "왜 그랬어~" 하시는 겁니다. 그간 제가 봐오던 정의의 관리집사는 어디 가고, 세월 앞에 이렇게 변하시다니요.

어머니는 이내 체념한 듯 부엌으로 향하며 "으이구~ 내가 못 살아!" 하십니다. 순간 아버지께서 제 앞으로 살짝 다가와 하시는 말씀이…

"야, 이놈아! 아무리 그래도 그렇지. 그런 걸 가만 놔뒀냐?"
"??..."

정의는 아직 죽지 않았습니다.

정의 3

   관리집사가 가장 누리기 어려운 것 중 하나가 여름 휴가와 명절입니다. 다른 일들은 담당자가 없을 경우에 대체 인력을 통해 금세 그 일이 처리되지만, 관리집사 자리는 그렇지 않기 때문입니다. 교회 관리를 위해 교회에 기거해야 하는 것은 물론, 새벽부터 교회를 개방하고 이른 시간 운행부터 청소까지…. 어차피 그 일은 누구도 대신 하지 않는, 오롯이 교회를 비운 관리집사의 몫입니다.

   그래서 교회 사택에 살던 어린 시절의 저희는 명절이라고 친척집에 가본 기억이 전혀 없습니다. 부모님의 일을 대신할 사람이 없었기 때문입니다. 월요일 오후부터 수요일 오후 전까지의 여름 휴가가 허락되긴 했습니다만 그나마 교회를 비우면 절대 안 된다는 아버지의 고집스런 철학 덕분에 어머니를 교회에 남겨 두고 네 부자만 1박 2일의 일정으로 계곡 같은 곳에 한두 번 다녀온 것이 전부였습니다.

   세월이 흐르면서 문화도 변하고, 사람들의 가치관도 변하듯 교회 내의 분위기도 많이 달라졌습니다. 좀 일찍 그랬다면 좋을 뻔했으나 삼 형제 모두 사역자가 되어 부모님과 휴가를 맞추는 일이 쉽지 않아 늘 아쉬울 뿐입니다. 휴가 즈음 교회에서 각종 행사를 위해 산으로 들로 바다로 나가는 경우가 잦았는데, 부모님은 언제나 저희들에게 물 조심, 차 조심 당부와 더불어 사람들이 다치지 않게 잘 관리하라는 말씀을 하셨습니다. 잦은 물놀이 사고가 신경 쓰이셨는지, 하루에도 몇 번씩 확인 전화를 하실 때도 있었습니다.

부모님도 같은 긴장 선상에서 잠깐 어디를 떠나실 때엔 행선지며 동행인을 늘 우리들에게 보고하셨습니다. 주로 외가 식구들과 움직이셨는데, 아버지의 유일한 직계 혈육인 큰아버지 가족이 부산에 살고 계시지만 어머니 고향이 전북 임실일뿐더러 아버지 고향 또한 임실 옆 동네인 신덕이기 때문에, 연세 드실수록 더 자주 그 지역을 찾으시는 듯했습니다.

물놀이 가능한 곳이 제법 있기 때문에 양쪽 집안 어르신 중 유일하게 살아 계신 외할아버지를 모시고 간 휴가였습니다. 제법 깊은 계곡이라 얕은 물가에 앉아 발을 담그고 담소를 나누시는데, 물살 거세고 깊은 한편에서 살려 달라는 소리가 들리자 아버지께서 당장에 그쪽으로 향하셨다고 합니다. 처음엔 그저 사태를 보러 간 것이겠거니 여기셨던 외할아버지께서 어머니에게 "김 서방 봐라! 죽으려고 환장했다."라고 하셨다는데, 무슨 말씀인가 싶어 가리키는 쪽으로 달려가 보니 깊고 거센 급류에 떠내려가는 아이와 아이를 향해 열심히 헤엄치는 아버지가 보였다고 합니다.

많은 사람들이 발을 동동 구르며 이 광경을 다같이 목격하고 있었는데, 어머니는 그 사람들이 그렇게 야속하고 밉더라고 말씀하셨습니다. 이내 아이를 잡아챈 아버지는 겨우 반대편 물에 던지다시피 아이를 밀어 올리셨지만, 정작 자신은 남은 체력으로 물살을 헤치고 나오는 것이 버거워 물속 바위에 발을 걸친 채 고개만 겨우 꺼내 놓고 가쁜 숨을 몰아쉬고 계셨다고 합니다. 시간이 흘러 체력을 조금 회복한 아버지께서는 가까스로 밖으로 나오셨고, 어머니는 당신이 아직도 해병대 개병대인 줄 아느냐, 죽으려고 환장했냐며 살아 돌아온 아버지의 가슴을 연신 내려치셨다고 합니다.

그 후로 많은 시간이 흘렀습니다. 그때 연거푸 사양하는 아버지께 사는 곳과 연락처를 간청하여 받아 갔던 아이의 부모는 십수년이 흐른 지금까지 연락도 없지만, 그때 그 아이가 지금쯤 대학생이 되었거나 군에 있을 나이가 되었을 것을 생각하면 가슴이 뿌듯합니다. 바라기는, 지금은 칠순 할아버지가 되어 버린 내 아버지의 숭고한 수고가 언젠가는 아이의 가슴에 기억되고 새겨져 정의를 아는 청년으로 자랐으면 좋겠습니다.

집으로 가는 길

저는 1984년 북가좌초등학교에 입학했습니다. 지금과는 달리 아이들도 많아서 오전반 오후반을 나누어서 수업했었습니다. 1학년 10반, 일주일씩인지 아니면 한 달씩인지 기억나지는 않지만 짝수반이 오후반을 하게 되는 기간은 아침 일찍 일어나지 않아도 돼서 좋았습니다. 그때의 기억으로는 집에서 학교까지 20여 분 정도를 걸었던 것 같은데, 처음 5분 정도는 주택 단지를 걷다가 다음 10여 분 정도를 차도가 있는 대로를 걸었고, 다시 오른쪽으로 길을 꺾어 들어가면 학교에 도착했습니다. 학교에 들어서기 전에는, 당시 가장 큰 건물이던 '성가병원'을 꼭 지나쳐야 했습니다. 그래서 그런지, 사람들과의 대화 중에 북가좌동 이야기가 나오면 통학할 때마다 꼭 눈에 띄던 성가병원을 중심으로 이해하게 되었습니다.

이 병원은 제게 참 특별한 곳이기도 합니다. 당시에는 왜 그랬는지 몰랐으나, 학교가 끝나면 꼭 어머니가 잠시 입원해 계시는 병실로 친구들을 우르르 몰고 들어가 음료수를 하나씩 까먹고 집에 가곤 했습니다. 어머니께 음료수를 얻어먹고 귀가하는 길이 한동안 저의 가장 큰 즐거움이었던 것은 분명합니다. 이때의 일이 왜 내 기억 속에 강력히 각인되어 있는지 확실치는 않으나, 아마도 어머니가 병원을 나오신 직후, 이 기억이 북가좌동에서의 마지막 기억이 되었기 때문일지도 모른다고 스스로 추측만 할 뿐입니다.

이후로 신학교에 입학을 하고 사역을 하게 되면서 구파발의 서부침례교회에 출석할 때입니다. 교회 일로 심방도 하고, 아이들 차량 운행도 하면서 여기저기를 다니는데, 어떤 곳은 제 기억 속에 한 번쯤은 와 본 것 같은 느낌이 드는 곳이 있었습니다. 그래서 함께 타고 있는 집사님께 여쭈어 보니, "지금 지나는 곳이 증산동인데, 저 냇가 건너편이 북가좌동이고 이 옆에가 수색이에요." 하시는 것입니다. 그래서 제가 깜짝 놀라, "그러면 이쪽으로 가면 성가병원이 나오나요?" 하고 다시 여쭈었더니 그렇다고 하셨습니다. 기분이 매우 묘했습니다. 초등학교 1학년, 그러니까 거의 20년 가까이 다 지났는데도 당시 집으로 가는 길이 머릿속에 다 그려지는 겁니다. 그중에서도 가장 깊이 각인되어 있던 성가병원이 바로 코앞이라니….

그날 밤, 대전 학교로 내려가기 전 집에 들러 저녁을 먹는데, 낮에 있었던 상황을 초등학교 1학년 때의 기억과 함께 설명 드렸습니다.

"아니, 내가 사역하는 교회 근처가 북가좌동인지 어떻게 알았겠어요."

"구파발이면 북가좌동 금방 가지. 나는 알고 있었는데?"

"아니 그럼, 얘기나 좀 해주죠~! 나는 이제야 그걸 알고 반가워서 얼마나 방방 뛰었는지 그냥."

"성가병원도 그대로 있다면서요?"

"그렇지... 아니, 아직 있나 모르겠네?"

"아직도 그대론가? 다음 주엔 김 집사님 내려드리면서 일부러 그쪽으로 한 번 돌아봐야겠다. 아니, 근데 내 기억이 맞는지 모르겠는데, 엄마 그때 병원에 입원하셨던 거예요? 나 학교 끝나고 집에 갈 때 맨날 병원 들러가고 누워 있는 엄마한테 음료수 얻어먹고 그랬던 기억이 있는데~!"

"그려, 맞어..."

"근데 왜 계셨는데요? 수술하신 건가?"

그때 어머니가 아버지의 말씀을 가로챕니다.

"야, 야! 아빠가 그때 얼마나 거시기 했으면 엄마 퇴원하자마자 영등포로 교회를 옮겼겠냐?"

"아니, 왜?"

어머니는 그때 부인과 질환으로 엄청 큰 수술을 하셔야 했답니다. 당장에라도 하지 않으면 고통 때문에 일상생활을 하실 수 없을 정도였다는데, 매일 밤 고통 때문에 몸부림치다가 새벽 늦게서야 잠자리에 들면서도 수술비가 없어 오랜 기간을 그리 사셨다고 했습니다. 도저히 안 되겠다고 판단하신 아버지께서 당장에 담임 목사님께 달려가 애원을 하셨다고 합니다.

"목사님, 집사람이 수술하지 않으면 위험하다고 하는데, 제발 도와주십시오. 어떻게라도 해서 갚을 테니 수술비 좀 빌려주십시오."

"아니, 이 사람아! 내가 그런 돈이 어디 있나?"

결혼 후, 목사님 한 분만 믿고 아무 연고도 없는 서울에 올라와 5~6년을 관리집사로 일하면서 아무리 힘들고 외로워도 평생을 누구에게 아쉬운 소리 한 번 한 적 없던 자존심 강한 아버지셨는데, 그때는 정말 어머니의 상태가 경각에 달려 하루 종일 무릎이라도 꿇으라 하면 꿇을 작정으로 찾아가셨다고 합니다. 그러나 돌아온 대답은 그런 돈 없으니 이런 일로 찾아오지 말라는 것이었고, 태어나서 처음으로, 아니 관리집사를 하면서 처음으로 목사님께 상처를 받고 도저히 버틸 수가 없어 평생 몸담으려 했던 교회를 등질 수밖에 없었다고 하십니다.

"아니, 그러면 그 수술비는 어떻게 감당하신 건데요?"
"심 권사님이 주시면서 갚을 수 있는 만큼만 다달이 주라고 하시더라고."
"심명자 권사님? 억수형 엄마?"
"그래..."

심명자 권사님은 삼 형제가 북가좌동에 살 때 누구보다도 아껴 주시고 예뻐해 주신 분입니다. 그분의 아들인 억수 형은 나이도 한참 어린 우리 형제를 꼭 자신의 집에 데려가 냉장고에 있는 간식거리를 잔뜩 내주고 실컷 놀아 주기도 했습니다. 그때의 기억으로는 권사님 댁이 세상에서 제일 커 보였습니다. 그 집에 들어가면 학과 소나무가 자개로 수놓아진 검은색 장롱이 있었는데, 그때는 그게 너무 예뻐 보여 집사님께 '나중에 우리 엄마 사주고 싶은데, 이 장롱이 도대체 얼마냐'고 물었던 기억도 납니다. 내가 알지 못하는 성가병원에 대한 기억 저편에 이런 사연이 있는 줄은 꿈에도 몰랐습니다.

"그럼, 그 수술비는 다 갚았어요?"
"그래. 너 대학교 들어갈 때쯤 다 갚았어. 제법 큰 돈인데도 우리한테 그 수술
　비 이야기 한 번 안 하시고, 우리 형편에 따라 받으신다고 15년을 기다려 주신
　거여."

"엄마, 다음 주에 나 서울 올라오면 권사님 댁에 한번 같이 가요. 얼굴 뵙고 싶네."

　다음 주, 어머니와 함께 과일을 사들고 권사님을 찾아갔습니다. 권사님께 서는 우리를 굉장히 기뻐하시면서 맞아 주셨는데, 어렸을 때 뵙던 얼굴 그대 로였습니다. 입꼬리가 늘 살짝 올려진 채로 밝게 웃으시던 그 모습. 제가 눈 여겨보았던 장롱도 그대로고, 억수 형이 쓰던 방도 그대로였습니다. "진혁이 냐? 니가 진혁이야?" 하시며 너무 잘 커줘서 고맙고, 사역자가 되어 줘서 더 고맙다고 연신 제 손을 어루만지십니다.

　한참을 북가좌동에서의 추억을 나누며 시간을 보내고, 제가 기도한 뒤 권 사님께 감사하다는 인사를 크게 하고 나왔습니다. 어머니 수술비에 대해서 는 말씀드리지 않았습니다. 오히려 그것이 기쁜 추억과 함께한 이 만남의 색 깔을 퇴색시킬까 두려워서였습니다. 권사님이 아직 건강하게 살아 계시고, 몇 번의 고비가 있었지만 저희 어머니도 삼 형제 곁에 건강히 계시다는 것이 얼마나 다행인지 모릅니다. 어머니와 함께 다시 집으로 가는 길, 다 장성한 까까머리 코흘리개 소년의 기억에는 '성가병원'보다 더 위대한 '심명자 권사 님 댁'이 랜드마크로 남아 있습니다.

식언이비

교회마다 관리집사에 대한 인식은 거의 비슷하지만, 개개인이 바라보는 시선은 저마다 다릅니다. 어린 눈에 보아도 사람을 매우 천하게 여기는 듯하시는 분이 계시는가 하면, 마치 자신이 고생하는 양 볼 때마다 수고한다, 힘들지 않냐고 하시며 한 번도 그냥 지나치지 않고 일을 거들어 주시는 분들도 계십니다. 무엇보다 사람의 마음은 눈빛이나 행동으로 다 드러나는 게 맞는 것 같습니다. 진심으로 사람을 대하는 것인지, 아니면 그 반대인지는 사람을 한두 번 경험해 보면 다 알 수 있습니다.

아버지는 관리집사님들 서울 모임인 '청지기회' 회원이신데, 거기서도 경력이 손가락에 꼽을 정도로 많으십니다. 저희 가족이 가지고 있는 자부심이라고 한다면 아버지는 단 한 번도 교회를 깨끗이 하는 것을 게을리 한 적이 없으시다는 겁니다. 주일이 지나고 월요일이 되면 본당부터 크고 작은 부서실, 그리고 사람들이 사용하지 않은 공간까지 청소를 하시는데, 어렸을 때는 그게 이해가 가지 않았습니다.

청소에도 꼭 순서가 있습니다. 지난주에 청소해 놓고 정리해 놓은 그대로의 공간을 바닥 – 책상이나 장비들 – 창문 순서대로 빗자루질, 대걸레(기름걸

식언이비(食言而肥) : 신의를 지키지 않고 말을 번복하거나 약속을 지키지 않고 거짓말을 일삼는 것을 일컬음.

레)질, 손걸레질을 이용하여 청소를 하십니다. 그래서 본당이건 어디건 사람들이 잘 앉지 않거나 드나들지 않는 사각지대에도 먼지 하나 없는 것이 특징이었습니다. 이런 모습을 보고 자란 터라 사역자가 되어서는 교회에서 성도들이 대청소하는 모습을 보면 참 생소했습니다. 저희 아버지가 관리집사로 계셨던 교회에서는 그런 모습을 본 적이 한 번도 없기 때문입니다.

남들 손이 닿지 않는 곳, 보지 못하는 곳을 찾아서까지 청소하시는 것이 아버지의 완벽주의적인 성격 때문인지는 잘 몰랐습니다. 저희들을 양육하실 때에도 고스란히 그 성격이 드러나셨는데, 일을 시키실 때도 하나부터 열까지 다 지적하시고 설명해 주셨습니다. 제 나이가 들어가면서부터는 '그렇게 일을 시키면 자식들 창의력 다 죽이는 것'이라고 볼멘소리로 불평한 적도 몇 번 있습니다. 그러나 아버지의 이 성실함은 관리집사가 필요한, 어느 정도 규모가 있는 교회들에서는 환영할 만한 것이었습니다.

대표적인 교회가 사당동에 있던 모 교회인데, 아버지의 성실성 때문에 담임 목사님께서 직접 삼 형제 대학 등록금까지 해결해 주겠다고 해서 들어간 교회였습니다. 월급이야 관리집사 특성상 박봉이긴해도 자식들 등록금까지 해결해 주겠다는 교회의 파격적인 처우에 기뻐하며 일을 시작하게 되었습니다. 형이 고등학교 1학년 때니, 2년 후에 있을 형의 대학 등록금에 대한 고민이 해결되니 부모님도 제법 힘이 나셨을 듯합니다.

그런데 문제가 터졌습니다. 형이 대학에 들어가서 등록금을 해결해야 하는 때가 되었는데도 소식이 없는 겁니다. 목사님께 찾아가 "때가 되었으니 등록금 좀 해결해 주십시오."라고 말씀드리기도 좀 민망해서 아버지는 아무 말 없이 기다리시다가 뒤늦게 목사님을 찾아가셨습니다. 등록금이 없어서라기보다 아버지께서 관리집사로 헌신하시게 된 신뢰의 문제이기 때문에 말씀을 드려야겠다고 결심하신 겁니다. 저희는 이 부분을 그리 심각하게 생각하지 않았습니다.

'등록금 때문에 목사님 만나러 가시는구나' 하는 게 전부이지 그 다음 내용은 궁금하지 않았습니다. 그런데, 그 주, 담임 목사님과 장로님들과 함께 있는 당회실 자리에서 약간의 고성이 오가는 것 때문에 이 문제가 좀 심각하다는 것을 깨닫게 되었습니다. 요는 "등록금을 주기로 하고 데리고 왔으면 끝까지 책임을 져야 한다." "아니다. 교회가 무슨 관리집사 애들 등록금까지 챙겨 주느냐." 하는 것이었습니다. 그곳에서 어떤 결론이 났는지는 잘 모르겠습니다. 문제의 발단은 약속을 번복한 목사님의 태도에 있었고, 한동안 관리집사 삼 형제 등록금을 주어야 하는지 말아야 하는지에 대한 문제는 교회의 가장 뜨거운 감자가 되었습니다. 억울하게도 아버지는 분위기를 흐린다는 이유로 눈총을 좀 받으셔야 했습니다. 예전에도 그랬지만, 나하고 비슷한 연배였을 때의 아버지 삶의 이야기들을 듣고 나면, '내가 그 자리였다면 잘 참고 견뎌 낼 수 있었을까' 하는 생각이 어김없이 들었습니다.

형은 군대를 가고 저까지 대학생이 되어 군대를 갈 때까지 있었으니 제법 한참이었습니다. 저희의 등록금을 내야 하는 시기가 찾아오면, 고민하고 힘들어하시는 눈빛이 역력했습니다. 그럴 때면 교회가 약속을 지키지 않았구나 하는 확신이 들면서 마음속으로 다짐하는 내용이 하나 생기게 되었습니다. 내가 목사가 되어서, 혹 관리집사님을 두어야 하는 교회로 성장을 하게 되면, 가장 힘들게 일하시는 분과 담임 목사의 월급은 비슷하게 책정해야겠다는 것입니다. 이 기준이면 관리집사님 월급을 많이 줘야 하는 부담도 생기지만, 담임 목사에게 비정상적으로 집중되어 있는 복지 개념에 어느 정도 제동을 걸 수 있으리라 여겼습니다.

그날 목사님과 장로님들 사이에서 관리집사 삼 형제의 대학 등록금 문제로 고성이 오간 후, 한 장로님께서 아버지를 찾아오셨습니다.

"김 집사! 진성이 등록금이 얼마여?"
"예? 장로님 왜 그러시는지..."
"교회가 약속을 했으면 그대로 행해야지, 어떻게 그럴 수가 있나? 교회에서 못
해준다면 내가 해줄 테니까, 말해 봐! 얼마야?"
"장로님..."

그 금액을 다 주셨는지, 아니면 일부를 주셨는지는 잘 모르겠습니다. 그 이후에도 장로님께서는 저희 삼 형제가 등록을 내야 하는 때가 다가오면 어김없이 아버지를 찾아오셨습니다.

"김 집사! 진성이랑 진혁이 등록금 내야 할 때 됐잖아? 이번 주 목요일에 공장
으로 와봐."

그러면 아버지는 교회당을 비울 수 없어 제가 어머니를 모시고 공장을 찾아갔습니다.

"어, 왔어? 진혁이도 왔냐? 모 집사! 잠깐만 기다려 봐!"

그러면 한참 뒤에 장로님은 자기 공장에서 생산하는 목걸이나 팔찌 같은 온갖 악세사리 뭉치를 들고 나오셨습니다.

"애들 등록금에 보태라고 돈은 이미 계좌로 넣었고, 모 집사! 이거 가져가! 진짜 금은 아닌데, 도금도 벗겨지지 않고 몸에 이상이 없는 깨끗한 금속으로 만든 거니까 착용해도 괜찮을 거야."

아주 나중에 어머니가 제 아내에게 보여 준 패물함의 악세사리 거의가 장로님께서 가끔씩 주시던 것들을 모아 둔 것이었습니다. 저희 삼 형제는 이렇게 장로님의 도움을 받아 대학 생활을 이어 갔습니다.

구파발 서부침례교회에서 사역을 하고 있을 때입니다. 아버지에게서 전화가 왔습니다.

"진혁아, 이번 주 토요일에 시간 좀 되냐?"

"예, 저녁엔 되죠. 왜요?"

"황 장로님께 가봐야 할 것 같다."

한동안, 장로님의 소식을 듣지 못하고 있었는데, 갑자기 몸이 안 좋으셔서 치료를 받고 계시는 중이라 다같이 면회를 가자는 것이었습니다. 토요일, 형제가 다 모여 장로님께서 입원해 계시는 병원으로 갔습니다. 이름도 생소한 병으로, 코에 암 덩어리가 발견되어 심각한 상황에 처해 계셨습니다. 기계에 의존해 힘들게 숨을 쉬고 계시면서도 우리를 발견한 장로님께서는 손을 들어 반갑게 맞아 주십니다.

"진성이, 진혁이, 진규, 다 왔네?"

"장로님 안녕하세요."

"그래, 사역은 할 만하고? 니들은 기도 열심히 허고 훌륭한 목사님 되어야 헌다. 목사가 한 번 뱉은 말은 목에 칼이 들어와도 꼭 지켜야 하는 것이고, 니 아버지 고생하는 거 생각해서 뭐든 열심히들 해~! 니 아버지 같은 사람 세상에 없어~!"

"예, 장로님."

많이 힘드셔서 다소 짧게 면회를 마치고 집으로 돌아왔습니다. 그리고 얼마 후, 어머니를 통해 장로님의 부고 소식을 듣게 되었습니다. 처음 발견된 암덩어리가 얼굴 전체에 전이가 되어 손을 쓸 수 없는 상태였고, 그렇게 장로님은 기계에 의존한 채 마지막 숨을 고르고 하나님 곁으로 떠나셨다고 합니다. 지금도 가끔씩 대학생들이 등록금을 내야 하는 학기 초가 되면 장로님 생각이 납니다. 장교 출신으로 군 생활을 오래 하셔서 다소 말씀을 딱딱하게 하셨지만 우리 형제에게 만큼은 누구보다도 더 따뜻한 분이셨습니다.

아마 우리 아버지의 삶에서 인내와 겸손과 신앙을 발견할 수 있었던 이유는 장로님 같은 분들이 곁에서 아버지를 붙들어 주셨기 때문이 아닌가 생각합니다. 지금은 세상에 계시지 않지만, 어린 시절 저희 가정을 사랑으로 돌보아 주시고, 때마다 관리집사인 아버지를 위로해 주시고 붙들어 주셨던 황 장로님이 그립습니다.

밥

    딸아이가 학교에 들어간 지 벌써 한 해의 반이 지났습니다(2015년 당시). 겨우 입 밖으로 "아빠" 하고 내뱉었을 때를 생각해 보면, 처음 입학할 때의 감격이란 정말 말로 표현할 수가 없을 정도입니다. 이제 우리 부부도 학부모 소리를 듣게 만들어 준 딸이 첫 등교를 하고 돌아왔습니다. 그날 하루 무엇을 했냐고 물으니 대뜸 "밥을 먹었다."라고 했는데, 급식을 이야기하는 것 같았습니다. 그 순간 아내의 얼굴을 보았습니다.

    "여보, 학교에서 밥 공짜로 줘?"
    "응? 그런가?"
    "무슨 돈 낸 거 있어?"
    "아니 없는데..."

    여기저기 선배 학부모들한테 전화를 돌려 보고서야 급식이 공짜라는 것을 알았습니다. 급식의 역사는 그리 오래되지 않았습니다. 제가 고등학교를 졸업하고 나서 바로라 할지라도 기껏해야 19년이니 도시락 세대와의 격차는 그리 크지 않습니다. 저희 어머니께서는 다른 분들보다 비교적 간편하게 도시락을 싸주셨습니다. 그때는 가난을 핑계로 맨날 김치만 싸준다고 볼멘소리로 불평을 쏟아 내기도 했지만, 그럴 때마다 도시락을 간편하게 쌀 수밖에 없었던 어머니의 심정은 오죽했을까 싶습니다.

그러다 고등학교 3학년, 고시원에서 생활을 할 때입니다. 집에서 살지 않으니 도시락은 엄두도 못 냅니다. 대신에 커다란 포크를 종이에 싸서 가지고 다녔습니다. 양철 도시락을 싸오는 친구 녀석에게서 뚜껑을 빌려 교실을 한 바퀴 쭉 돌면 돈을 내고 들어간 뷔페 식당보다 많은 반찬이 생기니 이런 산해 진미가 또 없었습니다. 그러나 그때만 해도 꼭 가난 때문이라기보다 부모님 대신에 할머니와 산다든지, 편부나 부모님 사이가 좋지 않은 역기능 가정의 분위기로 도시락은 엄두도 못 내는 친구들이 더러 있었습니다.

녀석들 성격이 사교적이거나 저와 같은 행위를 민망히 여기지 않는 약간의 '불량함'만 견지한다면 굶는 일은 없었을 텐데, 그 아이들 대부분이 소극적이거나 내성적이어서 점심을 굶는 것이 다반사였습니다. 그렇다고 해서 이제 겨우 십 대 고등학생들 사이에서 굶는 친구를 돌보거나 걱정해 주는 모습을

기대한다는 것은 쉽지 않은 일입니다. 저 또한 겉모양으로는 도시락을 싸오지 못하는 그 친구들과 별반 다를 바 없으니 따로 챙겨 주거나 함께해야겠다는 생각을 한 번도 해보지 못했던 것 같습니다.

지금 생각해 보면, 그 장면이 얼마나 위태하고 쓸쓸한 장면인지, 왜 일찍 그 아이들을 신경쓰지 못했는지 제 자신이 바보 같기도 합니다. 그러나 사실, 이 마음이 든 것도 제가 철이 들어서라기보다 언젠가 식사 자리에서 어머니의 간곡한 당부가 있었기 때문입니다.

> "사역자가 되면, 너희들은 절대 너희들 먹는 것보다 못 먹고 있는 사람 먼저 생각해야 한다."
>
> "무슨 말씀이에요?"
>
> "니 아버지 말이다. 아무리 지저분하게 일을 하고 있어도, 교회 행사한다고 그 고생하고 있는 거 뻔히 보이면서 자신들은 밥 시켜 먹고, 아이스크림까지 사 먹으면서 옆에서 일하고 있는 아버지한테는 밥 먹으라는 소리, 아이스크림 하나 드셔보란 말 하지도 않더라. 그게 무슨 큰 상처가 되는 것은 아니지만, 어떤 사역자가 거기에 함께 있느냐에 따라 꼭 그 분위기가 달라. 너희들은 절대로 그러지 마라."

그때까지는 한 번도 생각해 보지 못한 문제였습니다. 명색이 관리집사 아들인데, 교회에 크고 작은 일에 늘 보이지 않는 곳에서 일하시는 분들을 잘 돌아보지 못했던 것이 부끄러웠습니다. 그때부터입니다. 어머니께서 묘사하신 장면이 꼭 제 눈 앞에서 연출됩니다. 그럴 때마다 그 말씀이 머릿속에서 말풍선처럼 딱 떠오릅니다.

"어떤 사역자가 함께 있느냐에 따라 꼭 그 분위기가 달라."

어떤 사람을 만나든 일정 시간이 지나면 굳이 밝히지 않더라도 제가 목사란 것이 드러나게 되어 있습니다. 어머니 말씀대로라면 사역자인 제가 있는 자리가 어떤 분위기로든 연출이 될 텐데, 함께 있는 사람들이 저를 보고 어머니와 같은 생각을 갖게 할 수도 있다는 것이 큰 부담으로 다가왔습니다. 그래서 그런지 자주는 아니더라도 당시 제가 살던 조그만 아파트 경비 아저씨들께 명절이면 음료수라도 하나씩 챙겨드리고 잠시라도 멈춰 서서 대화를 나누곤 했습니다.

교회에서도 특별히 무언가를 해드릴 수는 없어도 교회 청소하시는 집사님이나 새벽 일찍 문을 여시는 집사님께는 무슨 일이 있어도 크게 고개 숙여 인사를 드립니다. 그러면 그분들은 저에게 갑절로 더 잘해 주십니다. 파트타임 할 때라 전기세 같은 게 밀려 끊어질 수도 있었으나 경비 아저씨께서 지나가는 저를 불러 "걱정 말고 이번 주까지만 내요."라고 말씀하시는가 하면, 교회 집사님들은 어떤 상황에서도 저에 대해서는 꼭 좋은 말씀들을 해주십니다.

새벽 운행 할 때도 알람 소리를 못 들어 펑크를 낸 적도 있는데, 그 때는 건강한 양반이 몸이 얼마나 안 좋으면 안내던 펑크를 내나 하시면서 전화까지 주십니다. 그랬더니 제 자신부터 자녀들을 교육하는 내용이 달라졌습니다. 거의 대부분의 교육이 아이의 됨됨이를 위한다기보다, 그 아이를 통해 목사인 나를 보고 있다는 부담감이 더 커서 아이들을 힘들게 했던 것 같습니다.

"똑바로 인사해라"라고 말하지만, 마음속에는 "목사가 애들 가정 교육을 어떻게 시키는 거야?" 하는 소리를 듣기 싫었던 것이고, "밥 똑바로 앉아서 먹어."라고 말하지만, "아빠가 이렇게 먹고 있는데 어디서!"라는 권위 의식이

깔려 있었던 것입니다. 저는 어머니의 말씀이 아직도 머리에서 떠나지 않습니다. 절대 권위적이지도 않으며, 자신에게 돌아올 화살이 두려워 강제했던 것도 아닌 그 강력한 말씀 말입니다. 어머니의 기대와 말씀대로라면 저는 '남다른 목사'여야 하는데, 어떤지 잘 모르겠습니다.

새 아버지

아내는 딸만 넷 있는 집의 막내입니다. 스물네 살밖에 안 되었을 때, 결혼을 이야기했으니 그 집에서 얼마나 놀라셨을지 짐작이 갑니다.

"오빠, 아빠가 집으로 오래."

처갓집에 처음 발을 들여놓을 때가 왔습니다. 장모님께서는 교회를 다니시지만, 평생 공사판에서 미장 일을 하시며 술을 좋아하시는 장인어른께서는 목사가 될 사위를 받아 주실지 의문이었습니다. 아침 일찍 오라는 말씀에 10시쯤 갔을까요, 아버님은 계시지 않고 집안에 여자들만 가득했습니다. 산후 조리하고 있는 둘째 언니, 몇십 년째 모시고 있는 친할머니, 장모님, 그리고 아내. 남자들만 있는 집안에서 자란 저에게는 그리 편한 자리가 아니었습니다. 어떤 자세가 예의 바르게 보일는지, 어떤 표정을 짓고 있어야 하는지 고민이 많았습니다.

점심 시간이 되었습니다. 그런데도 아버님은 오시지 않아 어색한 점심 식사를 하고서 또 한참을 기다렸습니다. 공사장 일을 다 끝낸 뒤 만나 주시려는 게 분명했습니다. '아… 잠도 오고 피곤하고…' 저녁 여섯 시가 훌쩍 넘어서야 문 따는 소리가 들렸습니다.

"어, 왔는가?"

눈은 약간 풀렸고, 말소리가 온전치 못한 것이 거나한 취기와 함께 퇴근하신 모양입니다. '아, 이제 죽었구나.'

"어이! 고향이 어딘가?"

순간, 아내가 했던 말이 기억났습니다.

> "오빠, 우리 아빠한테 고향이 전라도인거는 말하지 마, 어차피 쭉 자란 것은 서울이니까 서울이라고 이야기하는 게 나아, 아빠가 사기를 두 번 당하셨는데, 그 사람들이 다 전라도 사람들이라 싫어하시더라고."

그래도 어차피 이 집 사위 될 거, 정면 돌파하기로 했습니다.

> "예, 전라돕니다."

금세 얼굴이 이그러지셨습니다.

> "그래?... 나 돈 없어, 결혼할라면 돈 있어야 되는데, 한 푼도 못 줘. 그래도 할 건가?"

아내에게 익히 들어 알고 있었습니다.

"아빠는 구두쇠라 분명 돈 이야기를 하실 거야."

언니들 결혼할 때도 돈 한 푼 내놓지 않으시고, "자고로 여자는 시집만 잘 가면 된다."라고 하시며 공부 잘하던 언니들을 전부 상고에 보내어 일찍 결혼시키신 분이었습니다. 그런데 제 아내는 막내의 강점을 이용해서 아버님 뜻에 반기를 들고 대학에 들어갔는데, 졸업할 때까지 등록금 한 번 내주지 않은 구두쇠 중의 구두쇠였습니다.

"아버님, 따님 결혼 시키는데 다른 것보다 돈이 가장 걱정이신가요? 그럼, 괜찮습니다. 돈 한 푼 필요 없으니 그냥 몸만 주십시오. 제가 다 해결하겠습니다."

'아버지… 죄송합니다. 며느리 몸만 데리고 가겠습니다….'

"?? 그래? 그럼 데리고 가!"

종일 기다린 보람이 있었습니다. 정작 대화를 통해 결혼 승낙에 걸린 시간은 20분도 걸리지 않았으니까요. 후에 알게 된 사실이지만, 아버님께서는 제가 목사가 돼서 교회를 열면 손님 많이 끌어 모아 큰 부자가 되겠다 싶으셨답니다. 이후, 결혼식까지 1년이라는 시간이 남았지만, 아내는 결혼 자금 마련을 위해 어린이집 교사를 하며 버는 돈 전부를 저금해야 했습니다. 데이트는 퇴근하는 아내와 처갓집으로 가서 저녁을 먹는 것이 전부였습니다. 결혼하기 위해서는 어쩔 수 없었습니다.

그리고 결혼하는 데 돈 한 푼 주지 않으셔도 된다는 허세에 책임을 지기 위해 결혼식장까지 오는 전세 버스비로 파트 전도사 한달 월급 50만 원을 전부 내놓았습니다. 결혼을 하고 전도사 사위가 집에 들어오니 아버님도 좀 부담이 되셨는지, 제가 말씀 드리기도 전에 교회 나갈 시기를 못 박으셨습니다.

"김 서방 목사 되면, 그때 교회 나갈게."

믿지 않았습니다. 고집도 있으시고, 구두쇠에 술을 얼마나 좋아하시는지 소주 한 병을 두 잔에 비울 정도니, 교회하고는 전혀 어울릴 만한 분이 아니었거든요. 한번은 아내와 인사차 처갓집에 들렀을 때 아버님 술친구가 오셨는데, "막내사위다!" 하고 인사를 시키니, "아, 큰 교회에서 일한다는 그 사위구만!" 하시는 겁니다. 내심 막내사위가 서울의 큰 교회에서 전도사를 하고 있는 것이 자랑스러워 술을 드실 때마다 친구들에게 말씀을 하셨다는데, 정말 의외였습니다.

이게 마지막이 아닙니다. 신학 대학원 졸업한 학기 전에는 아내에게 전화를 하셔서 "사위 마지막 학기 등록금은 내가 해줘야지. 계좌 번호가 어떻게 되냐?" 하시고는 등록금을 흔쾌히 보내 주셨었습니다. 딸들 결혼 비용은 물론 막내딸 등록금 한 번 내놓지 않으셨던 분인데, 막내사위 목사 만드는 등록금은 내주신 것입니다. 그리고 제가 목사가 되면 교회를 나가시겠다던 약속은 더 일찍 지켜졌습니다.

큰누나(큰처형을 저는 그렇게 부릅니다.)가 폐암 선고를 받고 투병을 시작하니, 어머니 가시는 교회에 따라 나가셨기 때문입니다. 어머니는 피곤을 이유로 안 가시는 야외 예배까지 참석하시는가 하면, 아버님의 식기도가 가족들 중 최고로 깁니다. 그러다 아버님도 담낭암 선고를 받으셨는데 시한부 선고를 내리는 의사의 말에, "이렇게 밥 잘 먹고 잠도 잘 자는데 내가 왜 죽어?" 하시며 병원 치료를 거부하시고, 평상시처럼 식사도 하시고 고집도 부리면서 교회도 빠지지 않으셨습니다.

자신의 몸이 말라 가고, 가실 날이 가까워 온 것이 뻔히 보이는데도 큰딸을 위한 기도를 한 번도 빼놓지 않으셨습니다. 그리고 마지막 숨을 거두기 며칠 전 저와 제 아내를 향해, "어이 김 서방, 은숙아." 하지 않으시고, "김 목사! 신사모!"라고 부르셨습니다. 어찌나 눈물이 나던지요. 이제는 말씀을 하셔도 알아들을 수 없는 크기로 읊조리시기만 할 뿐, 그저 '알았다'는 사인만 보내는 것이 저희가 할 수 있는 전부였습니다. 며칠 후, 천안 저희 집으로 어머니가 전화를 하셨습니다.

"김 서방, 장인 가셨네."

재빨리 차를 몰고 대전 모 병원으로 향했습니다. 하나님께 가시는 길, 제가 제일 먼저 도착해서 예배를 드리고 기도해 드리고 싶어서였습니다. 정말 세상에서 제일 빠른 속도로 달렸습니다. 가시는 분 붙잡아 내려서라도 막내사위가 올리는 기도 소리를 들려드리고 싶었습니다. 급하게 병실을 향해 뛰었습니다. 어머님과 몇 분의 친척들에게 둘러싸여 계셨는데, 멀리 있는 딸네 가족들 다 올 때까지 기다리신다고 얼굴만 내어놓고 계셨습니다.

속속 들어오는 딸들의 울음소리에도 꿈쩍 안 하시는 것이 정말 돌아가신 게 맞구나 싶었습니다. 핏기 없는 얼굴이었지만, 기도로 하나님을 바라고 향하는 사람의 얼굴이어서인지 참으로 평안해 보였습니다. 큰언니의 투병과 아버지의 소천 앞에서도, 몇 달 후 운명을 달리한 시동생 사건에 가려 제대로 위로를 받지 못한 아내는 아직도 아버지 생각만 하면 뒤돌아 울기 바쁩니다.

그러면서도 하나님과 전혀 상관없는 자로 견고하기 이를 바 없던 분의 "김 목사! 신 사모!"라고 하시던 그 목소리가 귀에 쟁쟁하다며 마음을 다잡습니다. 아직도 큰누나는 투병 중입니다. 그 곤고함 때문에 아버님께서 하나님의 이름을 부르게 되었으나, 큰딸의 회복을 보지 못하고 가신 아버님의 기도 제목을 이어받아 모든 가족이 함께 기도하고 있습니다. 언젠가 천국에서 다시 만나면 힘들었던 이 사건으로 하나 되었던 때를 회상하며 기뻐 춤출 수 있기를 바랄 뿐입니다.

옹기장이

아버지가 8년 정도 계셨던 신림동 예닮교회는 제법 큰 교회입니다. 교육관에 따로 유치원도 운영을 하고, 유치부부터 청년부까지, 적게는 70~80명, 많게는 몇백 명까지 동 시간대에 겹치지 않게 예배드릴 수 있는 공간이 존재했었습니다. 마당도 제법 넓어, 주차된 차량만 없다면 각 교육 부서가 야외 활동을 충분히 할 수 있을 정도였습니다. 대부분의 교회가 주말에 사람이 몰리는 반면, 이 교회는 유치원이 있다 보니 평일에도 늘 사람 소리가 납니다.

그러나 그것은 우리 가족에게 그리 반가운 것이 아니었습니다. 육체적인 노동이 그만큼 크기 때문입니다. 사람이 많이 드나들고 교회가 개방되어 있는 시간이 길수록 손이 많이 가게 되어 있습니다. 특히 오랜만에 집에 들러 부모님 청소를 도와야 하는 때에는 여유 있는 공간이 불만의 대상이 됩니다. 교회 청소를 할 때에는 맨 꼭대기 층부터 본당을 거쳐 1층까지 내려오는 것이 정석입니다. 각 공간들 외에 각 층을 잇는 계단을 청소할 때는 한 계단씩 빗자루와 걸레로 그 다음 층 바닥까지 쓸어 내려오면서 처리하는 것이 부모님 방식이기 때문입니다.

지하층도 마찬가지입니다. 공간의 특성상 넓은 홀보다는 소그룹 모임을 할 수 있도록 긴 복도 좌우에 작은 방들이 여러 개 집중되어 있어서 본당을 제외하고는 가장 오래 걸리는 공간이기도 하지만, 1층부터 계단을 쓸어 내려가

다 보면 꼭 드는 생각이 있었습니다. '여기만 하면 오늘 할당량은 마무리 된다!' 한 사람은 계단을 쓸면서 내려가고, 우리 중 누군가 제일 먼저 지하로 내려가 모든 방을 다 개방하여 불을 켭니다. 그러면 누구랄 것도 없이 소리를 지르죠.

"오늘도 옹기장이로 갑시다~!"
"오케이~!"

그러면 막내인 진규가 지하 맨 끝방 오디오에 전원을 켜고, 하나밖에 없는 테이프를 삽입시키면, 지하층은 옹기장이 찬양으로 가득 차게 됩니다.

"영원히 찬양 드리세 우리 모두 하나되어, 모든 영광 찬양을 주님께 영원히 영원히~♪"
"주 여호와는 나의 힘 내 발을 사슴과 같게 하사, 나로 나의 높은 곳에 다니게 하시리~♪"

그렇게 거의 몇 년을 그 테이프는 오디오에서 빠져나오지를 않았습니다. 한참을 청소하고 있으면 테이프가 오토리버스(auto-reverse)로 한 바퀴를 다 돕니다. 그러면 다섯 가족이 달라붙은 지하층 청소는 마무리됩니다. 청소가 조금 늦어져 테이프가 먼저 다 돌아가 저절로 OFF가 될 때도 있습니다. 그러면 누구랄 것도 없이 가장 신나는 찬양인 〈영원히 찬양 드리세〉를 흥얼거리고, 아버지 어머니 할 것 없이 다같이 따라서 흥얼거리며 춤까지 추고 즐겁게 청소를 마무리 합니다

그래서 아버지는 대중가요와 CCM을 포함해 알고 있는 가수가 유일하게 '싸이'와 '옹기장이'뿐입니다. 그중에서도 싸이는 단지 이름만 알 뿐이지, 해당 가수가 부르는 노래를 아는 것은 옹기장이가 유일무이합니다. 지금도 그때 추억 때문에 제 핸드폰에는 옹기장이 찬양이 4곡 정도가 저장되어 있습니다. 가끔 집에서 저장된 그 음악을 틀면, 아버지는 익숙한 목소리에 반색을 표하며 "옹기장이 아니냐?"라고 묻고는 하시죠.

신학교 기숙사 시절이 생각납니다. 기숙사에서 드리는 새벽 예배는 4학년들이 돌아가면서 설교를 했는데, 그 직전에는 꼭 해당 방 식구들 주관하에 특송을 하게 되어 있었습니다. 어느 날엔가 아직도 덜 깬 눈으로 앞을 응시하고 있는데, 설교 전에 제법 많은 인원이 특송을 한다고 부산스럽게 줄을 맞추고 있는 모습이 눈에 띄었습니다. 이내 반주가 나오는데 어디선가 익숙한 목소리로 그 많은 인원이 찬양을 부르기 시작했습니다. '옹기장이'였습니다.

새벽 예배가 끝날 때까지 과연 그 찬양을 연습시킨 이가 누군지 궁금해 견딜 수가 없었습니다. 그래서 후배들을 통해 알아보니, 실제로 옹기장이에서 활동했던 형제 한 명이 침례신학대학교에 입학했다는 이야기를 듣게 되었습니다. 옹기장이! 그 추억의 찬양을 라이브로 듣게 되다니! 저는 그 형제의

방 번호를 당장에 알아냈습니다. 그리고는 기숙사 임원의 권한으로 방 점검을 한다는 핑계로 얼굴을 직접 확인하러 찾아가기도 했었죠. 제 마음을 이렇게 요동치게 하는 옹기장이는 우리 가족에게 특별한 존재가 분명했습니다.

다시 그때의 장면을 재연할 수는 없으나, 신림동 그 교회 지하에서 저희 가족을 위해 한 시간씩 찬양을 불러 주던 '옹기장이'가 고맙기만 합니다. 적어도 우리 가족에게 있어서 최고의 CCM 가수는 '옹기장이'가 분명합니다.

문열이

    부모님께서 영등포의 한 교회에서 관리집사로 계실 때입니다. 마당이 제법 넓은 편이어서 가축들을 조금씩 키웠었는데, 그중에서도 외갓집에서 데려온 강아지는 제법 똑똑해서 저희 삼 형제와 아주 잘 지냈었습니다. 종은 진돗개와 비슷하게 생긴 아키타견(秋田犬)과 시골 잡종의 교배종으로 이름은 똘똘이, 똘순이였습니다. 사실 아무리 마당이 넓고 화단이 크다고 해도 가축을 키울 수 있는지는 교인들 반응도 봐야 하고, 무엇보다 담임 목사님의 허락이 있어야 가능한데, 당시 담임 목사님께서는 댁에서 강아지를 키우고 계실 정도로 애완견을 좋아하셔서 흔쾌히 교회 마당에서 가축을 키울 수 있게 해주셨습니다.

    우리 삼 형제는 학교를 다녀오자마자 번갈아 가며 목줄을 달아 화단 이곳저곳을 다니면서 배변을 시켰고, 문단속을 끝낸 초저녁 즈음엔 마당 수돗가에서 빨간색 큰 대야에 물을 받아 목욕을 하면서 녀석들을 함께 씻기기도 했습니다. 먹이를 던져 주면 높이 뛰어올라 받아먹기도 하고, 앉아 일어서는 기본이었으며, 등나무 그늘 밑의 평상에 누워 있으면 살짝 뛰어올라 길게 편 팔위로 턱을 괴고 누워서 함께 자기도 했습니다.

    녀석들이 우리에게 가장 귀여움을 받을 때는 새끼를 낳았을 때입니다. 어떨 때는 7마리, 많게는 10마리까지 낳을 때도 있었습니다. 물론 학교를 다녀오자마자 새끼 한 마리씩 똘순이 집에서 데리고 나와 평상 위에서 놀곤 했는데, 그럴 때마다 똘순이는 안절부절못했습니다. 그러면 우리는 그 모습을 보면서 새끼를 들여보내 줄 듯 말 듯하며 놀리곤 했지요.

언젠가 똘순이가 또 새끼를 낳았습니다. 누렁이와 흰둥이가 주를 이루는데, 이번에는 회색 빛깔의 녀석도 한 마리 나왔습니다. 그런데 녀석은 다른 녀석들보다 크기도 작고 생긴 것도 별로였습니다. 우리 똘똘이와 똘순이 새끼가 맞는지 의심할 정도였습니다. 어차피 녀석들은 전부 다시 외갓집으로 가거나 교회 집사님들한테 팔려 갈 것이 뻔해서 지금까지 이름을 한 번도 지어 주지 않았는데, 아버지는 작고 볼품없는 녀석에게 '문열이'라는 이름을 지어 주셨습니다. 그래도 문열이 녀석은 우리의 관심 밖이었습니다. 학교를 다녀와서도, 아침에 일어나서도 다른 새끼들은 한 번씩 안아 주고 쓰다듬어 주어도 녀석에게 만큼은 왠지 정이 가지 않았습니다.

그러던 어느 날, 똘순이 집을 살펴보시던 아버지께서 '어?' 하시는 외마디 비명과 함께 어머니를 부르시는 겁니다.

"아이고야~ 이거 어떡한데요?"

어머니도 똘순이 집을 들여다 보시고는 아버지와 똑같은 반응을 보이십니다. 이내 아버지는 문열이를 들어 올려 가슴에 안았는데, 다리가 좀 이상해 보였습니다.

"아빠, 문열이 다리 왜 그래요?"
"모르겠다. 똘순이가 젖먹인다고 그러면서 아무래도 깔고 앉은 것 같은데…"

다시 바닥에 내려놓으니 뒷발은 양쪽으로 길게 쭉 늘어뜨린 채로 앞발로만 상체를 일으켜서 몸을 질질 끌고 다니는 게 보통 불편해 보이는 게 아니었습니다. 원래부터 체구도 제일 작고 힘도 없어 다른 녀석들이 젖을 물고 나서야 남는 자리가 있으면 물고, 그것마저 몸부림을 치면 나가 떨어져 잘 먹지도 못하던 녀석이었는데 다리까지 다치고 나니 몸이 더 말라 보였습니다. 그런 녀석을 보니 얼마나 안쓰럽고 마음이 아프던지 여간 신경 쓰이는 게 아니었습니다.

아버지께서도 저희와 같은 마음이셨는지, 젖병을 하나 사다가 우유를 데워 직접 가슴에 품고 먹이기 시작하셨습니다. 그리고는 다시 똘순이 곁으로 보내기를 한참은 하신 것 같습니다. 다행히 아버지의 정성으로 녀석도 아픈 다리를 이끌고 느리게나마 다른 녀석들과 이리저리 잘 돌아다니기도 했습니다. 그러다가 한두 마리씩 여기저기로 팔려 가는 중에, 아버지께서는 문열이를 깨끗이 씻겨 방으로 데리고 들어오셨습니다. 이내 수건과 노끈 같은 것을 앞에 펼쳐 놓으시고 녀석의 다리 위에 손을 얹은 뒤에 기도를 하셨습니다.

"하나님, 문열이 다리를 만지려고 합니다. 이 녀석을 통해 기쁨을 주실지 슬픔을 주실지는 하나님께 맡겨 드리오니, 제 손을 붙들어 주시옵소서."

그리고는 가위로 수건을 잘게 자르는가 하면, 노끈을 다리 이쪽 저쪽에 대보기도 하시면서 열심히 재단을 하셨습니다. 시간이 얼마나 흘렀을까, '깨갱깨갱' 거리며 발버둥치는 녀석의 양쪽 뒷다리를 원래 모양대로 고정시키기위해 수건과 끈으로 동여매고는 바닥에 살짝 내려놓았습니다. 약간은 어정쩡하게 서 있는 것이 다리가 아픈 녀석이기는 한데, 녀석이 이 정도로 커 있을 줄은 정말 꿈에도 몰랐습니다.

그렇게 문열이의 형제들은 외갓집을 비롯해 여기저기로 다 팔려나가고 문열이만 혼자 남게 되었습니다. 수건과 노끈으로 고정된 뒷다리는 여전했지만, 덩치가 조금씩 커질 때마다 줄을 조절해 주시는 아버지 때문에 녀석은 불편함을 모르는 것 같았습니다. 이후로 우리에게는 작은 변화가 있었습니다. 똘똘이 똘순이보다 문열이를 먼저 찾기 시작한 것입니다. 학교에서 돌아오자마자 "문열아~!" 하고 부르면, 보이지 않던 녀석이 어디서든 부리나케 달려옵니다. 그러면 무릎앉아 상태에서 두 팔을 벌리고 있는 우리들 가슴으로 있는 힘껏 점프를 해서 안겼습니다. 아버지는 그런 모습을 유심히 지켜보셨습니다. 대견하다는 눈빛 같기도 하고, 혹시 문열이가 다칠까 싶어 그러셨는지 당시에는 알지 못했으나 그 이유는 얼마 후에 바로 밝혀졌습니다.

"문열이 달리는 거 보니까 이제 노끈 풀어 줘도 되겠다."

그날 저녁 우리는, 무슨 보물 상자 열듯 둘러앉아 한 올 한 올 문열이의 다리를 결박했던 노끈이 풀려지는 모습을 유심히 구경했습니다. 드디어 모든 끈이 다 풀리고, 문열이의 두 다리에 아무것도 남아 있지 않던 순간, 한 번 안아 보고 싶어 서로를 밀쳐 내며 문열이의 여기저기를 잡아당기다가 아버지한테 혼이 나기도 했습니다. 그렇게 문열이는 전라북도 임실 외갓집의 돼지막사를 지키러 파견될 때까지 저희와 긴 시간을 함께했습니다.

이따금씩 그때를 회상해 보면, 아버지가 문열이 다리를 고쳐 주지 않았더라면 어떻게 되었을까 생각해 봅니다. 형편없는 외모에 작고 힘 없는 녀석에게 눈길 한 번 주지 않고 있다가, 뒷다리를 다치고 나서야 불쌍한 마음에 살펴보기 시작했던 우리 삼 형제의 야속함에 미안한 생각이 들기도 합니다.

문열이 이후로도 똘순이는 새끼를 여러 번 낳았습니다. 아버지도 똘순이의 집을 더 크게 지어 주셔서 다시는 문열이같이 다리를 다치는 새끼들이 나오지는 않았습니다. 저는 지금껏 강아지 새끼들 중에 우리 문열이만큼 귀여운 녀석을 본 적이 없습니다. 아버지도 가끔씩 영등포 시절 이야기를 하시면 빼놓지 않고 '문열이' 이야기를 하십니다. 수없이 많이 키운 강아지들 중에 가장 애착이 가고 신경을 썼던 녀석이라고 하시면서 말입니다.

그리고 우리가 기억하지 못하는 사실을 하나 말씀해 주셨습니다. 교회당 청소를 할 때, 유일하게 건물 안으로 데리고 들어갔던 녀석이 '문열이'였다고 말입니다. 녀석만큼은 건물 안으로 따라 들어와도 쫓아내지 못했다는 것입니다. 말씀을 듣고 보니 그랬던 것 같기도 합니다.

저는 약 8년 동안 요양원으로 예배 인도를 다니고 있습니다. 거의 대부분이 치매를 동반한 합병 환자로 휠체어에 앉아서 예배를 드립니다. 제가 도착하기 30분 전부터 잘되지도 않는 발음으로 찬양을 하면서 대기를 하십니다. 그리고 제가 등장을 하면 요양 보호사 선생님들 중에 한 분이 "목사님 오셨습니다~!"라고 하시면, 말을 하지 못하는 아이들이 옹알이하듯 환호를 해주십니다. 처음 찬양을 할 때부터 마지막 축도를 할 때까지 거의 원맨쇼를 하듯 하지만, 교회 일 때문에 빠지지 않는 한 열과 성을 다합니다. 예배 후에 한 분씩 손을 잡고 눈을 마주쳐 드리면, 부자연스런 지체를 있는 힘껏 흔들면서 저를 반겨 주시기 때문에 소홀히 할 수가 없습니다. 저는 이분들을 보면 그 회색빛 '문열이'가 생각납니다. 이분들의 가치가 그렇다는 것이 절대 아닙니다. 일반적으로 건강한 사람들과 달리 상대적으로 관심 밖의 사람들로, 늘 외로움을 타는 분들이기 때문입니다. 그리고 관심과 사랑을 받으면 금세 표가 나는 분들이기도 합니다. 잡은 손을 끝까지 놓지 않으시든가, 손등에 입을 맞추시든가 하시면서 말입니다.

볼품없는 강아지라도 결국 친해져 부둥키고 맞닿으면 무엇과도 바꿀 수 없는 소중한 존재가 되듯, 사람이라면 얼마나 더 소중해질까요. 아버지도 저와 같은 마음이셨는지 저희와 천안에 함께 사실 때, 매 주 금요일 아침이 되면 "오늘 요양원 가는 날이지?" 하고 꼭 물으셨습니다. 그날이 바로 오늘입니다. 요양원과 교회 일정을 조율해 요일은 가끔 변하지만, 사람을 그리워하고 하나님을 절박하게 찾는 그 순수함을 맛보러 갑니다. 비록 일주일에 한 번이지만 처음 먹은 마음을 잃지 않았으면 하는 것이 제 바람입니다. 갑자기 '문열이' 녀석이 보고 싶어집니다.

특송

저희 삼 형제가 유년기를 보냈던 영등포의 교회에서는, 매 주일 저녁 예배 때 특송 시간이 있었습니다. 솔로부터 중창까지, 심지어는 자녀들을 동원한 악기 연주까지, 그 열기가 대단했습니다. 우리 아버지는 가족들끼리 그렇게 특송을 한번 해보는 것이 소원이라는 말씀을 가끔 하셨는데, 아버지의 실력을 익히 알고 있던 터라 어머니는 적극 만류하고 있던 차였습니다. 그런데 어머니의 만류에도 불구하고, 아버지는 꼭 특송을 하겠노라 덜컥 신청부터 하시고는 날짜와 곡까지 정해서 통보를 하셨습니다.

"슬픔 걱정 가득 차고 내 맘 괴로워도 갈보리 십자가 위에서 죄 짐이 풀렸네~♪"

아버지의 고집을 이길 수는 없는 노릇이고, 우리는 매일 저녁 동원되어 연습을 해야 했습니다. 초등학생이었던 저희 삼 형제는 특송 연습을 하러 모이라는 아버지의 목소리가 매일 저녁 공포로 다가왔습니다. 저녁밥을 먹고 그냥 우리끼리 몸싸움을 하거나 티격태격하는 것이 더 즐겁지, 몇 번을 불러도 별 다를 바 없는 화음을 들어야 하다니…. 그중에서도 아버지의 적극적인 화음을 듣는 것은 아주 큰 고역이었습니다. 무조건 크게만 부르면 '장땡'이라 갈보리 십자가 위에서 예수님이 깜짝 놀라 깨어나실 정도였습니다.

특송을 부르기로 한 날 저녁입니다. 예배 시작 전, 맨 앞자리에 앉았습니다. 예배가 시작되고 장로님이 나오셔서 대표 기도를 하시는데, 문제가 터졌습니다. 동생 녀석이 뀐 방귀 소리가 너무 웃겨 주체가 되지를 않았습니다. 심지어는 녀석의 얼굴만 봐도 웃겨서 숨이 막힐 지경이었습니다. 드디어, 무대로 올라갈 시간이 되었습니다. 이내 반주가 흘러나오고, 다같이 찬양을 부르기 시작했습니다.

"슬픔 걱정 가득 차고 내 맘 괴로워도 갈보리 십자가 위에서 죄짐이 풀렸네~

큭큭큭... 킥... 킥 푸풉... 푸후후후."

옆에 있던 동생 녀석을 쳐다보자마자 웃음을 멈출 수가 없어 노래를 제대로 부를 수가 없었습니다. 이내 저희 모습을 보시던 집사님들도 웃기 시작했고, 특송은 그대로 끝이 나버렸습니다. 그렇게 예배가 마무리되고 예배당 뒷정리를 하시던 아버지가 저를 쏘아보시며 한마디 하셨습니다.

"집에 가서 보자 이놈. 특송을 하랬더니 장난을 치고 있어?"

아버지가 무서워서 얼른 집에 가서 쥐죽은 듯 있는데, 어머니가 들어오시면서 제 머리를 한 대 쥐어박으셨습니다.

"뭐가 그리 웃겨서 난리냐?"
"아니~ 진규가~ 방구를 꼈는데, 궁뎅이로 노래 부르는 것 같잖아~!"

그 순간 아버지가 방으로 확 들어오셨는데, 그 기에 눌려 조금 전 상황은 두 팔을 저어 연기를 헤치듯 사라져 버리고 아버지의 공포스런 얼굴만 보였습니다.

"그렇게 연습을 해놓고, 장난을 친다고 망쳐 버리면 얼마나 아까운 것이냐, 뭣 때문에 그런 것이여~?"

"아니~ 진규가 방구를... 꼈는데... 웃겨... 서..."

말이 끝나기가 무섭게 꿀밤이 한 대 날아오는데, 별이 수십 개는 보였습니다.

"예배 시간에 장난치면 되는 것이냐?"

"아뇨..."

"아닌데? 뭐?"

"잘못했습니다..."

잘못을 인정하지 않았다가는 더 큰 매가 돌아온다는 것을 알고 있기 때문에 얼른 두 손으로 싹싹 빌어야 했습니다. 그렇게 아버지를 잘 달래서 덜 맞았다는 뿌듯함에 어깨가 으쓱해 우리 방으로 들어와서는 방귀를 뀌었던 진규 녀석의 목덜미 붙잡고 "너 때문에 혼났잖아!" 하며 또 몸씨름을 하고 뒹굴면서 그날 밤을 보냈습니다. 아버지는 특송이 실패했다는 생각에 다시는 무대에 서고 싶지 않으셨는지, 사당동에 있는 교회로 사역지를 옮기기 전까지 특송 하자는 말씀을 하시지 않았습니다.

그러나 중학교 3학년이 되던 해 봄, 느닷없이 아버지가 우리에게 특송을 해야겠다는 말씀을 하시는 겁니다. 그것도 특송이 따로 있었던 예배도 아니었는데, 담임 목사님께 특별히 부탁을 해서 나서게 된 일입니다. 아뿔싸! 그런데 이 공포의 멍에를 저에게 지우는 게 아니겠습니까?

"진혁아, 아버지랑 특송 한번 하자. 너 옛날에 망친 특송 원수 한번 갚아야 하
   지 않겠냐?"

이젠 자식들도 제법 성장해 사춘기 청소년기를 겪고 있어 억지로 다 동원하다가는 괜히 얼굴만 붉히고 어머니도 반대할 것이 뻔하니, 괜히 옛날 일을 핑계로 저를 잡고 늘어지시는 것이었습니다. 그래서 고른 찬양이 〈허락하신 새 땅에〉였습니다. 이유는 간단했습니다. 당시 교회가 성전 건축에 박차를 가하던 때이기도 했고, 무엇보다 이 찬양은 힘 있게 내지를 수 있는 찬양이었기 때문입니다.

그래서 아버지와 저는 성도들 앞에서 두 다리를 어깨너비로 벌린 채 허리에 잔뜩 힘을 주고 마치 군가 부르듯 하고 내려왔습니다. 물론, 성도님들의 우레와 같은 박수 및 함성 소리와 함께 말입니다. 가슴을 적시거나 감흥을 주는 것과는 전혀 상관이 없었습니다. 그냥 씩씩하게 부른 것에 대견해 하는 눈빛 그것 하나였습니다. 예배를 마치고 내려오면서 아버지께 정중히 말씀을 드렸습니다.

"아빠, 원수 갚았으니까 다시는 하지 말죠..."

순전히 그날 무대는 그 옛날 저 때문에 망친 특송을 상쇄시키기 위해 해 드린 것이지, 아버지 말씀에 순종하여 기쁜 마음으로 했던 것은 아니었습니다. 그래도 아버지는 제법 마음에 드셨던지, "알았다!" 하시며 연신 웃으셨습니다.

많은 시간이 흘렀습니다. 부모님께서 천안 저희 집에 함께 사실 때인데, 동생을 하나님 품에 먼저 보내시고 많은 분들의 도움으로 마음의 평안을 찾아갈 때쯤입니다. 특히 부모님께서 새로 나가게 된 은혜침례교회에서는 오지수 담임 목사님과 박미희 사모님 외에 온 교우들이 우리 가족의 사정을 아시고, 특별히 부모님께 많은 사랑과 관심으로 힘을 주셨었습니다. 동생의 장례식장까지 오셔서 예배와 기도와 격려를 잊지 않으셨고, 무엇보다 사람을 살리고 순교한 동생의 승고한 죽음을 우리 가족들보다 더 자랑스러워하셨습니다.

부모님도 새롭게 정착한 교회에서의 신앙생활을 많이 기뻐하셨습니다. 주일 저녁만 되면 담임 목사님과 사모님 자랑이 끊이지 않았으니까요. 그러던 어느 날 주일 저녁, 아버지께서 저희 부부를 부르셨습니다.

"김 목사야~ 좀 내려와 봐라."

무언가 심각하게 나눌 이야기가 있다는 것이죠.

"2주 뒤에 우리 교회 찬양 대회가 있는데, 혹시... 같이할 수 있겠냐? 못한다면 뭐 어쩔 수 없고..."

'아… 김 목사여… 어찌할 것인가. 이젠 특송이 아니라 찬양 대회인가…'

자식이 성인이 되었다고 무조건 하라고 하지는 않으셨지만, 이건 뭐 슈렉에 나오는 장화 신은 고양이의 눈빛을 하시고는 아내를 향해 구애하시는데, 도저히 거부할 수가 없었습니다.

그렇게 해서 우리는 또 앞에 나가 찬양을 하게 되었습니다. 부모님 교회는 오후 예배가 2시인데, 저희 교회는 저녁 예배가 7시이니 중간에 나와서 참여가 가능했기 때문입니다. 찬양 대회 당일입니다.

"남의 교회 사역자가 와서 괜히 분위기를 흐리는 것은 아닌지 참 우려됩니다. 연습할 때부터 가사를 통한 은혜가 있었던 곡입니다. 은혜로 들어주시면 감사하겠습니다."

인사말을 짧게 끝내고 제가 기타를 치며 찬양을 부르기 시작했습니다.

"내 영혼의 그윽히 깊은 데서 맑은 가락이 울려 나네
하늘 곡조가 언제나 흘러나와 내 영혼을 고이 싸네~
평화~ 평화로다. 하늘 위에서 내려오네~
그 사랑의 물결이 영원토록 내 영혼을 덮으소서~ ♪"

찬양을 한 절 한 절 부르기 시작했습니다. 그런데 연습할 때 느꼈던 것과는 전혀 다른 기분이 들었습니다. 앞에 나가 어색하게 찬양을 부르고 있음에도 마음속에 평안함이 있었습니다. 우리 부모님께서 걸어오신 삶을 마치 제가 답습이라도 하듯, 지금까지 함께한 세월이 주마등처럼 스쳐 지나며 그

현장을 한 발 한 발 바람과 같이 내딛는 느낌이었습니다. 평생을 관리집사로 헌신해 오시고 자식 셋을 전부 목사를 만드셨다가, "삼 형제 중에 한 명쯤은 순교자가 되는 것이 어떻겠냐?"라는 동생 녀석의 말이 씨가 되어 본인이 그 열매가 되어 버린 사실에 좌절해 계셨으나, 조금씩 그 아픔을 교회와 함께 이겨 내고 계신 부모님….

하늘로부터 내려오는 이 평화가 부모님을 포함한 우리 온 가족을 에워싸는 것이 마치 우리 온 가족을 기구에 태워 구름 위를 유영하는 듯 평안을 누리게 해주고 있는 느낌이었습니다. 그 지옥 같은 아픔과 상처의 기간을 보내고도 하나님께서 주시는 평화를 노래할 수 있다는 것은 우리의 노력으로 되지 않는 것임을 저희 가족 모두가 분명히 느끼고 있었습니다. 찬양 대회가 끝나고, 심사 위원장이신 담임 목사님께서 심사평을 하셨습니다.

> "김윤기 집사님 가정의 찬양을 들으며, 부모님과 형님들보다 먼저 순교로 세상을 떠난 고 김진규 목사님이 생각나서 눈물이 멈추질 않았습니다. 그 힘겨운 과정을 겪어 오시면서도 오늘 이렇게 하늘의 평안을 노래할 수 있는 것이 정말 감사할 뿐입니다. 오늘의 대상은 김윤기 집사님 가정입니다."

아버지가 꿈꾸신 특송이 바로 이것이었나 봅니다. 아름다운 화음으로 만들어 낸 실력이 아니라, 우리 가족이 함께 누릴 수 있는 평안을 노래하는 것. 그러고 보면, "슬픔 걱정 가득 차고 내 맘 괴로워도…"라는 찬양을 부를 때부터 아버지의 목소리가 컸었던 이유는, 그 평안을 있는 힘껏 노래하고 계셨기 때문이 아니었을까 생각해 봅니다. 하늘의 평화가 그 어느 때보다 아버지와 어머니의 남은 인생에 가득하길 기도합니다.

Epilogue
나가며

제가 사역하는 뿌리교회가 개척된 지 7년 차가 되었습니다. 그 동안 부모님 께서는 시골의 수양관 관리를 마지막으로 42년의 꿈 같던 관리집사직을 내려 놓으셨습니다. 둘째 아들이 담임하는 교회에서 함께 신앙생활을 하실 만도 한데 왜 다른 교회에 출석하느냐 사람들이 물으면 저희는 그냥 웃고 맙니다.

삼 형제를 목사로 키워 낸 하나님을 향한 신앙의 고집은 여전히 진행 중이 라, 아들 교회에 출석했다가는 목사가 된 아들과 무슨 일이 일어날지 모르기 때문입니다. 그렇다고 아예 포기하지는 않으셨습니다.

"김 목사! 항시 무릎으로 목회허고... 돈 조심, 명예 조심, 여자 조심해야 헌다.
내가 금년에는 폭발적 부흥을 이루도록 기도헝게~ 힘내고~!"
"김 목사! 목사가 말을 그렇게 하면 되는가?"
"김 목사! 설교는 준비하는 중에 스스로 먼저 은혜를 받고 해야 하는 것이네."

전쟁 후유증과 손에 든 몽둥이는 없지만, 폐지를 주워 모은 돈으로 손주 들 용돈이라고 들어 보이시면서 여전히 새로운 역대기를 써 내려가고 계십 니다.

딱 지금 제 나이대의 젊음과 혈기 왕성함, 전쟁 후유증에 폭력을 휘두르시던 아버지의 아들 김진혁은 그런 아버지가 싫어 고등학교 입학을 포기하고 가출을 일삼았습니다. 누군들 아버지를 여러 번 해보았을까요. 지난 일을 두고 '미안하다'는 말씀만 안고 사시는 아버지를 이해하는 것도 딱 제 나이까지일 뿐 저 또한 아버지의 나이를 따라 자라 가며 함께 미안해하고 있습니다.

도야마 시케히코라는 작가의 책 제목이 생각납니다.《자네 늙어 봤나, 나는 젊어 봤네》아버지가 세상 든든하고 감사한 이유는, 젊어 보았던 잔소리가 있어서라 생각됩니다. 자식 망하라는 잔소리는 세상에 없습니다. 잘되라는 잔소리고 곱게 빚는 잔소리입니다. 아버지의 잔소리에 더 힘이 실릴 수 있게 하는 어머니의 잔소리도 존재합니다.

> "아이고, 그만해요. 옛날 버릇 못 고치고 또 사람을 볶네. 알아서 잘하는 것이지, 그걸 자꾸!"
> "어허~ 이 사람아! 목사에게 누가 이런 소리를 해주겠는가. 목사 아버지가 해주는 것이제~! 김 목사! 안 그런가?"

소원이 있다면, 지금의 아버지 연세쯤 되었을 때 들었던 잔소리들로 글 짓을 해보고 싶습니다. 물론 아버지를 닮은 잔소리로 제 아들 은수 녀석에게도 해주는 것을 잊지 않겠습니다. 녀석이 저를 닮았다면, 자신이 먹고 있는 나이를 따라 충분히 저를 이해해 줄 수 있겠죠. 무엇보다 대를 따라 하나님 말씀을 가장 가까운 잔소리로 품고 살기를 기도할 뿐입니다.